Muito além do *melodramma*

FUNDAÇÃO EDITORA DA UNESP

Presidente do Conselho Curador
Marcos Macari

Diretor-Presidente
José Castilho Marques Neto

Editor Executivo
Jézio Hernani Bomfim Gutierre

Conselho Editorial Acadêmico
Antonio Celso Ferreira
Cláudio Antonio Rabello Coelho
Elizabeth Berwerth Stucchi
Kester Carrara
Maria do Rosário Longo Mortatti
Maria Encarnação Beltrão Sposito
Maria Heloísa Martins Dias
Mario Fernando Bolognesi
Paulo José Brando Santilli
Roberto André Kraenkel

Editores Assistentes
Anderson Nobara
Denise Katchuian Dognini
Dida Bessana

MARCOS PUPO NOGUEIRA

Muito além do *melodramma*
Os prelúdios e sinfonias das óperas de Carlos Gomes

© 2006 Editora UNESP

Direitos de publicação reservados à:
Fundação Editora da UNESP (FEU)
Praça da Sé, 108
01001-900 – São Paulo – SP
Tel.: (0xx11) 3242-7171
Fax: (0xx11) 3242-7172
www.editoraunesp.com.br
feu@editora.unesp.br

CIP – Brasil. Catalogação na fonte
Sindicato Nacional dos Editores de Livros, RJ

N713m

Nogueira, Marcos Pupo
   Muito além do melodramma: os prelúdios e sinfonias das óperas de Carlos Gomes/Carlos Pupo Nogueira. - São Paulo: Editora UNESP, 2006

   Inclui bibliografia
   ISBN 85-7139-684-1

   1. Gomes, Carlos, 1836-1896 - Crítica e interpretação. 2. Óperas - Brasil - História e crítica.   I. Título.

06-4226.   CDD 782.1
                                                              CDU 782.15

Este livro é publicado pelo projeto *Edição de Textos de Docentes e Pós-Graduados da UNESP* – Pró-Reitoria de Pós-Graduação da UNESP (PROPG) / Fundação Editora da UNESP (FEU)

Editora afiliada:

Asociación de Editoriales Universitarias
de América Latina y el Caribe

Associação Brasileira de
Editoras Universitárias

Aos meus pais Celso (em sua memória) e Irene,
meus primeiros professores de música.

Aos meus filhos, Gabriel e Matheus,
companheiros pacientes e amáveis.

A Ana Maria, por todos os sonhos,
por toda a luta... todo o meu amor.

AGRADECIMENTOS

Este trabalho foi possível graças à colaboração de instituições, professores, profissionais e amigos com sugestões e apoio. Agradeço ao Professor Dr. Arnaldo Contier pela orientação não paternalista e pela confiança depositada no projeto aqui desenvolvido; à Fundação de Amparo à Pesquisa do Estado de São Paulo (Fapesp) pela bolsa concedida e por todos os recursos aprovados para o pleno desenvolvimento do projeto; aos Profs. Drs. Gildo Magalhães, Mário Ficarelli, Paulo Castagna, Alberto Ikeda e Rafael dos Santos por comentários e sugestões; ao Centro de Ciências, Letras e Artes e, em especial, à Sra. Juracy Beretta, que com muita simpatia e disposição facilitou-me o acesso ao precioso acervo do Museu Carlos Gomes dessa instituição da cidade de Campinas; à Sra. Rosângela de Almeida Costa Bandeira, diretora do Arquivo do Museu Histórico Nacional, no Rio de Janeiro; à Sra. Glícia Campos, diretora do Setor de Música da Biblioteca Nacional, no Rio de Janeiro; à Sra. Neibe Cristina Machado da Costa, diretora do Arquivo Histórico do Museu Imperial de Petrópolis; ao pianista e compositor Achille Picchi por preciosas indicações a respeito do álbum de recortes da filha de Carlos Gomes, que reúne críticas da imprensa italiana quando das estréias das óperas de seu pai na Itália; à professora Mariza Ramires por indicar importantes vias de terminologia e análise harmônica para alguns trechos de aberturas de Gomes; ao maestro Lutero Rodrigues pelo acesso incondicional ao seu acervo de partituras; à professora Maria Francisca Paez Junqueira, minha orientadora na dissertação de mestrado e grande incentivadora para que eu iniciasse as pesquisas sobre a obra de Carlos Gomes; ao Sr. Everaldo Ormondi, arquivista da Ricordi Brasileira, por franquear com generosidade a consulta ao acervo das óperas de Carlos Gomes pertencentes à instituição, ao professor Orlando Marcos Mancini, que sempre me socorreu diante de problemas apresentados pelo programa de edição musical *Finale*; aos Srs. David Ceres e José Carlos Mateus pelo socorro sempre muito rápido e eficiente na área de informática; aos fotógrafos Thor Amendola e Jesus Carlos/Imagenlatina pelas precisas instruções sobre processos de cópias e reproduções fotográficas de partituras manuscritas de Carlos Gomes; à professora Dra. Raquel Pupo Nogueira, química e musicista, que fraternalmente me encorajou durante toda esta jornada acadêmica.

Por fim, um agradecimento especial à jornalista Ana Maria Ciccacio pela leitura atenta e incansável de todo o trabalho, sugerindo alterações que zelaram pela correção e fluência do texto.

SUMÁRIO

Prefácio   11
Abreviaturas   17
Introdução   19

1 Roteiro do aprendiz de orquestra   47
2 Aberturas, prelúdios e sinfonias na ópera dos
   séculos XVII a XIX   81
3 O prelúdio e a sinfonia de *Il guarany*   149
4 Fosca, dois prelúdios e uma sinfonia (1872-1890)   183
5 A sinfonia de *Salvator Rosa* (1874)   223
6 O prelúdio de *Maria Tudor* (1876): diferenças de
   construção temática entre Gomes e Verdi (sinfonia de
   La forza del destino)   235
7 Os prelúdios orquestrais de *Lo schiavo* (1888)   251
8 Prelúdio e noturno de *Condor* (1891)   277

Coda   303
Bibliografia   311

PREFÁCIO

Escrito num estilo envolvente e com singular rigor teórico, este livro discute, exclusivamente, as obras instrumentais de Carlos Gomes (prelúdios e sinfonias) abrangendo as suas oito óperas. Marcos Pupo Nogueira analisa o discurso musical do autor de "O Guarani" desconstruindo, com clareza, as marcas ideológicas criadas pelos historiadores, em especial, a partir dos anos 20, sobre os matizes italianizantes do compositor campineiro. A concepção de "raça brasileira" e suas relações com os conceitos de "povo"; o folclore como a principal fonte do artista erudito na construção de suas obras; a busca de uma Arte Culta marcada pela identidade nacional tornaram-se as principais preocupações dos historiadores da música brasileira, durante algumas décadas. Esse projeto estético-ideológico implica numa possível ruptura da música brasileira com os principais pólos culturais europeus, em especial, a Itália e a Alemanha. De acordo com essa interpretação hegemônica sobre a música erudita no Brasil, Carlos Gomes é considerado um compositor altamente significativo dentro dos paradigmas estéticos (romantismo, melodrama italiano) do século XIX. Entretanto, os modernistas não admitem, em nenhuma hipótese, uma possível desvinculação de qualquer artista e de suas pesquisas do folclore (a "fala" inconsciente e coletiva do "povo" num momento da chamada construção de uma identidade cultural brasileira).Essa segunda interpretação fundamenta-se numa questão de método, pois, todos os jovens compositores a partir de 1920 deveriam elaborar um projeto de Arte Culta negando uma possível mímese dos padrões estéticos e teóricos da arte européia. Paradoxalmente, os historiadores, críticos de música, professores partidários do modernismo nacionalista abandonam os estudos de análise musical de centenas de obras de compositores do passado e do presente histórico (a partir dos anos 20 e 30) em função da presença de acordes, frases, gêneros vistos como uma simples imitação de compositores estrangeiros: G. Verdi, R. Wagner, G. Puccini, C. Debussy, Bizet, Leoncavallo, entre outros.

Marcos Pupo Nogueira re-significa o conjunto de sinfonias e prelúdios de Carlos Gomes com rara criatividade, discutindo-o em todos os seus detalhes técnico-estéticos. Escreve uma obra fundamental sobre a história da linguagem da música erudita brasileira, rompendo com todas as interpretações que aproximaram as músicas do autor de "Fosca" das tradicionais, antiquadas e "datadas" interpretações sobre as marcas do melodrama italiano na escrita das vozes e melodias, em especial o emprego freqüente do *cantabile* expressivo. "Não se quer negar aqui a presença de melodias bem delineadas e transcritas de passagens vocais da ópera nas peças sinfônicas do compositor paulista, mas, sim, evidenciar o fato de que seu foco está, antes de tudo, na coerência temática e na integração entre os diferentes materiais que compõem suas aberturas. Exatamente por isso, Gomes evita que a vocalidade assuma o primeiro plano. Em função da opção pelo desenvolvimento de uma escritura essencialmente orquestral, suas melodias não são mais melodias, mas temas que articulam transformações de longo espectro, partindo de motivos básicos para criar novos temas. Para isso, o *cantabile* expressivo geralmente é substituído por idéias de contornos adequados ao desenvolvimento sinfônico, principalmente em relação ao tema inicial de cada peça, aquele que em geral tem a função de expor o potencial temático de toda a obra" (p.301).

Uma das interpretações inovadoras de Marcos Pupo Nogueira restringe-se aos diálogos estéticos de Carlos Gomes com a obra wag-

MUITO ALÉM DO *MELODRAMMA* 13

neriana, chamando a atenção, em especial, que algumas óperas, tais como "Fosca", "Maria Tudor" e "Condor", internalizaram algumas inflexões desvinculadas dos critérios metodológicos seguidos pelos compositores italianos de melodramas, durante a segunda metade do século XIX. Outro aspecto significativo discutido pelo Autor incide no profundo interesse de Carlos Gomes pelas formas sinfônicas, contrariando, os melodramas escritos pelos compositores italianos da segunda metade do século XIX.

Um dos aspectos altamente inovadores deste livro incide na aplicação dos princípios teóricos desenvolvidos por historiadores e críticos da música que o Autor relaciona ao discutir a obra de Carlos Gomes, tendo como pontos nodais o dialogismo e a intertextualidade. O trabalho fundamenta-se nas obras de Hector Berlioz, Richard. Strauss, Adan Carse, Alfredo Casela, Jonathan Dunsby, Enrico Fubini, Eduard. Hanslick, Walter Piston, Charles Rosen, Nicolas Ruwet, Arnold. Schoenberg, Donald F. Tovey e Richard Wagner, entre outros que escreveram críticas e livros durante os séculos XIX e XX, para que o Autor possa discutir as "aproximações" e os "distanciamentos" entre Carlos Gomes e os dois mais significativos compositores desse momento histórico, Richard Wagner e Giuseppe Verdi. A partir dessa metodologia, Pupo Nogueira implode, com sutileza, o debate nacionalista que permeia os textos dos críticos do século XIX preocupados com a construção das Nações ou dos Estados Nacionais: Itália e Alemanha, ainda inexistentes. A formação do Estado italiano a partir da chamada Unificação, iniciada na região do Piemonte, em 1849, e a consolidação do Estado alemão, em 1870 (Bismarck, 1870), polarizam a discussão estética dos críticos durante a segunda metade de século XIX, colocando em dois pólos diametralmente opostos as obras de Wagner e de Verdi. Vários autores brasileiros analisam o "italianismo" da obra de Carlos Gomes para justificar a sua permanência na Itália e a "ausência"de uma Nação no Brasil definida em termos estritamente culturais.

O Autor cita, por exemplo, a utilização de motivos condutores, buscando nos prelúdios e sinfonias do compositor paulista "o nexo e a coerência temática entre eles" (p. 24). Neste caso, o Autor esta-

14 MARCOS PUPO NOGUEIRA

belece um diálogo entre Carlos Gomes, a obra wagneriana e alguns processos técnico-estéticos empregados pelos compositores italianos de ópera.

Um dos eixos deste livro incide no interesse de Carlos Gomes pelas formas sinfônicas empregadas nas suas oito óperas, contrariando o pensamento estético predominante entre os compositores italianos desse momento histórico. Fugindo de uma análise maniqueísta, um crítico norte-americano, em 1876, analisou a apresentação do "Inno Pel Primo Centenário Dell ´Independenza Americana", na cidade de Filadélfia, como uma interlocução estética por meio da "apropriação" das "qualidades (tanto) da escola italiana como da escola alemã, sem ceder aos excessos nem de uma nem de outra" (Apud Vetro, 1977: 16; p. 19).

Outro aspecto altamente relevante deste livro consiste em tornar a análise musical das peças sinfônicas de Carlos Gomes como uma de suas preocupações básicas, inovando, radicalmente, toda a história da produção musical brasileira, com raras exceções (Paulo Castagna, Ibaney Chasin, Mareia Quintero). Assim, o Autor estuda a lógica do discurso temático favorecendo um redimensionamento crítico das idéias de 'motivo condutor' (leitmotiv), juntando à discussão o que diz Schoenberg a respeito da 'variação em desenvolvimento' em Brahms", pelo qual um ´fundamento básico ou *Grundsgestalt* se difunde pela composição inteira (Apud Kerman, 1987:98; p.38) Essas conexões metodológicas utilizadas por Pupo Nogueira ao analisar Gomes evidenciam tipos de referencias composicionais que o "afastam do dualismo Wagner/Verdi a que muitas vezes a crítica o tem aprisionado" (p.38).

Para discutir o ponto nodal de sua pesquisa, Marcos Pupo Nogueira também apoiou-se em dois dos teóricos mais significativos da música do século XX: Arnold Schoenberg, "Fundamentals of Musical Composition", e Rudolf Reti, "Thematic process in Music", para análisar a escrita temática de Carlos Gomes nos prelúdios e sinfonias das suas óperas (pp.38-9).

Outros diálogos de Carlos Gomes foram estabelecidos com Rossini, Bellini, Meyerbeer, Pacini,Haydn (fixação da forma sinfô-

MUITO ALÉM DO *MELODRAMMA* 15

nica, "Sinfonia 104 em Re M"); Richard Wagner (conceito de "ouverture").

Uma das partes mais significativas deste excelente livro restringe-se à análise musical rigorosamente aplicada na "desconstrução" de todos os prelúdios e sinfonias de Carlos Gomes. Um exemplo é o da análise das peças sinfônicas de "Il guarany": o prelúdio de 1870 e a sinfonia composta em 1871 para substituí-lo. Marcos Pupo Nogueira exemplifica por meio de trechos musicais todos os problemas levantados em seu livro, assim, por exemplo, as análises da personagem Peri. O Autor afirma: "... enquanto o protagonista faz a sua apresentação, a orquestra, acompanhando sua fala, expõe a idéia temática central de todo o drama. A interação entre o recitativo de Peri e a recorrência do motivo pela orquestra é bastante clara e de tal modo intensa que o significado das palavras de Peri se incorpora a um discurso puramente musical. Aqui, a orquestra não tem a função de mera acompanhante do canto. Gomes trata a orquestra como elemento essencial no processo de associar ao protagonista e ao heroísmo do povo guarani um motivo plenamente sinfônico (vide exemplo 1, p. 148). Nesta parte, o Autor discute o nacionalismo sob outro prisma: o romantismo brasileiro fundamentado em princípios elevados e grandiloqüentes, "... a caracterização musical do personagem Peri (...) acha-se em consonância com o projeto de valorização das origens da nacionalidade a partir do índio, como incentivava o próprio imperador D.Pedro II" (p.150). Trata-se de um novo conceito de sinfonia calcada numa continuidade temática, evitando os chamados blocos isolados ou o pot-pourri, muito comum nos melodramas italianos. A seguir o Autor analisa, com brilhantismo, os dois prelúdios e a sinfonia da ópera "Fosca" (1872-1890), discutindo a reação negativa dos críticos e do público e a elaboração das versões dos prelúdios. O dialogismo torna-se mais explícito no debate entre as diferenças temáticas das obras de Gomes e Verdi (sinfonia de "La Forza Del Destino"). Discute, com rigor, os temas que iniciam cada obra sinfônica quanto à configuração de seus motivos (p. 234) e as semelhanças entre "La Forza Del Destino" e "Maria Tudor" (pp. 234-5). Discute pela primeira vez na historiografia brasileira os prelúdios orquestrais de "Lo Schiavo" (1889), em especial o do IV Ato ("Alvorada"), estruturado em vários elementos cênicos e, finalmente, o prelúdio do I Ato e o noturno que abre o III da ópera "Condor".

Esta pesquisa de Marcos Pupo Nogueira, em síntese, discute os diálogos de Carlos Gomes com Richard Wagner (sinfonias para "Il guarany", "Fosca" e o prelúdio de "Maria Tudor"). Os prelúdios e sinfonias do compositor paulista são extremamente objetivos e concisos, sem redundâncias ou reiterações.

As críticas negativas de centenas de obras de compositores do passado e da contemporaneidade pela maioria dos historiadores brasileiros contemporâneos desencorajaram durante décadas estudos mais aprofundados, apoiados numa bibliografia teórica mais rigorosa, e não numa simples repetição de autores modernistas, fundamentais para os respectivos momentos históricos em que escreveram as suas obras, mas, atualmente, sem nenhuma validade acadêmica.

Felizmente estão surgindo novos historiadores que utilizando-se de uma metodologia mais rigorosa procuram rever temas fundamentais para uma melhor compreensão da nossa História.

Marcos Pupo Nogueira, historiador crítico, contundente e sensível, desvenda neste livro um dos temas pouco estudados e fundamentais para a História da Música Internacional: as sinfonias e os prelúdios de Antonio Carlos Gomes, totalmente "esquecidos" durante décadas e décadas pelos musicólogos brasileiros.

Este livro, com certeza, deverá estimular jovens mestrandos e doutorandos a romper com problemáticas e temáticas tradicionais instituídas pela historiografia. E inclusive deverá demonstrar a importância da análise da linguagem musical conforme critérios teórico-metodológicos altamente rigorosos, o que colocará em xeque trabalhos de não-conhecedores de música, os chamados cronistas, que têm divulgado trabalhos verbalizados sem discutir a essência ou o sentido da música (som ou o ruído) conforme pressupostos estéticos aflorados a partir da chamada desagregação do sistema tonal (prelúdio da ópera "Tristão e Isolda" de Richard Wagner").

São Paulo, 11 de novembro de 2006.
Arnaldo Daraya Contier

ABREVIATURAS DOS INSTRUMENTOS MUSICAIS

Fl.	– Flauta
Pic.	– *Piccolo*
Ob.	– Oboé
C.Ing.	– Corne Inglês
Cl.	– Clarinete
Clb.	– Clarone
Fg.	– Fagote
Tpa.	– Trompa
Tpt.	– Trompete
Trb.	– Trombone
Tu.	– Tuba
Tim.	– Tímpano
Gcx.	– Bombo
Hp.	– Harpa
Vl.	– Violino
Va.	– Viola
Vc.	– Violoncelo
Cbx.	– Contrabaixo

Introdução

Carlos Gomes permanece até hoje como o mais citado, completo e realizado compositor lírico das Américas. Sua produção nesse gênero forma um corpo expressivo de oito óperas, duas revistas musicais e o grande poema vocal sinfônico *Colombo*, escrito em 1894. Depois de ter iniciado uma carreira de sucesso no Brasil com suas duas primeiras óperas, únicas com libreto em português, Gomes recebeu do governo brasileiro, em 1864, um auxílio para estudar na Itália. Lá se estabeleceu, retornando ao Brasil somente em curtas temporadas, para dirigir suas óperas. Voltou definitivamente, em 1896, já muito doente, e faleceu alguns meses depois na capital do Estado do Pará, onde dirigia o conservatório local.

Gomes foi, sem dúvida, um dos elos de um processo que ao longo do Segundo Reinado se propunha a modernizar as instituições do país. Dois de seus mais assíduos interlocutores no Brasil, o engenheiro André Rebouças e o escritor abolicionista Joaquim Nabuco, estavam, cada um a seu modo, profundamente empenhados intelectual e politicamente na transformação das estruturas sociais, econômicas, políticas e culturais do país a partir da perspectiva monarquista. Embora não seja o objeto deste trabalho, as transformações almejadas por Gomes e aqueles companheiros devem ser entendidas como diretamente relacionadas à sua produção lírica. Seu discurso mais articulado foi, e não poderia deixar de ser, o musical, não apenas pela temática literária de algumas de suas óperas, principalmente *Il guarany* e *Lo schiavo*, de evidente filiação ideológica, mas principalmente pela intensidade de seus diálogos com as tendências musicais européias da segunda metade do século XIX.

Rotulado ora como seguidor de Verdi, ora de Wagner, algumas vezes tido como herói nacional por ter vencido em Milão, outras desqualificado como paradigma para as novas gerações de compositores, como ocorreu nas primeiras décadas do século XX, parte-se aqui do pressuposto que, nas formas sinfônicas de suas óperas, Gomes seguiu, no entanto, um caminho estético próprio, e seu estilo, bastante pessoal, foi receptivo a influências ecléticas, que incluíram desde a música lírica italiana do século XIX à ópera francesa, passando pelo drama musical wagneriano e o sinfonismo de inspiração clássica presente nas produções da chamada "música absoluta" das últimas décadas do século XIX.

As análises desenvolvidas ao longo deste trabalho concentram-se no território puramente instrumental das formas sinfônicas que o músico paulista compôs para a sua produção lírica. Em função disso as óperas comparecem neste trabalho para indicar a conexão temática com a produção sinfônica de Gomes, não sendo objeto de um estudo analítico específico. Os prelúdios e sinfonias criados pelo músico configuram certamente uma síntese privilegiada de seus dramas e ao mesmo tempo formam um conjunto de peças com suficiente integridade formal exatamente por não enfileirar, como se fossem meras rapsódias, as principais melodias cantadas na ópera.

Essas formas sinfônicas presentes nas oito óperas[1] de Carlos Gomes são o objeto deste estudo também por constituírem um

---

1 Não constam neste estudo os balés escritos para encenações especiais de algumas óperas como *Il guarany*, *Fosca*, *Lo schiavo* e *Côndor*, a música orquestral presente nas duas revistas musicais que escreveu em seus primeiros anos em Milão, *Se sa minga* e *Nella luna*, e as danças compostas para o poema vocal sinfônico "Colombo"que, por sua especificidade estilística e formal, ficam para outra pesquisa. Igualmente merece atenção o hino escrito sob encomenda do imperador Pedro II como homenagem brasileira ao primeiro centenário da independência norte-americana, denominado *Inno pel primo centenario della independenza americana*.

MUITO ALÉM DO *MELODRAMMA* 21

conjunto homogêneo de obras que favorece a confrontação com a produção de autores contemporâneos no mesmo gênero, composta no período correspondente à segunda metade do século XIX, mais exatamente entre 1861 e 1891 — respectivamente as datas de composição da primeira ópera de Carlos Gomes, *A noite do castelo*, e da última, *Côndor*.[2]

A produção orquestral aqui analisada está classificada em três categorias, definidas por critérios de forma musical e por sua localização e função na ópera. Assim, a primeira categoria corresponde às peças orquestrais que abrem as óperas de Gomes e que foram denominados pelo compositor como prelúdios — denominação que se encontra presente nas óperas *A noite do castelo* (1861), *Joana de Flandres* (1863), *Il guarany* (1870), *Fosca* (versões de 1872 e 1878), *Maria Tudor* (1879), *Lo schiavo* (1888) e *Côndor* (1891). A segunda categoria corresponde às peças de abertura de maior duração denominadas sinfonia, encontradas nas seguintes óperas: *Il guarany* (sinfonia de 1871 que substituiu o prelúdio composto para a estréia), *Fosca* (sinfonia, provavelmente de 1889 ou 1890, que substituiu os prelúdios das duas versões anteriores) e *Salvator Rosa* (1874). Na terceira categoria estão presentes os prelúdios internos, ou seja, aqueles que abrem atos ou cenas, como os encontrados em *Lo schiavo* (prelúdio para a cena quatro do Quarto Ato, também conhecido como "Alvorada"), *Côndor* (prelúdio para o Terceiro Ato, conhecido como "Noturno") e o *intermezzo* para *Joana de Flandres* (uma peça *concertante* para flauta e orquestra).

O propósito central deste trabalho é investigar como se processou a produção sinfônica de Carlos Gomes num meio dominado pela estética do melodrama italiano, durante a segunda metade do século XIX, a partir da premissa de que Gomes desenvolveu sua obra sinfônica — obra que pode ser entendida como o primeiro corpo significativo de repertório sinfônico de concerto da história da música

---

2 Optou-se aqui e no decorrer de todo o trabalho por citar os nomes das óperas de Carlos Gomes no idioma original em que foram escritos. A questão sobre a grafia de *Côndor* está explicada na nota 1 do capítulo 8.

brasileira — para muito além do padrão musical exigido pelo palco lírico italiano desse período.

O gênero operístico, tal como era praticado na Itália ao tempo em que o país recebeu Carlos Gomes, reservava poucos espaços às peças orquestrais. O melodrama italiano da segunda metade do século XIX já não privilegiava nem mesmo as aberturas sinfônicas, que no passado tinham contribuído muito para o sucesso de um compositor como Rossini, por exemplo, cujas aberturas são executadas ainda hoje nos programas de concerto das principais orquestras do mundo.

Embora Verdi tenha sido o mais produtivo compositor italiano do século XIX, nem todas as suas óperas, ao contrário das de Gomes, possuem uma peça de abertura (prelúdio ou sinfonia), e há mesmo em algumas avaliações críticas um certo consenso em que nem todas as que a possuem podem ser consideradas verdadeiramente sinfônicas, e não meras introduções instrumentais. O musicólogo e editor Max Alberti selecionou como relevantes para o repertório de concerto apenas três delas: as aberturas das óperas *Vespri siciliani*, *Nabuco* e *La forza del destino*, que foram então incluídas no catálogo de partituras dedicado à musica orquestral de concerto da editora Eulenburg. Há evidentemente um certo exagero quanto ao rigor na seleção do prefaciador da edição Eulenburg, já que deixa de lado importantes composições sinfônicas, especialmente as aberturas (sinfonias, como o próprio Verdi as denominava) compostas para as óperas *Luisa Miller* e *Giovanna d'Arco*. Ainda nesse sentido, na seleção de Alberti para a editora Eulenburg estão ausentes os prelúdios para outras óperas do compositor lombardo, notadamente os de *La traviata* e *Aida*. Mas a argumentação do editor não deixa de ser um fator importante para ter uma visão do grau de importância das formas sinfônicas nas óperas de Verdi.

Para Verdi, segundo Max Alberti, seus compatriotas eram um povo de cantores. Assim, a voz humana era algo inteiramente superior, devendo sempre ser servida pela orquestra — "somente em função desse propósito (Verdi) preocupou-se com ela [...] a moderna orquestra sinfônica não o interessava" (Verdi, s.d., p.I). De fato, grande parte do material temático empregado por Verdi em suas sinfonias e prelúdios é tomada de passagens vocais e não orquestrais da ópera. De qualquer modo é fato que após a abertura para *La forza del destino*, composta para a versão de 1869, Verdi escreveu apenas o curto (embora bastante importante) prelúdio orquestral da ópera *Aida* (1871) e abandonou definitivamente a prática, não tendo composto obras de porte exclusivamente orquestral para suas últimas produções líricas — *Otello* (1887) e *Falstaff* (1893).

Essa perda de importância da abertura nas óperas italianas do período foi também notada pela musicóloga francesa Danielle Pistone, para quem o "preâmbulo instrumental terá a tendência a reduzir-se [...] ou mesmo desaparecer ao longo do século XIX" (Pistone, 1988, p.79). É sintomático que o preâmbulo orquestral nas óperas italianas, em qualquer de suas formas e durações, tivesse sua importância abalada desde havia muito tempo, como pode ser percebido em outra citação da mesma autora, referente a um trecho de uma carta de 1832, na qual um entusiasta francês da ópera italiana afirmava que os mestres da Itália não davam importância a um certo "ruído" a que chamavam abertura.

Mesmo diante desse quadro não muito favorável à inclusão de formas sinfônicas na ópera, Carlos Gomes continuou dedicando a elas espaço considerável em todas as suas composições líricas, o que deu origem a esse importante conjunto de prelúdios e sinfonias. Este trabalho detém-se especificamente nesse conjunto por se tratar do aspecto que tem sido o menos comentado e analisado na bibliografia referente ao compositor campineiro. A especificidade sinfônica notada nesse conjunto serve ao propósito de demarcar e qualificar as diferenças entre a abordagem técnica e estética das formas sinfônicas nas óperas de Carlos Gomes e as verificadas nas obras congêneres escritas para o melodrama italiano na segunda metade do século XIX.

A "italianidade" na música de Carlos Gomes, contudo, tornou-se mais do que um rótulo ao longo do tempo. Converteu-se em verdadeiro conceito, especialmente nas mãos dos mais influentes nomes do nacionalismo modernista brasileiro, quando estes se debruçaram para analisá-la. Ao enfrentar o dilema representado pelo que consideravam um distanciamento entre a produção musical do compositor campineiro e o "povo" brasileiro, os modernistas partiram do pressuposto, como bem notou um de seus críticos, o historiador Arnaldo Contier, de que na época de Gomes não havia uma arte representativa ligada ao inconsciente coletivo no Brasil, uma vez que ainda não se solidificara a aculturação do negro, do índio e do branco. Em função disso, "muitos historiadores, dentre os quais Renato de Almeida, Mário de Andrade e Vasco Mariz, não foram taxativos ao julgar a obra de Carlos Gomes como *algo exterior* à *nação*. Entenderam-na como representativa da nação *italiana*, já consolidada sob o ângulo político e cultural" (Contier, 1989, p.542-543). Na verdade, eis aí o paradoxo: Gomes, segundo os modernistas, seria um nacionalista, sim... mas italiano.

Outro historiador ligado ao modernismo, Luiz Heitor Correia de Azevedo, ao comentar em seu importante estudo "150 anos de Música no Brasil" a fria recepção da segunda ópera italiana de Gomes, *Fosca*, quando de sua estréia em Milão, lembra que era acirrada a luta entre os defensores do *bel canto* italiano e os partidários de Wagner. Críticos italianos chegaram a julgar a nova produção de Gomes como excessivamente trabalhada e influenciada pelo drama musical wagneriano. Rebatendo essa afirmação, e insinuando uma defesa da "italianidade" do músico campineiro, Luiz Heitor ironiza: "o pobre Carlos Gomes, que não estava mais afeito às complexas teorias do drama lírico do que ao grego ou ao sânscrito, era acusado de simpatia com o 'bárbaro' (Wagner), por ter adotado alguns motivos condutores" (Heitor, 1956, p.79). Ainda que negando a influência de Wagner, Luiz Heitor acaba reforçando, um tanto apressadamente, um tipo de avaliação que parece bastante maniqueísta, e que permeava quase sempre as resenhas críticas da imprensa italiana por ocasião da estréia de óperas como *Fosca*, *Maria Tudor* e *Côndor*, que foram textualmente consideradas por boa parte da crítica italiana daquele tempo como influenciadas pelas idéias do drama musical wagneriano.

É compreensível que os críticos italianos da época considerassem em perigo a ópera de seu país, recentemente unificado, e se preocupassem em preservá-la ante a presença cada vez maior nos palcos ita-

MUITO ALÉM DO *MELODRAMMA*   25

lianos de montagens de alguns dramas de Wagner e de outros compositores estrangeiros, entre eles Meyerbeer, Gounod e o próprio Carlos Gomes. Provavelmente em função disso começaram a ver wagnerismos em toda passagem que se mostrasse um pouco mais cromática que o comum, ou em uma orquestração mais elaborada e sutil quanto a fusões instrumentais e maior variedade de texturas orquestrais, características que eram notadas na obra de Gomes e invariavelmente associadas por esses resenhistas ao drama wagneriano. Tais resenhas críticas, contudo, não eram de todo desprovidas de sentido. Fillipo de Fillipi e Rodolfo Paravicini, dois dos mais influentes críticos da segunda metade do século XIX em Milão, foram perspicazes e isentos o bastante para perceber diferenças substanciais entre Gomes e os compositores italianos daquele período, algo que os críticos modernistas brasileiros, bem mais tarde, costumaram negar, preferindo insistir na "italianidade" de Gomes.

A questão é que, toda vez que a intenção é apontar influências de Wagner na obra de Carlos Gomes, o argumento mais freqüente tem sido o de que o autor campineiro lançou mão, com notável constância, dos chamados temas recorrentes — os "motivos condutores", como prefere Luiz Heitor. Contudo, esse argumento não é, por si só, como bem o notou o próprio Luiz Heitor, um elemento que possa provar a influência do compositor alemão sobre a obra de quem quer que seja, uma vez que os temas recorrentes eram de uso comum igualmente entre vários compositores italianos — Verdi, Boito e Catalani incluídos. E, mais do que isso, não podem ser atribuídos com exclusividade a Wagner, uma vez que sua origem é bastante anterior, pois já aparecem, por exemplo, na forma de motivos de reminiscência em *Richard Coeur de Lion*, uma *opéra comique* de Grétry composta em 1784. Reforçando essa origem, a musicóloga brasileira Carla Bromberg credita o freqüente recurso aos temas recorrentes nas óperas de compositores das últimas décadas do século XIX e do verismo à "evolução da escola franco-italiana da ópera, uma característica de quase todos os compositores da *scapigliatura* e do verismo italianos, que nada tem a ver com o *leitmotiv* alemão" (Bromberg, 2002, p.91).

26 MARCOS PUPO NOGUEIRA

A polêmica sobre a influência ou não-influência de Wagner na obra de Gomes sempre camuflou outras questões bem mais complexas, entre elas a de que o compositor campineiro não somente usava motivos condutores como também buscava, ao menos em seus prelúdios e sinfonias, algo muito mais sutil, ou seja, o nexo e a coerência temática entre eles. Essa questão é básica para uma compreensão mais profunda da obra de Gomes e não remete exclusivamente a Wagner, e muito menos é uma característica que possa ser associada de forma destacada aos processos técnicos e estéticos empregados pela ópera italiana, ao menos até o período em que Gomes esteve radicado na Itália.

No ensaio já mencionado escrito por Luiz Heitor, com a expressão "o pobre Carlos Gomes" o historiador inclina-se a negar ao compositor brasileiro participação na forte ebulição provocada pelas grandes transformações que se operavam e conflitavam na música européia do romantismo e pós-romantismo — alargamento das fronteiras da tonalidade, uso de escalas não ocidentais, neomodalismo, emprego de formas cíclicas, o drama musical e o poema sinfônico, impressionismo e verismo, entre outras. O raciocínio de Heitor implica, ainda mais, uma avaliação na qual a imagem de Carlos Gomes surge como a de um artista apenas talentoso, voluntarista e individualista, adjetivos absolutamente insuficientes para quem ambicionara e efetivamente conquistara um espaço destacado na áspera e competitiva arena de um dos maiores e mais ricos centros operísticos de então.

Afirmações como a de Luiz Heitor, no entanto, devido à propagação quase sem nenhuma objeção ao longo de décadas, acabaram por incutir em historiadores, críticos e intérpretes a idéia da incapacidade do compositor paulista de dialogar com as grandes questões da criação musical durante a segunda metade do século XIX. É como se lhe tivessem negado, postumamente, todo o esforço que fez para obter conhecimento, lapidar sua inclinação natural para a composição e ser também agente da efervescência artístico-cultural que caracterizou o período. É neste contexto que é preciso avaliar a obra de Gomes, pois qualquer juízo deve levar em consideração o que ele

MUITO ALÉM DO *MELODRAMMA*   27

realmente escreveu e o que significou sua produção naquele momento histórico.

À época das estréias de algumas das óperas de Carlos Gomes, sobretudo *Fosca, Maria Tudor* e *Côndor*, alguns críticos italianos já notavam certas inflexões não italianizantes na composição do brasileiro. No apêndice de oito de abril de 1873 da publicação milanesa *Ressegna teatrale*, meses após a estréia de *Fosca*, o crítico que assinava com o pseudônimo Dr. Verità chegou a considerar a música de Carlos Gomes como uma obra cuja beleza "se admira mais com a cabeça do que com o coração" (Carvalho, sd). Trata-se de um tipo de referência, apesar de não muito explícita, a um certo descompasso da música de Gomes em relação ao gosto italiano de então. Principalmente, o misterioso Dr. Verità reconhecia, comparando *Fosca* a *Il guarany* — mesmo que pejorativamente como um "defeito" —, a complexidade do discurso musical presente na segunda ópera italiana de Gomes. Ao mesmo tempo, deduzia que isso era algo que ocorria porque Gomes se preocupara demais "em se mostrar compositor distinto, contrapontista valente, *maestro*, enfim, na acepção científica da palavra, e violentara a sua natureza ardente, apaixonada, desenfreada, um pouco *scapigliata,* de artista..." (idem). Ao usar as palavras "científico" e "contrapontístico" o articulista faz uma referência não-explícita ao drama musical wagneriano, pois era lugar-comum na Itália considerar qualquer tipo de aprofundamento técno-estrutural como influenciado por Wagner, o que também se associava, no caso de Gomes, à suposta perda de espontaneidade. Depois de proferir um discurso de indisfarçável verve chauvinista, o articulista conclui que ao escrever daquela forma "Gomes não será mais ele mesmo e que perderá seu tipo característico, sem adquirir o nosso" (idem). Pode-se deduzir, que além da evidente carga de preconceito xenófobo de que era capaz, o mencionado crítico italiano considerava excessivos ou mesmo desnecessários a um compositor de óperas os recursos técnicos e estéticos empregados por Gomes em *Fosca*.

A intensidade da dedicação de Gomes às formas sinfônicas em todas as suas óperas contraria a tendência dominante de seus contemporâneos italianos. O interesse do compositor brasileiro por elaboradas aberturas permaneceu constante até sua última produção lírica e mesmo cresceu, se se observa a importância conferida às formas exclusivamente sinfônicas presentes em suas duas últimas produções para o palco: *Lo schiavo* e *Côndor*.

Na verdade, ainda no Brasil, Gomes já demonstrava uma inclinação para a escrita orquestral, determinada, provavelmente, pelo fato de ter tido com o pai a oportunidade de estudo e prática da música instrumental. O pai, Manuel José Gomes, tinha como parte de suas obrigações funcionais contratar músicos e dirigir a orquestra e coro utilizados no serviço religioso e nas festas cívicas de Campinas. Carlos Gomes e seu irmão, Santana Gomes, desde pequenos participavam dessas atividades, ainda ecos da antiga e rica tradição musical do período colonial brasileiro. Na infância e adolescência, Carlos Gomes aprendeu a tocar alguns instrumentos de orquestra e acompanhava todas as fases do fazer musical paterno, desde a composição até as cópias, ensaios e apresentações, das quais muitas vezes participava.

A convivência diária com os instrumentos da pequena orquestra do pai foi fundamental para o desenvolvimento do pensamento orquestral do compositor campineiro. Também não deve ser subestimado o fato de Gomes ter integrado diretamente o rico movimento operístico do Rio de Janeiro, quando lá viveu de 1859 a 1863. Em 1860, a convite do criador da Ópera Nacional, o nobre espanhol exilado José Amat, Carlos Gomes assumiu o cargo de preparador da orquestra e do coro desta que talvez tenha sido a mais importante atividade lírica do Segundo Reinado. Durante este período, foi levada à cena a primeira ópera de Gomes, *A noite do castelo*, cujo prelúdio orquestral já demonstra, como se verá na análise presente no Capítulo 1, a necessidade do autor de usar a orquestra e as possibilidades tímbricas que nela intuía como um elemento fundamental de expressão musical.

Desde o final do século XIX a obra de Carlos Gomes tem sido, quase sempre, avaliada por parâmetros estabelecidos pelos discursos romântico–nacionalista e nacionalista-modernista, ainda hoje muito influentes. O discurso romântico-nacionalista, predominante no Segundo Reinado, estava apoiado em diversos matizes ufanistas e

MUITO ALÉM DO *MELODRAMMA* 29

tendia a converter o compositor em exemplo meramente "edifican-te", fruto apenas da "excepcionalidade individual" do "gênio brasileiro" que faz "sucesso lá fora". Como avaliou o historiador Arnaldo Contier, o público e o ambiente musical do Rio de Janeiro em meados do século XIX eram hostis às "tentativas voltadas para a criação de uma *ópera nacional*" — ambiente no qual Gomes iniciou sua carreira de compositor lírico —, sendo, portanto, necessário, para aproximar-se das idéias propagadas pelos intelectuais românticos, "unir um tema ligado à nossa História Heróica, como a figura do índio (o Guarani, de Carlos Gomes) às estruturas rítmicas, melódicas e aos recursos timbrísticos seguidos pelos compositores pertencentes às diversas escolas operísticas européias" (Contier, 1985, p.24).

No entanto, esse tipo de perspectiva incentivada por bolsas de estudo que o governo concedia para se aprimorar no exterior a compositores mais destacados acabou por reduzir-se à lógica do sucesso que justificava tudo, e principalmente dispensou os comentaristas, biógrafos e críticos do Segundo Reinado da análise rigorosa da música produzida pelo campineiro. Mas é exatamente o estudo atento da produção musical de Gomes, ou seja, o discurso técnico-estético que de fato proferiu que pode favorecer uma revisão crítica que evite levar em consideração os conteúdos puramente laudatórios ou oportunistas para "ouvir" o que o músico realmente escreveu.

Anos mais tarde, uma segunda vertente analítica, formada nas primeiras décadas do século XX, propiciou outro tipo de leitura, notadamente após a Semana de 22, que tendia a reduzir a obra de Carlos Gomes apenas à sua importância histórica no panorama internacional, negando-lhe a possibilidade de influir nas novas gerações, por não ter autêntico valor "nacional" e "racial". Nessa perspectiva, também já mencionada anteriormente, Carlos Gomes, não tendo como desenvolver sua música a partir de "raízes nacionais", ter-se-ia limitado a uma adesão mais ou menos bem sucedida aos modelos do melodrama italiano da segunda metade do século XIX. Assim, a crítica e historiografia musical brasileira de tendência nacionalista-modernista — Mário de Andrade, Luiz Heitor, Renato de Almeida e Vasco Mariz, para citar seus autores mais influentes —

rejeitou, com alguma dificuldade, é bem verdade, a produção de Carlos Gomes.

Ao contrário dos comentadores do Segundo Reinado, houve com esses intelectuais esboços de análises musicais um pouco mais profundas relativas às obras de Gomes, como o realizado por Mário de Andrade sobre *Fosca* (Andrade, 1936, p.251-263). A própria "lógica do sucesso" foi criticada por Renato de Almeida, para quem o sucesso "franco e retumbante" na Itália teria sido a causa de Gomes entregar-se "cada vez mais aos modelos italianos, findando por esquecer os motivos nacionais" (1926, p.238). Mas esses novos comentadores acabaram também por rejeitar a obra de Gomes, uma vez que não conseguiram identificá-la ou enquadrá-la como ao menos "prénacionalista", embora Mário de Andrade admitisse a importância do compositor campineiro em vista do reconhecimento internacional que adquirira.

A qualidade puramente vocal e melódica da obra de Gomes, que em oposição ao sinfonismo wagneriano compõe a outra extremidade do dualismo maniqueísta referido, não deve de modo algum ser considerada como elemento fundamental de sua escrita sinfônica. Ainda que de forma superficial, Julian Budden, musicólogo e historiador inglês que se concentrou na ópera italiana do período, especialmente a de Verdi, reconhece elementos mais sutis ou mais matizados na obra do compositor brasileiro. Ao avaliar a contribuição de Carlos Gomes à ópera italiana, Budden cita *Fosca* como exemplo de uma "organização temática cerrada e que avança para além dos limites dos números individuais" (1990, p.433). A afirmação deve ser entendida como uma referência à superação, em *Fosca*, da limitação da ópera de números na qual cada cena é sucedida por outra sem que haja nexos temáticos que unifiquem a obra.

Em 1876, um crítico norte-americano da Filadélfia, citado por Gaspare Nello Vetro, a respeito da apresentação naquela cidade do *Inno pel primo centenário dell' independenza americana* de Gomes (obra composta durante seu trabalho de criação da ópera *Maria Tudor*), julgou-o com estas palavras: "Parece que o maestro Gomes se apropriou das melhores qualidades da escola italiana e da escola alemã sem ceder aos excessos nem de uma nem de outra" (1977, p.16). Esta avaliação, embora rápida, superficial e genérica, parece hoje bem mais objetiva e tem a qualidade de indicar um ponto de vista menos maniqueísta na avaliação da música de Gomes, julgamento muitas vezes contaminado por conceitos como "verdismo", "wagnerismo", "brasilidade *versus* italianidade" que, além de vagos ou embebidos de forte conteúdo ideológico, não vêm respaldados pela análise do discurso técnico-estético exigida por sua música.

Há na obra de Gomes (ao menos na orquestral) uma tensão muito mais profunda e constante do que a encontrada nesse Carlos Gomes "oficial"; um conflito entre procedimentos musicais e estéticos desenvolvidos na ópera italiana à época da unificação da Itália, e a necessidade estética de Carlos Gomes de dominar e avançar com outras ou novas tendências, de estar atento, enfim, ao mundo da criação musical do final do século XIX.

Não se pretende aqui emitir mais um juízo de valor sobre a produção gomesiana, mas trazer novos elementos (principalmente musicais) que colaborem e estejam disponíveis, portanto, para uma reavaliação crítica da obra do compositor. A opção pela análise técnica e estética decorre da convicção de que os recursos musicais de Gomes como compositor — suas idéias, soluções formais e orquestrais — são, necessariamente, parte fundamental do diálogo entre este universo polissêmico que o fato musical implica e a história.

O espaço dedicado à análise musical da obra de Gomes em publicações é ainda muito menor do que seria desejável, principalmente se comparado ao reservado a estudos biográficos. No entanto, é importante citar como extremamente relevantes alguns textos especificamente dedicados ao estudo da obra do compositor que vêm contribuindo para estimular novas pesquisas. São indispensáveis os pioneiros ensaios publicados na edição de 1936, comemorativa do centenário de Carlos Gomes, da *Revista brasileira de música*, como o de Paulo Silva, voltado à análise dos exercícios contidos nos *Cadernos de estudo de contraponto, fuga e harmonia* de Carlos Gomes, realizados em Milão. O conciso e importantíssimo estudo de Paulo Silva revela alguns pontos sobre o tipo e o grau de instrução a que

Gomes se submeteu nos primeiros tempos na Itália, com Lauro Rossi, compositor de 29 óperas, uma missa e um oratório, além de pedagogo renomado, que dirigiu o Conservatório de Milão de 1850 a 1870.

Carlos Gomes deixou o Brasil para estudar na Itália cheio de si, em vista do sucesso que alcançaram no Rio suas primeiras óperas — *A noite no castelo* e *Joana de Flandres* — e do apreço que lhe votava o próprio imperador. No Brasil, o músico campineiro tinha a corte brasileira a seus pés. Em Milão, não deve ter passado aos olhos de Lauro Rossi como mais do que um estudante da América do Sul. O ensaísta Paulo Silva, além de descrever os estudos de contraponto e fuga empreendidos por Gomes, pôde concluir pela dificuldade de Gomes, devida ao temperamento independente e impulsivo do compositor, ao enfrentar a rígida disciplina acadêmica imposta por Rossi naqueles primeiros anos em Milão. Era de se esperar que um músico, com a experiência adquirida no Brasil e pelas qualidades das obras já compostas, mostrasse eventual impaciência em alguns momentos de seus estudos acadêmicos. No entanto, seria precipitado dizer que o compositor campineiro não pudesse ter tido acesso a uma boa formação. Acima de tudo, a disciplina do contraponto imitativo, adquirida principalmente com Rossi, exerceu papel decisivo na escrita de Gomes, na qual se nota uma forte tendência para a superação do dualismo melodia-acompanhamento, aspecto para o qual sempre concorre positivamente a elaboração de uma textura contrapontística.

No ensaio de Mário de Andrade sobre *Fosca*, também presente na *Revista brasileira de música* e hoje um clássico, sobretudo pela clareza e precisão com que trabalha e distingue conceitos, encontra-se um estudo comparativo entre os motivos condutores na obra de Gomes e o *leitmotiv* em Wagner. Mário de Andrade, ao negar a influência do drama musical wagneriano na obra de Gomes — segundo o escritor modernista, "Carlos Gomes conhecia de oitiva a doutrina wagneriana, e ignorava os escritos e obras de Wagner" (Andrade, 1936, p.255) — acompanhava, de certo modo, a tendência dualista de grande parte dos comentadores italianos contemporâneos de Gomes, para os quais a música de Wagner era uma opção

MUITO ALÉM DO *MELODRAMMA* **33**

excludente e definitiva. Mas é inegável, nesse estudo, o fato de Mário de Andrade ter aberto algumas vertentes analíticas inéditas para a obra de Gomes, entre elas a possível antecipação verista que notou em *Fosca* ao afirmar não ser "possível deixar de reconhecer nele (Gomes), de alguma forma, um profetizador do verismo" (idem, p.254). No mesmo estudo, também aponta a presença do que define como "princípio lírico-dramático de caracterização especial de cada cena — princípio que Debussy havia de retomar energicamente depois da epidemia wagnerista" (idem, p.254). A análise de Mário de Andrade, contudo, torna-se bastante estanque neste ponto, por tratar fatos histórico-musicais como blocos incomunicáveis. Isso é especialmente perceptível quando separa a composição lírica de Debussy do drama musical wagneriano, como se um e outro não fizessem parte do desenvolvimento da tradição musical, esquecendo que o próprio Debussy, no começo de sua carreira, havia sido um ferrenho defensor das idéias de Wagner.

Ainda na mesma revista e em artigo assinado por Luiz Heitor (Heitor, 1936, p.323-338), são igualmente ricas em informações as transcrições comentadas da correspondência entre Gomes e Francisco Manuel da Silva, compositor do Hino Nacional Brasileiro, uma das maiores lideranças musicais do Segundo Reinado e que desempenhou até morrer, em 1865, importante papel de conselheiro para o jovem compositor paulista. As cartas de Gomes para o seu mentor, escritas em seus primeiros anos em Milão, representam importante e rara fonte de informações sobre os autores que Gomes admirava e, também, suas opiniões sobre a vida musical italiana ao final dos anos 60 do século XIX. Nelas fica evidente o papel de Francisco Manuel da Silva como pedagogo e tutor, fundamental no início da carreira do campineiro.

Mais recentemente surge o volume organizado por Gaspare Nello Vetro, *Antonio Carlos Gomes: carteggi italiani*, que inclui, além da importantíssima coleção de cartas italianas de Gomes guardadas atualmente em instituições daquele país, o estudo do musicólogo Marcelo Conati. Esse estudo, embora superficial pela brevidade, tem o mérito de analisar musicalmente as óperas de Carlos Gomes e de reavaliar sua importância no processo de renovação do melodrama italiano, na segunda metade do século XIX. Na mesma direção aponta o trabalho de José Penalva em seu livro *Carlos Gomes e seus horizontes*, que analisa as influências que exerceram Verdi e Meyerbeer nas primeiras obras de Gomes e o progressivo afastamento do compositor brasileiro desses arquétipos para caminhar na direção do verismo.

Várias referências bibliográficas sugerem que D. Pedro II pensava indicar Carlos Gomes para estudos na Alemanha, mas provavelmente por influência da imperatriz, que era de origem italiana, a bolsa de estudos imperial o levou, em 1864, para a Itália. Uma dessas referências, talvez a mais importante, pode ser encontrada na famosa biografia de Carlos Gomes de autoria de sua filha Itala Gomes Vaz de Carvalho, na qual, depois de relatar uma curta permanência de Gomes em Paris, "onde ouvira as obras-primas de Bellini, Bizet e Meyerbeer", questiona por que seu pai, "seguindo uma inspiração mais feliz, não adotou a sugestão do imperador seguindo para a Alemanha" (Carvalho, 1946, p.74). A biografia escrita pela filha de Gomes, que tem sido encarada com muitas ressalvas, principalmente pelo fato de seu estilo ser demasiadamente familiar e laudatório, é na verdade uma referência essencial por sua farta documentação e por conter algumas indicações quanto às possibilidades de influência do drama musical de Wagner e uma conjectura de como seria a obra de seu pai se ele aliasse a "orquestração polifônica wagneriana [...] à inconfundível inspiração melódica do Cisne de Campinas" (idem, p.74). Pode haver nessas indagações, ainda hoje polêmicas, muito das próprias convicções da autora que, de resto, conviveu pouco tempo com o pai. Entretanto, são certamente um indicativo dos conflitos estéticos nos quais se envolveu Carlos Gomes ao enfrentar o mundo da criação musical na Itália. A referência à orquestração feita pela filha de Gomes, não é, em absoluto, destituída de interesse, pois favorece a abertura de um flanco de observação e pesquisa dirigida a esse aspecto. É possível deduzir que Itala considerava a orquestração wagneriana como superior à italiana e, além disso, parece implícita em sua observação que ela entendia o trabalho sinfônico como algo bastante importante na obra do pai.

MUITO ALÉM DO *MELODRAMMA* 35

O estudo de J. Rosselli, intitulado *Italy, the decline of tradition*, apresenta uma interpretação das condições da atividade musical na Itália da segunda metade do século XIX, período em que aquele país, segundo Rosselli, ainda reagia fortemente à influência musical estrangeira representada pela música instrumental de câmara e sinfônica e, principalmente, defendia-se das incursões do drama musical wagneriano em seu território. Enquanto a Itália seguia dedicando-se quase exclusivamente à ópera, o restante da Europa já havia colocado a música instrumental, em particular a música sinfônica, proveniente da Escola Vienense de Haydn, Mozart e Beethoven, em primeiro plano. O autor prossegue analisando as dificuldades que o meio musical italiano apresentava àquelas incursões estrangeiras assinalando como um dado significativo dessa condição o hiato de mais de vinte anos entre as estréias alemãs e as estréias italianas das obras de Wagner. A Itália era tão dominada pela ópera que os músicos começaram a preocupar-se com a orquestração moderna somente quando as encenações de óperas estrangeiras começaram a estrear, tanto "que para a maioria das pessoas as possibilidades da orquestração, em meados e final do século XIX, eram conhecidas não por sinfonias, mas por óperas estrangeiras" (Rosselli, 1991, p.131).

Em direção semelhante caminha o livro *Italian opera* do professor David Kimbell, que traça um grande painel histórico da ópera italiana. São especialmente pertinentes os dados e a avaliação crítica feitos por Kimbell acerca das condições da vida musical e teatral na Itália durante o século XIX. Chama a atenção em especial o capítulo dedicado ao movimento conhecido como *scapigliatura*, integrado por um grupo de artistas milaneses ao qual esteve ligado Carlos Gomes, e que o autor associa aos processos de alienação entre a vida e arte moderna ocorridos na Europa, sobretudo no norte da Itália a partir de meados do século XIX, que tentavam, mesmo que de modo muitas vezes obscuro, introduzir no debate artístico italiano algumas das idéias românticas.

Ao tratar da influência alemã sobre a ópera italiana ao longo do século XIX, Kimbell pondera sobre um aspecto fundamental e que também motiva as análises empreendidas nos capítulos dedicados aos prelúdios e sinfonias de Carlos Gomes: o legado "desconfortável" para a tradição da música lírica italiana, especialmente a da primeira metade do século XIX, do que o estudioso americano denomina "dialética sinfônica", ou seja, a tendência muito presente na música sinfônica transalpina do século XVIII e XIX de "extrair de uma simples idéia um longo e contínuo processo de desenvolvimento, invenção e transformação" (1991, p.443). O enfoque do estudo de Kimbell, embora não faça nenhuma referência importante a Carlos Gomes, favorece o aprofundamento de questões relativas ao grau e ao modo com que a influência do classicismo vienense e alemão foi recebida pela ópera italiana do século XIX e especialmente pelo tipo de sinfonismo praticado pelo músico brasileiro dentro desse contexto. Não é demais lembrar que Rossini recebera de vários de seus compatriotas a alcunha de *"il tedeschino"*, por causa de seu forte interesse pelos clássicos vienenses.

Quanto aos textos voltados à obra de Carlos Gomes propriamente dita, tem-se mais recentemente na bibliografia o de Marcos Góes, *Carlos Gomes, uma força indômita*, que traz, num misto de ensaio crítico-biográfico-musical, a trajetória do compositor na Itália, detendo-se na influência que ele teria exercido sobre alguns autores italianos como Ponchielli, Mascagni e o jovem Puccini. Embora no estudo de Góes transpareça, por vezes, um tom laudatório, a obra apresenta momentos de aprofundamento quanto à compreensão musical e estética da obra de Gomes, principalmente quando opta pela análise musical comparada, colocando frente à frente o caráter melódico de trechos de *Fosca*, de Gomes, e de *La Gioconda*, de Ponchielli. O livro de Góes ainda tem o mérito de trazer novamente ao debate a complexa questão do uso da técnica do *leitmotiv* na obra de Gomes, na medida em que, divergindo da opinião de Mário de Andrade, aponta para uma decisiva influência do autor da tetralogia em algumas óperas de Gomes.

Entre os artigos críticos de periódicos italianos, contemporâneos de Carlos Gomes, os preservados no álbum de recortes de Ítala Gomes Vaz de Carvalho são esclarecedores, principalmente quanto à maneira como era avaliado um compositor estrangeiro e oriundo de uma pouco conhecida monarquia sul-americana. Estes contêm,

MUITO ALÉM DO *MELODRAMMA* 37

ainda, comentários e resenhas sobre várias estréias de óperas de Gomes. Em alguns deles pode-se encontrar breves análises musicais de peças orquestrais com citações sobre a influência de autores não italianos na obra de Gomes, referências com indicadores valiosos para ter o contexto em que a produção do brasileiro ocorreu.

Foram consultadas também as cartas originais de Carlos Gomes que se encontram arquivadas no acervo do Museu Carlos Gomes, em Campinas, entre elas algumas endereçadas a Francisco Manuel da Silva com esclarecedoras referências a compositores clássicos e românticos.

Para identificação ideológica das formas de análise com que a música de Gomes tem sido muitas vezes abordada por críticos e historiadores brasileiros e que teriam causado o que se poderia denominar "isolamento estético" da obra do campineiro, parte-se — tendo em vista uma perspectiva historiográfica — da crítica do pensamento nacionalista encontrada nos textos do historiador Arnaldo Contier. Podem ser citados principalmente seus artigos "Sinfonia brasileira", "Música e História", "Música brasileira no século XIX: a construção do mito da nacionalidade".

Os textos de Contier ressaltam um tipo de crítica que ajuda a desmistificar aquele Carlos Gomes "oficial" — processo absolutamente necessário para o início da análise musical da obra do compositor em novas bases. A crítica dá-se a partir de uma abordagem semiológica que objetiva captar os vários matizes, usos e significados ideológicos associados a um determinado vocabulário. Trata-se de refletir sobre o que Contier denomina "formulações fundamentadas numa concepção maniqueísta da arte e do processo histórico" que, em relação à produção de Carlos Gomes, configuram, quase sempre, juízos que desconsideram as diversidades estéticas, estilísticas e técnicas de sua música. Conceitos vagos como "progresso" ou "interesse para a cultura nacional" determinam um tipo de importância de consistência duvidosa e quase sempre vazia de sentido, sem que a análise intrínseca da música possa exercer seu papel.

É fundamental a busca num sentido oposto ao das análises genéricas que, ao se concentrarem muito mais na vida e apenas em alguns fatos significativos relacionados à obra do artista, não abordam o caráter simbólico da linguagem musical. Cabe ressaltar nos textos de Contier o questionamento à recomendação de Mário de Andrade a jovens compositores das décadas de 20 e 30 para "não seguirem critérios empregados pelo autor de *Lo schiavo*, pois acreditava que somente a partir de 1914, aproximadamente, o 'povo' começou a se integrar culturalmente no seio da 'Nação'" (1985a, p.27). O desastre desta fala de Mário de Andrade é que ela obscureceu ou tentou eliminar o elo natural entre a música de Gomes e a das gerações seguintes, como a de um Villa-Lobos, por exemplo, embora este último mostrasse em suas obras compostas no início do século XX uma forte tendência para conciliar algumas idéias de Wagner e Liszt com a construção melódica verista, conciliação na qual Gomes teve, efetivamente, algum tipo de participação.

A leitura do *Coro dos contrários*, de José Miguel Wisnik, também favorece a identificação de alguns procedimentos metodológicos e teóricos, sobretudo aqueles voltados à confluência da literatura e da música, que interessam particularmente a este trabalho. A análise que Wisnik faz do pensamento crítico musical de Mário de Andrade traz à luz as contradições deste partidário da música pura. Procura apontar de que modo as características musicais de Villa-Lobos, a partir da análise musical de peças desse autor que foram ouvidas nos programas da Semana de 22, foram analisadas e compreendidas pela crítica musical modernista. O estudo de Wisnik, acima de tudo, defende a análise musical como instrumento de conhecimento histórico ao contrapor as idéias puristas de Mário de Andrade quanto ao significado da música às intenções "simbólicas" que permeiam muitas obras de Villa ouvidas no evento de 22.

Igualmente indicador de novas perspectivas metodológicas aplicáveis à análise da obra de Gomes é o estudo ensaístico do professor Jorge Coli, dedicado a uma reavaliação crítica da obra do pintor Victor Meirelles (Coli,1998, p.375-404). Além do fato da trajetória desse artista plástico brasileiro ser algo paralela à de Carlos Gomes, esse trabalho aponta para a insuficiência dos "critérios formais e seletivos" do passado para uma compreensão mais abrangente dos fatos estéticos do século XIX. Acima de tudo, Coli alerta para o perigo de certos conceitos classificatórios como "romântico", "neoclássico" e "acadêmico" avançarem para fora dos limites de sua função de agrupar objetos por semelhanças e afinidades, e deste modo tornarem-se mais "reais" do que as obras que nomeiam. A conclusão do ensaísta de que "vale mais colocar de lado as noções e interrogar as obras" (idem, p.375) parece um princípio mais adequado e plenamente aplicável também à produção sinfônica de Gomes.

Quanto aos critérios de análise relacionados à forma musical, foram essenciais para o desenvolvimento do presente trabalho os processos temáticos e motívicos apresentados por Arnold Schoenberg em sua obra teórica, especialmente no livro *Fundamentos da composição musical* (1991). Como a preocupação analítica foi evitar os conceitos de "espontaneidade" e "melodismo fácil", entre outros semelhantes que muitas vezes aparecem associados à obra de Gomes, tornam-se mais apropriados os critérios de Schoenberg por enfatizarem conceitos como "coerência" e "lógica" na criação musical. Não que se considere a escrita "espontânea" como necessariamente ilógica ou incoerente. Mas a insistência no uso destes termos em relação a Gomes pode tomar uma forma reducionista na medida em que não estimula o estudo sistemático de sua música e desconsidera o esforço do músico para formar-se como artista. Os processos de análise temática e motívica baseados nos conceitos de Schoenberg, quando aplicados às peças orquestrais de Gomes, foram eficazes ao indicar que o músico campineiro estava intencionalmente preocupado com a coerência temática obtida a partir de pequenos motivos básicos.

O tipo de análise preconizado por Schoenberg baseia-se, também, no conceito de "compreensibilidade" (*Fasslichkeit*) com o qual procura relacionar objetivamente os processos composicionais aos da percepção por parte do ouvinte. Schoenberg adere, portanto, a um princípio que procura evitar a alienação que permeia a "análise pela análise". A respeito da utilização do conceito de "compreensibilidade" em Schoenberg, pode-se concluir, juntamente com Jonathan Dunsby e Arnold Whittall a respeito do compositor vienense, que "nenhum outro músico de tal porte deixou um registro desse tipo, um exame detalhado e refletido da relação entre os processos de construção musical e a resposta ao produto" (1988, p.75).

Quanto à metodologia da análise musical empregada na produção sinfônica de Gomes, deve-se ainda citar a terminologia e o método tematicista desenvolvidos pelo teórico austríaco que se radicou nos Estados Unidos, Rudolph Reti, em sua obra *The tematic process in music*, por tratar-se de uma ferramenta que ajuda a evidenciar a forte presença de elementos motívicos produzindo unidade e nexo temático em vários dos prelúdios e sinfonias do compositor campineiro. Do trabalho de Reti utilizei um de seus conceitos mais importantes, que é o de "transformação", definido por ele, quando aplicado à construção temática ou motívica, como processo de "criação de novos formatos, embora preservando a substância original" (1951, p.240). Este é de fato um conceito que aponta para um aspecto pouco notado na produção de Gomes, que é exatamente o da lógica de seu discurso temático, e que contribui positivamente para o aprofundamento ou reavaliação do papel representado pelas idéias de "motivo condutor" (*leitmotiv*) na obra de Carlos Gomes.

Ainda sobre Reti é oportuno lembrar o comentário de Joseph Kerman a respeito de uma estreita relação entre o que diz Reti sobre a transformação motívica e temática e a "discussão de Schoenberg acerca do princípio da 'variação em desenvolvimento', em Brahms, pelo qual um 'fundamento básico' ou *Grundsgestalt* se difunde pela composição inteira" (Kerman, 1987, p.98). Aplicadas aos prelúdios e sinfonias de Gomes, essas conexões metodológicas ajudam a evidenciar que o leque de referências composicionais de Gomes se afasta do dualismo Wagner/Verdi a que muitas vezes a crítica o tem aprisionado.

O conceito principal que permitiu e fundamentou o eixo central desta pesquisa, ou seja, a análise da escrita temática de Gomes nos prelúdios e sinfonias de suas óperas, forma-se a partir dos estudos empreendidos por Arnold Schoenberg, *Fundamentals of musical composition*, e Rudolf Reti, *Thematic process in music*, sobre a construção temática na música do séculos XVIII e XIX. Os dois, cada

MUITO ALÉM DO *MELODRAMMA* 41

um a seu modo, concentraram-se em uma estética que consideraram central na música do período clássico, romântico e pós-romântico, e estiveram ocupados em explicitá-la, principalmente nas obras citadas. Essa tendência refere-se exatamente a obras em que o aspecto essencial é a coerência temática do discurso na qual a unidade é alcançada pelas variações e transformações de motivos básicos. Em Reti, mais do que em Schoenberg, a idéia dominante é que a música desse período (ao menos a que ele considera a mais importante) tem uma dimensão interna superior à externa e que, em última análise, a condiciona.

Historicamente, Reti localiza a origem desse processo na era do contraponto imitativo, principalmente quanto às obras sacras produzidas nas últimas décadas do século XVI, período que o autor considera de apogeu do estilo contrapontístico, principalmente nas missas e motetos de Palestrina e Orlando di Lasso. Segundo Reti, em conseqüência dos processos imitativos empregados nessas obras — oriundos dos desdobramentos da tradição franco-flamenga — as relações temáticas eram extremamente explícitas, pois um padrão melódico (potencialmente, o motivo) de uma voz era imitado imediatamente por outra. Tudo dentro de uma textura claramente polifônica. Durante o período clássico/romântico, ou na "era da genuína transformação temática" como prefere o próprio teórico, as relações temáticas no "estilo sinfônico avançado" já não seriam assim tão diretas e a habilidade do compositor de formar um tema a partir de um precedente teria de ser mais efetiva e sutil, pois pouco da semelhança exterior entre dois temas deveria ser reconhecível, preservando-se, no entanto, a identidade essencial. Tornava-se necessário o "empenho do compositor não para enfatizar a identidade (temática), mas para ocultá-la" (Reti, 1951, p.57-8). Embora o enfoque evolutivo da teoria de Reti seja dificilmente defensável, o conceito de transformações temáticas que ele ajudou a estabelecer é efetivo para a identificação de uma importante corrente na criação musical durante o século XVIII e XIX, com a qual Gomes dialogou em sua obra aqui analisada. A tendência estudada por Reti também teve projeções no século XX, notadamente na cerrada integração de

42 MARCOS PUPO NOGUEIRA

elementos motívicos verificada em muitas obras do serialismo dodecafônico preconizado por Schoenberg e seus alunos, círculo ao qual Reti também esteve ligado em Viena.

Em Schoenberg, por sua vez, essa questão está mais diretamente relacionada à idéia de coerência, de continuidade do discurso e principalmente de sua compreensibilidade. Assim, o conceito de motivo tem papel fundamental naquilo que o compositor do *Pierrot Lunaire* define como "a lógica do discurso", ou seja, o que se dá quando o conteúdo comum de uma composição é gerado pela utilização de "repetições modificadas" de motivos básicos em que "todos os elementos rítmicos, intervalares, harmônicos e de perfil estão sujeitos a diversas alterações" (Schoenberg, 1990, p.37). Nessa perspectiva, os motivos modificados ("formas-motivo") criam novos temas evidenciando um processo pelo qual "as similaridades rítmicas atuam como elementos unificadores, e a coerência harmônica reforça as conexões internas" (idem, p.43).

É oportuno acrescentar, ainda, que a defesa do método teórico em oposição ao taxonômico, realizada por Nicolas Ruwet em seu ensaio "Teoria e método nos estudos musicais" (Ruwet, sd., p.65–108), contribuiu para que a fundamentação desta pesquisa se desse em pressupostos teóricos, evitando assim uma via positivista apoiada na validade do método indutivo. Outro ponto do mesmo trabalho que se torna muito estimulante para o processo do estudo da música sinfônica de Carlos Gomes é a concepção desse polêmico lingüista que considera a análise musical ou de textos poéticos mais como arte do que ciência, "onde a parte da intuição é essencial" (idem, p. 83). Penso que esta visão, longe de descartar o valor da disciplina e da exigência de processos analíticos rigorosos, levanta questões interessantes como a de enfrentar o problema da caracterização estilística de um determinado autor em termos de contraste. O estudioso pergunta: "por que não escolher um certo número de obras típicas e confrontá-las com obras representativas de autores vizinhos, mas diferentes?" A idéia mostra-se bastante apropriada em relação às diferenciações que se busca estabelecer aqui entre Carlos Gomes e um Ponchieli ou Verdi, por exemplo.

MUITO ALÉM DO *MELODRAMMA*   43

Toda a argumentação de Ruwet em seu estudo procura evitar fornecer uma exaustiva classificação do fato musical fundamentada em um conjunto de processos analíticos explicitados com exagerado rigor. Para Ruwet, é preciso evitar que toda a energia analítica seja aplicada na formulação e explicitação dos processos empregados, desconsiderando deste modo as teorias musicais tradicionais e as intuições dos músicos.

Para a pesquisa e análise que resultam no presente trabalho optou-se, como princípio, por não recorrer a sistemas que pudessem induzir a algum tipo de ortodoxia, seguindo uma perspectiva de que pode haver incompatibilidades entre métodos empíricos e ortodoxos e as particularidades e complexidades do código musical e sua expressão. Os próprios processos de Schoenberg, já mencionados, não possuem o nível de elaboração de um método "fechado", e pode-se concordar com Joseph Kerman quando este afirma que a teoria tematicista daquele é uma "ferramenta flexível" e não um sistema dogmático (Kerman,1987, p.115).

Já o compositor Gilberto Mendes oferece em seu memorial (1994) mais do que um simples relato de sua evolução como compositor. Desenvolve em vários momentos um discurso analítico, embora nada relacionado a Carlos Gomes, em que o procedimento metodológico de análise, além de não ortodoxo, vale-se de um processo comparativo que aproxima de forma elucidativa estilos aparentemente díspares. O enfoque de Mendes, extremamente libertário, livre de preconceitos e dualismos, presta-se como um modelo de análise e também inspirou metodologicamente o desenvolvimento do estudo empreendido aqui em relação à obra orquestral de Gomes. Principalmente auxiliou a evidenciar os diálogos técnico-estéticos que Gomes estabeleceu com outros compositores ao longo de sua obra e a conferir em que medida o resultado desse diálogo influiu em sua obra sinfônica.

Foi de grande relevância para esta pesquisa a consulta aos tratados de orquestração imediatamente anteriores ou contemporâneos à obra de Gomes, como os de Berlioz (utilizados aqui na tradução revista e comentada por Richard Strauss, *Treatise on instrumentation*, e também na edição italiana com tradução e comentários de Ettore

Panizza, *Grande trattato di instrumentazione e d´ochestrazione moderne*). O influente tratado de Berlioz, mais do que abordar questões técnicas, revela o contexto em que a concepção romântica da orquestra e sua tipologia sonora surgiram. Com suas noções de fusão de timbres instrumentais e a exploração de registros não-tradicionais dos instrumentos despontam, com toda a força e clareza do estilo poético de Berlioz, as possibilidades da ciência e arte da orquestração. Pode-se supor que Gomes tenha tido contato direto com essa obra, pois um de seus professores e amigo, o regente e compositor Alberto Mazzucato, foi durante muitos anos docente de orquestração do Conservatório de Milão e o primeiro tradutor italiano do tratado de orquestração de Berlioz.

Outro importante ponto de referência neste trabalho é o tratado de orquestração *Orchestration*, escrito por W. Piston, principalmente por sua pioneira ênfase em uma metodologia de análise da orquestração como uma técnica e arte da utilização da orquestra para "apresentar um pensamento musical" (Piston, 1955, p.355). A função da orquestra, na definição de Piston, eleva o papel da orquestração à condição de elemento estrutural da composição musical. Seus conceitos de "textura orquestral" e fusão tímbrica são extremamente úteis e ajudam a abrir um novo campo para a leitura orquestral da obra de Gomes.

Ainda no tocante à orquestração, é também essencial o estudo de Adam Carse, *The history of orchestration*, um amplo painel interpretativo do desenvolvimento das idéias quanto ao trabalho orquestral. Destaca-se a comparação, realizada pelo autor, entre procedimentos orquestrais de Verdi e Wagner, o que ajuda a delinear o contexto no qual as idéias de Gomes se desenvolveram.

O presente estudo não pretende discutir as circunstâncias biográficas da origem das óperas nem a crônica do processo de trâmites com empresários ou editoras e tampouco as querelas com libretistas. Não porque isso não seja relevante, mas sim por já existirem bons trabalhos nesse sentido, entre eles os de Marcus Góes e Gaspare Nello Vetro, a que recorro para informações adicionais e comentários no processo de análise das aberturas de Carlos Gomes.

MUITO ALÉM DO *MELODRAMMA*   **45**

As análises das obras de Carlos Gomes neste estudo foram realizadas tendo como referência principal os manuscritos autógrafos, à exceção de apenas três peças sinfônicas das quais não foi possível localizar o manuscrito orquestral autógrafo: a sinfonia da ópera *Fosca* — que corresponde à última versão da ópera — e os dois prelúdios orquestrais de *Lo schiavo*. Para estas três composições foram utilizadas as copias manuscritas pertencentes à Casa Ricordi e que se encontram na filial de São Paulo da editora. Também foram consultadas as edições impressas das reduções para canto e piano das seis óperas de Carlos Gomes compostas na Itália. Para as peças sinfônicas presentes nas óperas *Fosca*, *Il guarany*, *Lo schiavo* e *Côndor* também foram consultadas cópias manuscritas para que fosse possível a confrontação com os originais. A relação completa das partituras utilizadas encontra-se indicada na bibliografia desse trabalho.

1
ROTEIRO DO APRENDIZ DE ORQUESTRA

Campinas: *Missa de São Sebastião*

Um Brasil mestiço, rural, monárquico, escravocrata. Um país em busca de sua identidade dentro de um projeto liberal teórico, mas atrasado em relação aos seus vizinhos americanos. Ao mesmo tempo, um Brasil ancorado no romantismo, que almeja conciliar a universalidade cultural com sua multiplicidade étnica, território imenso e natureza diversificada. Carlos Gomes nasceu neste momento. Será fruto de tudo isso. Abominará a escravidão e será fiel à monarquia e a Pedro II, seu protetor. Partirá do interior de São Paulo para o Rio de Janeiro e daí para Milão, a fim de ouvir e aprofundar os estudos da música que sua casa paterna, repleta da grande tradição da música do nosso período colonial, lhe transmitira.

Manuel José Gomes, pai de Carlos Gomes, também conhecido como Maneco Músico, estabeleceu-se em Campinas, então Vila de São Carlos, por volta de 1815, como responsável pela música nas cerimônias religiosas do lugar. Segundo indícios apontados por sua biógrafa, Lenita Mendes Nogueira, o pai de Carlos Gomes esteve em São Paulo estudando com André da Silva Gomes (Lisboa, 1752 — São Paulo, 1844), mestre-de-capela da Sé. Manuel José Gomes, que vinha da Vila de Parnaíba, teve em Campinas uma intensa atividade

48   MARCOS PUPO NOGUEIRA

musical dedicada às suas funções de mestre-de-capela, que duraram mais de cinqüenta anos. O fazer musical de Maneco Músico incluía todas as possibilidades de trabalho musical à época, como preparar e reger o coro e a orquestra nas cerimônias religiosas ou cívicas, compor obras para esses eventos e um minucioso e estratégico trabalho como copista, além de ensinar música aos meninos. O acervo que contém o repertório dos conjuntos que o pai de Carlos Gomes dirigia em Campinas, hoje depositado no Museu Carlos Gomes da mesma cidade, é testemunha do excelente copista que foi Maneco Músico, função que na época era uma das mais importantes do fazer musical profissional, pois implicava domínio completo do trabalho criativo. No acervo de Maneco Músico impressiona a diversidade e qualidade das partituras ali encontradas que, além disso, oferecem um padrão de referência quanto à riqueza do ambiente musical no qual seus filhos foram criados, em especial Santana Gomes e Carlos Gomes. O período colonial brasileiro está fortemente presente em autores como Manuel Dias, João de Deus, Prisciliano da Silva e Emerico Lobo de Mesquita, acrescido de obras de compositores de São Paulo e do Rio de Janeiro, tais como Elias Lobo, André da Silva Gomes e o padre José Maurício, além de composições do padre Jesuíno do Monte Carmelo, hoje preservadas quase exclusivamente graças às cópias realizadas por Maneco Músico. Composições de autores estrangeiros também fazem parte dessa preciosa coleção, muitas delas provenientes, como informa Penalva (1986, p.12), das viagens que Maneco Músico empreendeu à capital do Império. Estão lá autores como Bocherini, Stradela, Giordani, Haydn, Weber, Rossini, Bellini, Donizetti, Mercadante, entre outros.

Manuel José Gomes era o típico músico do interior de São Paulo na primeira metade do século XIX. Considerava-se um artesão, cujo ofício, quase sempre a serviço da Igreja, dava-lhe os meios de subsistência. Não se esperava dele muito mais do que o cumprimento de suas obrigações como provedor de música para o serviço religioso local. Carlos Gomes inicia sua formação musical com o pai no período histórico de transição daquela rica tradição do nosso período colonial, da qual Maneco Músico era guardião, para aquele novo tem-

MUITO ALÉM DO *MELODRAMMA* **49**

po em que se esperava de um compositor uma individualidade criativa mais definida, muitas vezes contextualizada pela necessidade ideológica da afirmação mais incisiva da nacionalidade. A imbricação das biografias de D. Pedro II e de Carlos Gomes não é casual. O imperador talvez tenha pressentido que o reconhecimento cultural do Brasil, enquanto nação, se daria mais facilmente na arte mais universal da música, e em seu gênero mais popular, a ópera.[1] A dificuldade de Manuel Gomes em aceitar a ida do filho Carlos para o Rio de Janeiro — fato que fica bastante claro na carta endereçada ao pai por Carlos Gomes em 1859 para explicar e desculpar-se por sua repentina transferência para a Corte[2] — prende-se, provavelmente, ao fato de ter sido ele um homem enraizado na música religiosa, que notando o talento do filho preparava-o — rígido e pragmático que era e com o melhor dos meios de que dispunha — para que ele fosse seu sucessor. O pai ensinava-lhe teoria e música instrumental, integrando-o desde cedo em seus conjuntos.

O pai de Carlos Gomes tinha como parte de suas obrigações funcionais contratar músicos e dirigir a orquestra e coros utilizados no serviço religioso e nas festas cívicas. Carlos Gomes e seu irmão Santana Gomes, desde pequenos, participavam dessas atividades. Na infância e adolescência, segundo as afirmações de Julumá Brito, um de seus biógrafos, Carlos Gomes aprendeu a tocar clarinete, violino, instrumentos de percussão e piano. Pode-se deduzir com alguma segurança que ainda acompanhasse todas as fases do fazer musical paterno, desde a composição até as cópias,[3] ensaios e apresentações, das quais muitas vezes participava. A convivência diária com os instrumentos da pequena orquestra do pai foi fundamental para o de-

---

1 Relação bastante minuciosa de bolsistas do governo Imperial encontra-se no artigo de Maria Alice Volpe: Compositores Românticos Brasileiros: Estudos na Europa. In: *Revista Brasileira de Música*, vol.21, 1994/95.

2 Carta publicada pela primeira vez por André Rebouças na *Revista Musical* de Artur Napoleão, n° 5-6, Rio de Janeiro, 1879.

3 Trata-se de uma suposição porque não foi encontrada, no acervo do Museu Carlos Gomes, nenhuma cópia de música de outro autor feita neste período que pudesse ser claramente atribuída a Carlos Gomes.

senvolvimento do pensamento orquestral do autor de *Fosca* e suas primeiras composições com participação de orquestra, ainda compostas em Campinas, indicam, como poderá ser notado mais à frente, a presença de elementos ainda fortemente identificados com o estilo de orquestrar da música religiosa brasileira daquele tempo.

A casa dos Gomes em Campinas recebia com freqüência visitas de músicos vindos de outros lugares, um indicador do prestígio de Manuel José como músico. Dois desses viajantes tiveram papel importante na formação musical de Carlos Gomes: Paul Julien foi um deles. O violinista francês, segundo Lenita Nogueira, "hospedou-se por algum tempo na casa da família Gomes, por volta de 1858" (1997, p.62). O contato com Julien, justamente na época em que o Tonico de Campinas começava a compor peças de maior fôlego, deve ter sido realmente marcante. Julien, que conquistara o primeiro prêmio do Conservatório de Paris, fora aluno do grande violinista e compositor francês Delphin Alard, conhecido por seu método de violino, até hoje adotado. Além disso, a tradição artística da qual Julien descendia tivera início com Habeneck, que além de ter sido professor de Alard no Conservatório de Paris foi, sobretudo, o ousado violinista e regente francês de origem alemã que introduziu as sinfonias de Beethoven na França, tornando-se um dos primeiros regentes célebres da história da música.

O segundo, também francês, foi Henrique Luiz Levy,[4] que desde 1848 se estabelecera no Brasil. Levy era clarinetista amador. Junto com Carlos Gomes (piano) e Santana Gomes (violino), formou um trio de câmara que chegou a apresentar-se em Campinas executando obras de Alard e de Haydn, entre outros. Os três músicos também viajaram a São Paulo para apresentações e contatos musicais, o que, como se verá mais à frente, acabou decidindo o destino de Carlos Gomes. Levy talvez tenha sido o maior entusiasta do talento do campineiro e influenciou-o a partir para o Rio de Janeiro.

---

4 Pai de Luiz e Alexandre Levy, compositores que se tornariam expoentes do romantismo musical.

MUITO ALÉM DO *MELODRAMMA* 51

Nesse período Carlos Gomes compôs sua primeira missa, *Missa de São Sebastião*, em que escreve para orquestra, provavelmente também pela primeira vez.[5] A partitura pertencente ao acervo do Museu Carlos Gomes do Centro de Ciências, Letras e Artes de Campinas, indica uma formação orquestral ainda muito semelhante àquela utilizada nas obras paternas:[6] violinos I e II, violas, *violone*,[7] violoncelo, contrabaixo, flauta, clarinetes I e II, *corneto*, clarim ou pistom,[8] trompas I e II e oficleide. É interessante notar no trecho transcrito em seguida (exemplo 1) a expressão francesa *avec le*, utilizada, provavelmente, em função do convívio com os músicos franceses. Composta em 1856 e dedicada a Henrique Luiz Levy, esta obra está sendo tomada aqui como ponto de partida para a análise do desenvolvimento do pensamento orquestral de Gomes ao longo de sua carreira.

Quanto à orquestração, o exemplo 1 — transcrição dos três compassos iniciais da introdução do *Kyrie* — indica uma configuração de *tutti* que é constante no decorrer da missa. Embora esse tipo de configuração permita poucas variações na textura orquestral, pode-se observar que, a despeito de uma escrita incipiente, caracterizada até por algumas indecisões quanto aos nomes dos instrumentos a serem usados, Gomes demonstra a intenção de conferir um sentido verdadeiramente orquestral à obra. No primeiro compasso, suprime a flauta, os clarinetes e o pistom para a execução da escala descendente, a fim de permitir a respiração que prepara os sopros para o segundo compasso, este denso e impetuoso. Com tal procedimento, Gomes torna mais transparente a textura da passagem. Outros dois

---

5 José Penalva (1996, p.27) levanta hipótese de que a *Missa de São Sebastião* não teria sido a primeira obra orquestral de Gomes e sim a "Ária do Cozinheiro".

6 Lenita W. Nogueira descreve a orquestra de Maneco Músico como sendo principalmente formada por: "I violinos, II violinos, (viola), violoncelo, (baixo), flautas, clarinetes I e II, trompas I e II, trombone, (oficleide). Os instrumentos entre parênteses são variáveis enquanto os demais estão sempre presentes" (1997, p.90).

7 A indicação deste instrumento aparece apenas na primeira página do manuscrito da missa; nas demais Gomes escreve violoncelo e contrabaixo.

8 Na primeira folha do manuscrito Gomes escreve corneto, depois propõe clarim e finalmente o pistom.

Exemplo 1

detalhes, assinalados pelos colchetes *a* e *b* no exemplo 1, podem também demonstrar os primeiros indícios da vocação orquestral do compositor campineiro. Ainda no primeiro compasso, ao acrescentar a trompa I dobrando a parte do violoncelo, Gomes escreve a parte daquela com semicolcheias em vez de colcheias, tentando evitar, com esse tipo de *staccato* explícito, que a trompa encubra os demais instrumentos. Já no segundo compasso encontra-se, sobreposto ao trêmulo de arco dos violinos II, violas e violoncelos, o trêmulo de oitava dos violinos I, recurso que adiciona brilho e intensidade a essa passagem. Esse tipo de trêmulo exige a utilização de duas cordas e tornou-se um recurso, junto ao trêmulo de dedo, muito mais fre-

MUITO ALÉM DO *MELODRAMMA* 53

qüente na música orquestral da segunda metade do século XIX que o antigo trêmulo de arco, algo que indica o afastamento de Carlos Gomes da técnica orquestral empregada na música religiosa vinculada à tradição colonial brasileira.

Walter Piston, ao estabelecer alguns critérios fundamentais de análise da orquestração, indica a variedade na distribuição dos instrumentos e as sucessivas mudanças de textura (uníssono, melodia acompanhada, melodia secundária, polifonia e escrita coral) como as mais importantes características da boa orquestração (1955, p.344). Não é o que ocorre na *Missa de São Sebastião*. Carlos Gomes teve como modelo inicial a orquestra do pai (o Maneco Músico), um conjunto geralmente de apoio ao coro, com função de sustentar a massa de vozes.

A autonomia da escrita orquestral frente à coral, em vista disso, poderia ser considerada como algo não muito importante ou mesmo não recomendável devido à pouca praticidade, pois deixaria de apoiar explicitamente a execução das partes corais, ainda uma herança do *stile concertato* barroco. No entanto, mesmo dentro da limitação de trabalhar com uma escrita orquestral quase sempre compacta que se impôs, Gomes procura criar alguma diferenciação na textura na *Missa de São Sebastião*, como a indicada:

Na introdução orquestral do *Domine Deus*, transcrita no exemplo 2, o compositor paulista cria uma textura de melodia acompanhada na qual os sopros agudos realizam a melodia, enquanto as cordas em trêmulo realizam o acompanhamento. Nas partes deste acompanhamento Gomes escreve a palavra "murmurando" (um trêmulo de arco) que, como se verá no capítulo dedicado às versões para a peça de abertura da ópera *Fosca*, tem significado especial em sua escrita sinfônica. Mais do que uma indicação dinâmica, Gomes parece querer indicar com essa expressão que os instrumentistas usem o mínimo de arco no trêmulo, criando o efeito descritivo (ou dramático) do murmúrio. Mesmo que de modo incipiente nota-se a preocupação com o equilíbrio entre as partes, ao observar-se o cuidado do compositor nas indicações de intensidade dos diferentes instrumentos: as cordas com indicação *p* reforçada pelo murmurando, os sopros em

Exemplo 2

p com *crescendo* e *decrescendo* acompanhando o desenho da melodia e o rufo de tímpano em *pp* com o evidente objetivo de evitar que esse instrumento se sobrepusesse aos demais e propondo a fusão tímbrica com as cordas. Gomes procura determinar, dessa forma, três planos dinâmicos distintos e equilibrados, uma preocupação indicativa de uma escrita sinfônica específica para criar uma sonoridade também muito especial e individualizada.

Henrique Luiz Levy exerceu uma influência positiva em sua relação com a família Gomes, principalmente ao estimular a prática camerística, atividade que tem sido considerada de grande valia no

MUITO ALÉM DO *MELODRAMMA* 55

aprendizado da orquestração. Richard Strauss, por exemplo, ao analisar a influência da música de câmara no desenvolvimento da orquestração, afirma no prefácio da edição de sua tradução comentada no *Tratado de orquestração* de H. Berlioz:

A origem da orquestra sinfônica encontra-se principalmente nos quartetos de cordas de Haydn e Mozart. Os trabalhos sinfônicos destes dois mestres revelam nos estilos, temas, melodias e figurações o caráter do quarteto de cordas com todas suas possibilidades polifônicas. Pode-se quase chamá-los de quartetos de cordas com madeiras *obbligato* e ruidosos instrumentos para reforçar os *tutti* (trompas, trompetes e tímpanos). (Berlioz & Strauss,1904)

No caso brasileiro e principalmente campineiro a atividade de música de câmara era, ao contrário, ainda bastante incipiente. Mas o grau da influência de Levy e provavelmente de Paul Julien quanto a esse aspecto da atividade musical pode ser avaliado pelos vários duos (clarinete e piano) escritos por Gomes no período, e pela atividade do irmão de Carlos Gomes, Santana Gomes, como violinista e compositor.[9] Resultante dessa atividade camerística, encontra-se na introdução do *qui sedes ad dexteram patris* da *Missa de São Sebastião* uma textura de melodia acompanhada, na verdade uma passagem *concertante* para clarinete solo, com que Gomes, talvez homenageando o clarinetista Henrique Luiz Levy, cria passagens brilhantes com elementos de virtuosismo, uma das quais transcritas no exemplo 3.

Na *Missa de São Sebastião* os elementos de orquestração assinalados nos trechos comentados acima exemplificam uma tendência algo diversa dos recursos empregados por seu pai em sua música sacra. Ao mesmo tempo, não deve ser descartado o papel de Paul Julien e Henrique Levy como elos entre algumas das novas idéias do século XIX europeu e a casa dos Gomes. De qualquer modo, ao menos quanto ao aspecto orquestral, a *Missa de São Sebastião* marca o início de uma nova fase no desenvolvimento do pensamento musical de

---

9 Santana Gomes foi um dos fundadores do quarteto de cordas de São Paulo, precursor do atual quarteto da Cidade de São Paulo.

Exemplo 3

Carlos Gomes, que começa a transpor os limites da tradição e da prática da música como seu pai a entendia.

A viagem a São Paulo pode ser considerada como o início dessa nova fase de criação na trajetória artística de Carlos Gomes. Muitas vezes são encontradas referências sobre a falta de base cultural na formação do compositor campineiro. Verdade ou não, o fato é que ele sempre manteve amizades com o que de melhor havia na intelectualidade da época. Basta lembrar sua ligação duradoura com Taunay e André Rebouças. A viagem a São Paulo proporcionou-lhe, também, um convívio intenso com estudantes da Faculdade de Direito do Largo São Francisco. Rangel Pestana, Salvador de Mendonça, Rodrigo Otávio, Prudente de Morais e Campos Sales foram alguns dos nomes com os quais Gomes se relacionou nesse curto período cujo produto mais importante foi o Hino Acadêmico. O sucesso dessa obra, entre aqueles estudantes, fez com que eles convencessem Gomes a partir para o Rio de Janeiro e facilitassem de todas as formas sua viagem.

Estudos cariocas

Quando Carlos Gomes chegou pela primeira vez ao Rio de Janeiro, em 1859, vindo de Campinas, havia se instalado no país, sobretudo na capital, um interesse vibrante pela música lírica. Com a morte do grande José Maurício Nunes Garcia e de Marcos Portugal, em 1830, a música sacra entrara em decadência, principalmente na corte. Como diz Luís Heitor, a fase inicial da política de proteção à

MUITO ALÉM DO *MELODRAMMA* **57**

ópera italiana no Rio de Janeiro estendeu-se até 1856 e, nesse período, "a capital do jovem Império ouve os mais afamados cantores do Velho Mundo e pode aplaudir, logo após sua criação na Europa, as principais óperas do repertório contemporâneo" (1956, p.61). O Rio de Janeiro toma contato com Rossini, Bellini, Meyerbeer, Verdi e Pacini que, ainda segundo Heitor, dedicou sua ópera *Niccolò dei Lapi* ao imperador Dom Pedro II.[10] Companhias de ópera eram contratadas na Itália ou na França para temporadas no Brasil e gerações de cantores e instrumentistas formavam-se no Rio de Janeiro, Recife e Salvador para atuar nas temporadas regulares dos teatros. Todo esse interesse coincide com o processo de afirmação nacional e consolidação territorial que caracteriza o Segundo Reinado. Na vida musical brasileira dessa época, ainda mais nas grandes cidades, não há espaço para a música sinfônica de concerto. O interesse dos nossos compositores desse tempo está voltado para o palco, considerado, nas palavras de Heitor, "a coroa suprema de todos os esforços artísticos, o verdadeiro templo das musas românticas" (idem, p.63).

É no auge desse processo que se dá a chegada de Carlos Gomes ao Rio de Janeiro. Aos 23 anos, ele se matricula no Conservatório do Rio de Janeiro, nessa época ainda dirigido por Francisco Manuel da Silva, seu fundador e autor da música do *Hino Nacional Brasileiro*. Silva, a quem se atribui a organização da vida musical brasileira daquele tempo, que tomou a si, até morrer em 1865, o papel de tutor intelectual de Carlos Gomes, era um autor muito mais identificado com a música sacra, por ter sido aluno de José Maurício, do que com a ópera. As duas cantatas[11] escritas por Gomes nesse período nasceram de sugestões de Francisco Manuel da Silva ao jovem compositor. O fato

---

10 Essa obra, que o historiador e teórico da música Hugo Riemann considerou "uma das quatro melhores óperas do afamado compositor italiano [...], teve sua estréia mundial no Rio de Janeiro, em 1855" (Heitor, 1956, p.61).

11 A primeira cantata, segundo José Penalva (1986, p.20), foi encomendada quando do Carlos Gomes iniciava seu curso no Conservatório do Rio de Janeiro e estreou no concerto anual dessa mesma escola, em 15 de março de 1860. A segunda, de acordo com Ayres de Andrade, foi denominada *A última hora do calvário*, com letra de Antônio José de Araújo, e teve a primeira execução na Igreja da Cruz dos Militares (Andrade, 1967, p.176).

de Carlos Gomes ter tido esta experiência com a música religiosa, antes de compor suas duas primeiras óperas, parece ter propiciado um equilíbrio estratégico entre a música para o teatro e a música para a Igreja em sua obra, equilíbrio também presente na produção de dois dos maiores compositores líricos da Itália, Rossini e Verdi.

No conservatório, Carlos Gomes começou a freqüentar o curso do professor italiano e regente de orquestra Gioachino Giannini, que, segundo Ayres de Andrade (1967, p.74), havia nascido na cidade de Lucca, em 1817, e chegara ao Rio de Janeiro em 1846, chefiando a companhia lírica italiana contratada para o Teatro São Pedro de Alcântara. Giannini era também compositor, como atestam partituras pertencentes ao acervo do Setor de Música da Biblioteca Nacional, tendo criado peças orquestrais breves e de estilo ligeiro, semelhante ao da modinha. Gomes inicia seus estudos numa publicação italiana contendo os *Partimenti ossia bassi numerati, del celebre maestro Fedele Fenaroli*, e o tratado *d'acompagnamento di Luigi Felice Rossi*, que se tornaria cinco anos depois seu professor em Milão. Essa publicação encontra-se hoje entre o material do músico campineiro que pertence ao arquivo do Museu Histórico Nacional, no Rio de Janeiro, e ao consultá-la lê-se a seguinte inscrição, feita pelo próprio Carlos Gomes: "Principiei a estudar o contraponto neste método e debaixo da direção do maestro Jianini[12] no dia 24 de agosto no Conservatório do Rio de Janeiro, 1859. A. Carlos Gomes."

Apesar de Carlos Gomes estar no Rio, freqüentando o que de melhor havia na vida musical brasileira, sua formação acadêmica não era provavelmente o que ele esperava. Segundo Guimarães Júnior, "Giannini era um poucochinho desafeto ao espinhoso encargo de ensinar rapazes" (1870, p.34). O professor italiano não era muito assíduo às aulas no Conservatório e quando Antônio Carlos ia à sua casa, ansioso para aprender, ou ele não estava, ou "negava entrada ao mundo todo, sob qualquer pretexto". No entanto, se Gomes em razão da omissão de seu mestre no Conservatório viu-se obrigado a refazer em Milão, com Lauro Rossi, os mesmos *Partimenti* de

---

12 Trata-se de um engano de Carlos Gomes ao grafar o nome de seu professor, cuja grafia correta é Giannini. (N.A.)

MUITO ALÉM DO *MELODRAMMA* 59

Fenaroli e começar a estudar a fuga, pode-se notar, como bem observou José Penalva, um grande salto de qualidade entre as peças criadas ainda em Campinas e as composições do período carioca: "Afinal, não é de se supor que nada fizesse mestre Giannini, nem faltasse uma supervisão do próprio Francisco Manuel" (Penalva, op. cit, p.19). Ao mesmo tempo, o compositor campineiro, cuja tradição familiar se sustentava na música religiosa, passa a viver intensamente o mundo da ópera, na corte.

Não deve ser subestimado o fato de Gomes ter tido participação direta no rico movimento operístico carioca da época, tanto como compositor quanto como diretor de ensaios da orquestra e do coro da Ópera Nacional. Carlos Gomes assumiu o cargo em 1860 a convite do criador da Ópera Nacional, o nobre espanhol Jose Amat. A convivência de Gomes com Amat tornou fértil esse período, no qual o campineiro escreveu as duas primeiras óperas — *A noite do castelo*, em 1861, e *Joana de Flandres*, em 1863 —, as únicas com libreto em português. Luiz Heitor relata que "Amat, artista por temperamento, embora privado de regular formação técnica [...] em 1857, talvez inspirado pela ressurreição da zarzuela espanhola em Madri [...] pensou que o Brasil estava maduro para tentativa análoga, não de ressurreição, mas de criação da ópera cantada em vernáculo" (Heitor, op. cit., p.65).

Dos esforços desse espanhol nasceu a experiência, até hoje única no Brasil, do movimento que ficou conhecido como Ópera Nacional, que encomendava óperas a compositores brasileiros, e no qual Gomes iniciou sua carreira operística. Por tudo isso é de se supor que Carlos Gomes tenha adquirido nesses anos de trabalho, dirigindo ensaios e participando das atividades de companhias italianas, substancial experiência como músico.[13] Gomes deve ter acompanhado de

---

13 Segundo Marcus Góes, Gomes teve participação "ativa como regente de orquestra na Companhia da Ópera Nacional, desde agosto de 1860". As funções desse cargo compreendiam a realização de ensaios, elaboração de arranjos, modificações e adaptações de partituras, reduções para piano, elaboração de partituras das partes cavadas (para cada naipe de instrumentos da orquestra em separado) e tudo mais que se referisse à atividade interna de uma instituição musical (Góes, 1996, p.17).

perto as não menos de 54 óperas que Penalva (op. cit, p.20) relaciona como levadas à cena nos anos em que o compositor campineiro esteve ativamente ligado ao empreendimento de Amat. Dentre essas óperas estão criações de Rossini, Bellini, Donizetti, Verdi, Auber e Halévy. E é de se supor, também, que as próprias óperas de Carlos Gomes — *A noite do castelo* e *Joana de Flandres* — fossem comentadas e analisadas pelos músicos que viviam ou visitavam o Rio de Janeiro. A polêmica[14] jornalística que o Rio de Janeiro testemunhou na ocasião em que essas primeiras óperas gomesianas foram levadas à cena mostra o quanto elas foram discutidas e seu jovem compositor avaliado.

Prelúdio de *A noite do castelo* (1861)

O melhor documento, aquele que demonstra com mais precisão o grau de desenvolvimento artístico de Gomes nesse período é sua própria produção para a Ópera Nacional. Para avaliar mais de perto o estágio de suas idéias quanto à orquestração e construção temática, seu ponto de partida como compositor orquestral, são transcritos, para análise, alguns trechos do prelúdio para sua primeira ópera, *A noite do castelo*, que estreou no dia 4 de setembro de 1861, no Teatro Fluminense do Rio de Janeiro. O libreto é de A. Fernandes dos Reis, extraído do poema homônimo do poeta português Antônio Feliciano de Castilho, escritor que se filiava a uma estética vagamente relacionada ao poeta inglês Lord George Byron. *A noite do castelo* é uma história de amor, traição e vingança passada no tempo da Primeira Cruzada, em que ao elemento gótico e fantástico soma-se o tema do combatente (Henrique) que, após ser dado como mor-

---

14 A polêmica começou quando se levantou a suspeita de que Gomes teria pedido ao maestro Frederico Nicolai, que ensaiava sua segunda ópera, *Joana de Flandres*, que fizesse correções, cortes e acréscimos na partitura, suposição logo desmentida pelo próprio Nicolai. Esse fato aparece descrito com detalhes no ensaio de Luiz Heitor dedicado às primeiras óperas de Gomes (Heitor, 1936, p.201- 245).

to, volta furtivamente como se fosse um fantasma, mas encontra sua antiga amada (Leonor) preparando-se para o casamento com um novo amor (Fernando).

O prelúdio de *A noite do castelo* compõem-se de três breves seções: a primeira corresponde à introdução em ré maior; a segunda, à exposição de dois temas, 1 e 2, ambos na mesma tonalidade de ré maior; e a última, a uma repetição do tema 2, mas ao qual se sobrepõem intervenções temáticas relacionadas ao tema 1. O prelúdio conclui em ré menor com uma cadência para violoncelo solo à guisa de coda.

Para essa trama carregada de situações de extremado ímpeto melodramático Gomes escreve um prelúdio que, ao preparar para o desenvolvimento da trama operística, apresenta alguns elementos de especificidade sinfônica, ou seja, deliberada construção de uma sonoridade orquestral e não mera instrumentação. Os três exemplos seguintes exemplificam a diversidade de texturas e a busca de originalidade na orquestração.

O exemplo 4 transcreve os primeiros compassos da introdução nos quais um solo de tímpano abre o prelúdio com o rufo em *crescendo*:

Exemplo 4

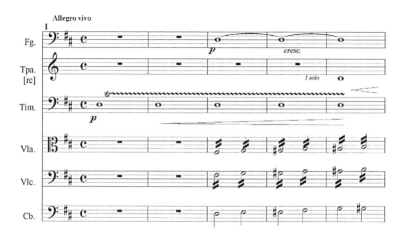

62 MARCOS PUPO NOGUEIRA

No terceiro compasso, o contrabaixo, reforçando o caráter sombrio da introdução, progride cromaticamente sobre a parte do tímpano, numa pouco usual relação de décimas com o violoncelo e violas. Outras sutilezas: o *crescendo* iniciado pelo tímpano recebe ainda dois reforços: o primeiro do fagote, que soma um ré em uníssono ao tímpano, e depois a entrada de outro ré, agora com a trompa, intensificando o pedal sobre a tônica. Gomes constrói, com poucos instrumentos, um *crescendo* orquestral eficiente e de diversidade tímbrica. Nessa passagem a textura revela dois elementos distintos: a nota longa em *crescendo* (tímpano, trompa e fagote) e a progressão cromática a cargo das cordas.

Ainda na introdução, o compositor muda a textura orquestral apresentando o primeiro *tutti* do prelúdio, transcrito no exemplo 5.

Gomes apresenta nesta passagem (exemplo 5) a instrumentação completa do prelúdio (à exceção do bombo). Nota-se a presença do oficleide, instrumento que nas aberturas compostas na Itália será substituído pelo *cimbasso*. Nos dois compassos transcritos no exemplo 5 pode-se notar, ainda, que Gomes continua escrevendo uma parte de contrabaixo, independentemente da parte do violoncelo, e que sua linha (ainda numa relação de décimas paralelas) está dobrada apenas pelo oficleide, enquanto a linha do violoncelo encontra-se dobrada pelas violas, II trombone e clarinete. Em vista disso, seria possível concluir que Gomes tenha dimensionado equivocadamente esses reforços orquestrais, principalmente em relação ao contrabaixo. No entanto, Berlioz, em seu tratado de orquestração, considera o oficleide como um instrumento "excelente para a sustentação da parte mais grave de harmonias carregadas" (1904, p.337), condição que é bastante semelhante à dos acordes com muitas duplicações instrumentais, como a do *tutti* transcrito no exemplo 5. Mas esses mesmos compassos soam algo áridos, e não apenas em razão da instrumentação, mas principalmente pela ausência de movimento harmônico (um único acorde de ré menor). E, ainda mais porque Gomes, no ataque inicial, omite a terça do acorde, mantendo a quinta no baixo (oficleide e contrabaixo), e termina com o acorde de ré menor na primeira inversão, com a terça exatamente com os contrabaixos e o oficleide. Essa

Exemplo 5

sonoridade, realmente dura e obscura, serve de moldura para a figura assinalada no exemplo 5, figura que reaparece duas vezes também durante a ópera, e sempre relacionada ao personagem do cruzado Henrique. Com esse motivo cromático e a sonoridade a ele associada, Gomes quer assinalar no prelúdio a presença, ou lembrança, desse misterioso protagonista. Trata-se de um motivo recorrente que, embora empregado com timidez, indica o caminho que será amplamente explorado pelo compositor em suas obras da maturidade.

Após esse *tutti*, Gomes volta a uma textura mais camerística, evidenciada no exemplo seguinte:

Exemplo 6

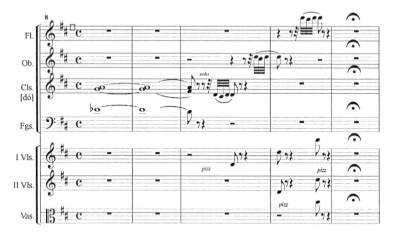

Gomes escreve esta passagem com três elementos. O primeiro consiste de um acorde sustentado por clarinetes e fagote nos dois primeiros compassos, o segundo é constituído pela seqüência imitativa nas madeiras e o terceiro, por *pizzicati* que pontuam as intervenções das madeiras. O resultado é de muita transparência e variedade de timbres.

A segunda seção expõe os dois temas do prelúdio, 1 e 2. O primeiro é apresentado por meio de um grande *tutti* orquestral, no qual a melodia está duplicada nas partes dos primeiros violinos, flauta, flautim, trompetes, trombones e violoncelos:

Exemplo 7

Como em futuras peças de aberturas de suas produções operísticas, também nesse caso Gomes compõe o prelúdio com temas extraídos de cenas da ópera. O primeiro tema (exemplo 7) corresponde à passagem que constitui a primeira intervenção coral da Cena 7 do I Ato de *A noite do castelo*, na qual os convidados se espantam com o surgimento repentino do cruzado Henrique, ainda irreconhecível em sua armadura, em meio à festa do casamento de Leonor e Fernando. Mas não é somente a simples citação melódica que Carlos Gomes ambiciona. O músico dá mostras nessa composição de sua tendência de estabelecer vínculos entre seus materiais, tendência que se intensificará bastante no decorrer de prelúdios e sinfonias presentes em óperas posteriores. Os elementos assinalados com colchetes *a* e *b* indicam, portanto, dois dos motivos que serão transformados no decorrer do prelúdio para criar seu nexo temático.

A primeira dessas transformações dá origem ao motivo inicial do tema 2:

Exemplo 8

Diversamente do que ocorre com o tema 1, o novo tema é exposto de início numa textura quase camerística, só para cordas, com a melodia realizada pelo violoncelo, acompanhada de modo esquemático pelos demais instrumentos de corda. O resultado é bastante semelhante ao *ritornello* orquestral que precede a convencional *cavatina*, ou *cantabile*, muito característica da ópera rossiniana[15] da qual Go-

---

15 O historiador de música Rey Longyear considera que as árias de Rossini apresentam uma "forma estereotipada", que consiste entre outros elementos de "um *ritornello* orquestral, em geral melodicamente relacionado à cavatina" (1988, p.114).

mes se vale em todas as árias mais importantes de *A noite do castelo*. Quanto à relação temática, o motivo assinalado pelo colchete *a* no tema 2 guarda uma relação, quanto ao ritmo, com o motivo inicial do tema 1. Mas no conseqüente do tema 2, exemplo 9, além de referências ao motivo inicial do tema, Gomes apresenta no último compasso uma referência ao motivo das quiálteras do tema anterior (ver exemplo 7), valorizada pela cadência suspensiva (colchete *b*), que configura uma breve mas importante conexão temática entre os dois temas:

Exemplo 9

Os motivos assinalados com o colchete *c*, por sua vez, indicam o parentesco com a ária de Leonor, de cujo motivo principal representam variantes. Essa ária (início transcrito no exemplo 10) é o elemento mais recorrente em toda a ópera e é exposto pela primeira vez no I Ato:

Exemplo 10

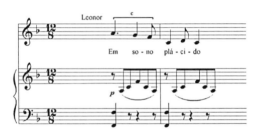

(Heitor, 1936, p.225)

MUITO ALÉM DO *MELODRAMMA* 67

A seção final do prelúdio da ópera *A noite do castelo* é seu ponto culminante. O compositor valoriza essa passagem apresentando uma nova textura orquestral, na qual uma seqüência de variantes do motivo das quiálteras do tema 1 aparece contraposta à repetição do tema 2:

Exemplo 11

Os trechos assinalados com o colchete *b* (exemplo 11) estão associados ao motivo das quiálteras do primeiro tema, que numa progressão imitativa se contrapõem agora ao tema 2. Os motivos assinalados com o colchete *a* no tema 2 indicam o seu parentesco com o tema 1, já comentado. O tema 2, originalmente lírico, ao perder a sua forma original de acompanhamento intensifica-se, transfigurado pela invasão das quiálteras do tema 1. A tensão dessa passagem é favorecida também pela nova textura de melodia secundária[16], combinando os dois materiais temáticos. O resultado configura-se como um processo de sobreposição temática que, embora ainda bastante elementar, representa o primeiro passo de uma técnica que Gomes

---

16 Tipo de textura definida por Walter Piston, que consiste de uma melodia principal, uma secundária e acompanhamento. Segundo Piston, "a melodia secundária pode ser um *obbligato* (algumas vezes chamado de contramelodia), ou pode ter significação temática igualando em importância à da melodia principal" (Piston, op. cit., p.374).

desenvolverá em algumas de suas aberturas do período italiano, principalmente nas duas peças de abertura escritas para *Il guarany* (prelúdio e sinfonia) e no prelúdio de *Maria Tudor*. O prelúdio de *A noite do castelo* termina com uma pequena coda escrita na forma de uma cadência para violoncelo solo, sem nenhuma referência temática.

Prelúdio de *Joana de Flandres* (1863)

Comparado ao prelúdio para a primeira ópera de Carlos Gomes, o prelúdio de *Joana de Flandres* é menos ousado quanto a combinações instrumentais e apresenta uma instrumentação um tanto diferente, uma vez que o *piccolo* e o bombo estão ausentes, ausências compensadas, todavia, pela inclusão de mais duas trompas às duas presentes no prelúdio de sua ópera anterior. No entanto, ainda em relação ao prelúdio para *A noite do castelo*, a nova produção sinfônica de Gomes possui muito mais equilíbrio quanto à orquestração, como pode ser notado desde o início do andamento lento inicial, *Larghetto*, seção que cumpre o papel de uma pequena introdução:

Exemplo 12

Nada das fusões de timbres como as verificadas na introdução para *A noite do castelo* (ver exemplo 4 e exemplo 5). No início da introdução do prelúdio de *Joana de Flandres* — transcrita no exemplo acima — Gomes prefere trabalhar com timbres instrumentais definidos e separados e, assim, os três grupos homogêneos da orquestra — metais com tímpanos, cordas e madeiras agudas — sucedem-se produzindo um discurso de grande clareza e objetividade, tendência que é mantida na maior parte desse prelúdio.

Após a repetição da mesma idéia inicial, agora transposta para a dominante, Gomes acrescenta, ainda na introdução, uma pequena passagem coral (14 compassos) que acabou por tornar-se a única interferência vocal em todos os prelúdios e sinfonias que escreveu para suas óperas. Com esse recurso, o músico demonstra interesse em relacionar a peça sinfônica de abertura com o desenvolvimento da história que se segue, e o faz, nesse ponto, como um eco longínquo de uma prática do início do século XVII, quando do surgimento da ópera, em que, no prólogo, um narrador, ou o coro, resumia a essência do drama:

Exemplo 13

Com os versos cantados pelo coro, Gomes antecipa a conclusão do drama, cuja história, como em *A noite do castelo*, se refere a um episódio relacionado às cruzadas, mas que, ao contrário da primeira ópera de Gomes, possui um significado mais político, já que se refere à luta dos flamengos contra a injustiça e a usurpação do trono de seu país. Os túmulos citados na passagem coral acima são referências às mortes de Joana e de seu amante, o trovador Raul de Mauléon, desfecho do libreto escrito por Salvador de Mendonça. Joana, acreditando na morte de seu pai na Terra Santa, apossa-se do trono e transforma o seu reinado numa era de crimes e opressão, que só alcança a paz com a volta do pai e verdadeiro rei, Balduíno, conde de

Flandres, e a morte dos amantes. O motivo *a* assinalado no exemplo 13 cria o padrão rítmico — as figuras pontuadas — que domina todo o prelúdio, como se verá a seguir.

Após a introdução surge a seção central do prelúdio no andamento indicado como "tempo marcial", cujo tema principal representa a conspiração popular dos flamengos contra Joana:

Exemplo 14

O motivo principal, a^1, caracteriza-se por um elemento rítmico pontuado, uma variante (como se verá mais à frente) daquele que compõe o canto dos soldados na passagem coral anterior, estabelecendo, mesmo que de modo incipiente, um elo temático com a introdução. Após a exposição desse tema, Gomes o expande harmonicamente, como num pequeno desenvolvimento, somando aos violinos todos os metais para representar o incremento da revolta do povo flamengo:

Exemplo 15

Ao final dessa passagem, o compositor vale-se de um novo motivo de característica conclusiva (motivo *b*) que, como se verá adiante, ajuda a estabelecer na coda outro ponto de relacionamento temático da obra.

MUITO ALÉM DO *MELODRAMMA* 71

Para concluir o pequeno desenvolvimento, Gomes apresenta nos metais (exemplo 16) outra variante (a^2) do motivo inicial do coro, variante que pela sua configuração métrica e melódica próxima do motivo a^1 estreita ainda mais o elo temático desse tema da seção central com a passagem coral da introdução:

Exemplo 16

A substituição da colcheia pontuada (a^1 nos exemplos 14 e 15) pela semínima com dois pontos do motivo a^2, ocorrida nessa variante, evidentemente favorece uma aproximação com motivo principal da passagem coral (indicado na pauta auxiliar superior) e demonstra que Gomes está buscando relacionar o tema da introdução e o da seção central por meio de relações motívicas de caráter rítmico.

Os últimos compassos da seção central cumprem o papel de retomada da tonalidade principal do prelúdio, fá maior, e ao mesmo tempo marcam o retorno da idéia principal da passagem coral da introdução, desta vez realizada pelos trompetes, trombones e oficleide e intensificada por uma progressão cromática realizada pelo oficleide:

Exemplo 17

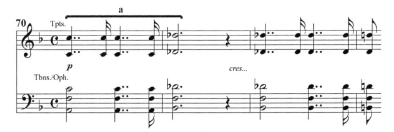

O início da coda apresenta uma nova idéia claramente conclusiva, mas que mantém uma relação temática com os materiais tanto da introdução quanto da seção central:

Exemplo 18

O motivo a^2 remete ao do tema da passagem coral (ver exemplos 13 e 17), enquanto o motivo b estabelece o vínculo com a variante do tema da seção central — variante utilizada durante o pequeno desenvolvimento (ver exemplo 15).

Gomes encerra o prelúdio com uma referência ao tema da seção central, o tema da conspiração flamenga, desta vez com o adequado sentido conclusivo ao qual se associa uma variante (a^3) do motivo básico, nos compassos 98 e 100:

Exemplo 19

O prelúdio para *Joana de Flandres*, ópera cujo sucesso facilitou a Gomes obter o auxílio oficial para ir estudar em Milão, embora uma obra menos ousada quanto à orquestração em comparação com o prelúdio de *A noite do castelo*, apresenta um corte mais "clássico", notado sobretudo nas três seções claramente delineadas: introdução, seção central e coda. Principalmente, Gomes alcança no segundo

MUITO ALÉM DO *MELODRAMMA* **73**

prelúdio uma integração temática mais bem realizada do que no anterior, e suas três seções possuem os respectivos materiais temáticos intrinsecamente ligados por relações que se estabelecem a partir de um único motivo básico, cuja configuração métrica — ritmo pontuado — confere ao prelúdio unidade e clareza e um contínuo sentido marcial e heróico, adequado ao drama.

Milão

Carlos Gomes chegou a Milão, pela primeira vez, em fevereiro de 1864, para usufruir a bolsa de estudo concedida a ele pelo governo brasileiro. Meses antes, Francisco Manuel da Silva, em carta dirigida ao compositor e datada de 30 de outubro de 1863, citada pelo historiador brasileiro Ayres de Andrade (op. cit., p.178), explica as condições iniciais determinadas pela concessão imperial:

> Como Diretor do Conservatório de Música da Côrte do Rio de Janeiro, lhe faço saber que tendo sido por mim nomeado para, na qualidade de aluno do mesmo conservatório, ir completar os seus estudos de composição em Milão, o Exmo. Sr. Marques de Olinda, Ministro e Secretário de Estado dos Negócios do Império, dignou-se aprovar essa nomeação em ofício a mim dirigido com data de 27 de outubro do corrente ano; e bem assim determinar o prazo de quatro anos para o dito estudo e com pensão anual de 1: 800$000. [...]

Terminava assim o período brasileiro da formação artística e musical de Carlos Gomes, no qual havia produzido várias obras de maior fôlego, como as duas missas, *São Sebastião* e *Nossa Senhora da Conceição*, escritas ainda em Campinas, respectivamente em 1854, aos 18 anos, e em 1859, aos 23, para coro, solistas e orquestra; duas cantatas, ambas executadas em 1860, uma dedicada à Imperatriz (15 de março) e outra chamada *A última hora do calvário* (26 de março); além, e principalmente, das duas óperas em português, citadas anteriormente. No entanto, parece que Carlos Gomes esperava muito mais de si próprio, pois apesar de toda sua produção musical no Brasil

74   MARCOS PUPO NOGUEIRA

e do sucesso que ela lhe trazia, aceitou, nas palavras de Vetro (1996, p.25), "realizar seus estudos em Milão, começando *daccapo* com a composição".[17] Entretanto esse "daccapo" a que se refere o comentarista italiano não deve ser encarado em sentido absoluto, mas muito mais como a necessidade recorrente do compositor campineiro de alcançar objetivos mais altos ou de expressar seu desejo de "se elevar acima de si mesmo", como disse Mário de Andrade em comentário sobre *Fosca* (Andrade, 1936). Seria temerário concluir pela impossibilidade de Gomes obter boa formação musical em Milão. Já em abril de 1864, Lauro Rossi aceita-o como aluno particular. Vetro relata as dificuldades de Gomes para ser admitido como aluno regular no conservatório de Milão: "em abril Lauro Rossi resolve o problema tomando Gomes como seu aluno particular na expectativa de admiti-lo no curso de aperfeiçoamento, [...] fazendo-o também seguir outros mestres tais como Alberto Mazzucato" (1996, p.24).[18]

Ainda no mesmo estudo surge a data de 5 de julho de 1866 como a do exame final de Gomes no Conservatório de Milão, em que um libreto da ópera *La fanciula delle Asturie* lhe foi indicado para que, a portas fechadas, mostrasse à comissão examinadora sua capacidade como compositor. O esboço de Gomes satisfez a comissão, que era composta pelos professores Mazzucato, Ronchetti, Croff, Bona, Boniforti e Quarenghi. E finalmente ele pôde receber o atestado oficial do Conservatório de Milão, com o título de *Maestro Compositore*, o que lhe permitiu regularizar sua posição como bolsista do governo brasileiro.

Nesses anos iniciais na Itália, em que conclui sua formação acadêmica, Carlos Gomes parece ter lutado muito para manter-se ao mesmo tempo um aluno aplicado à severa disciplina – pois em Milão, segundo Heitor (op. cit., p.332) "as linhas áridas do contrapon-

---

17 *"di recarsi a studiare a Milano, cominciando daccapo con la composicione."*
18 *"ad aprile Lauro Rossi risolve il problema prendendo Gomes come suo allievo privato, in attesa di poterlo ammettere al corso di perfezionamento, [...] facendolo seguire anche da altri maestri, tra i quali Alberto Mazzucato".*18

MUITO ALÉM DO *MELODRAMMA* 75

to só lhe traziam impertinências e rabugices de Lauro Rossi" – e continuar sendo aquele compositor "triunfador da Ópera Nacional, acostumado à agreste liberdade de sua fantasia criadora". Num ensaio já citado, Paulo Silva, após analisar os estudos de contraponto e fuga realizados por Carlos Gomes sob a supervisão de Lauro Rossi, chega à conclusão de que o campineiro tinha má vontade com os exercícios de técnica, trabalhando-os sem polimento e correção:

> mas o trabalho de composição interessa-lhe sobremodo: seus contrapontos floridos que, quando livres, são verdadeiras composições, assumem, alguns deles, o carácter de lídimo modelo de melódica expressiva e de perfeito equilíbrio. (1936, p.171)

Mas a questão dos estudos de Gomes em Milão parece ainda mais complexa. É compreensível que um músico já experiente mostrasse eventual impaciência em alguns momentos de seus estudos acadêmicos. No entanto, seria precipitado afirmar que não pudesse ter tido acesso a uma boa formação.

Lauro Rossi, além de compositor, cuja lista de trabalhos reúne 29 óperas, uma missa e um oratório, era pedagogo dedicado. De 1850 até 1870 fora diretor do Conservatório de Milão. Para a instituição escrevera o *Guida di armonia pratica e orale*, que seu discípulo Carlos Gomes também estudou. Ter encontrado, na fase exploratória da pesquisa, um exemplar raro da primeira versão italiana dos *Studi ossia trattato di armonia di composizione de L. Van Beethoven*, traduzida e comentada por Lauro Rossi, reforça mais ainda a convicção de que esse professor de Carlos Gomes foi realmente um homem preocupado com a formação teórica de seus alunos. O tratado, provavelmente resultante dos estudos de contraponto de Beethoven com Albrechtsberger, incluía também anotações e comentários de François Joseph Fétis.[19] Não foi possível determinar o ano em que essa tradução foi realizada ou se Gomes teve algum contato direto com ela. Entretanto, a participação de seu professor nesse empreen-

---

19 Teórico, compositor e musicólogo belga de larga influência no final do século XIX.

76 MARCOS PUPO NOGUEIRA

dimento editorial é indicativa de que Lauro Rossi era um artista em sintonia com as idéias mais importantes de seu tempo e sentia a necessidade de divulgá-las em seu país, a Itália. Em nota introdutória a essa edição da Ricordi, assinada pelos editores, há um comentário crítico sobre o estágio da reflexão teórica na Itália, na época:

se a Itália está acima de todas as nações na música de inspiração, não possui uma abundância de grandes obras teóricas, as quais, investigando os segredos da arte, oferecem aos verdadeiros estudiosos uma bagagem de conhecimento e saber, sem a qual não se consegue sair da mediocridade." (Beethoven, s.d., p.V)[20].

Alberto Mazzucato, de quem Carlos Gomes também fora discípulo, era compositor e homem de grande cultura musical. Quando esteve em Paris, Mazzucato entrou em contato com a obra de Beethoven, Mayerbeer e Halévy, o que causou grande impacto sobre sua música. De volta à Itália, desenvolveu carreira como compositor e *maestro direttore e concertatore* do teatro La Scala (1859 -1868). No Conservatório de Milão fez longa trajetória, desde 1839 até sua morte, em 1877. Foi professor de canto, composição, história e estética e, a partir de 1857, responsável pelo curso de instrumentação. Mais importante: Mazzucato foi o tradutor da primeira versão italiana (1844) de uma obra fundamental da orquestração moderna: o tratado de orquestração de Berlioz, fato que abre uma vertente importante ligando Gomes com as idéias de Berlioz, através de Mazzucato. A obra teórica e composicional de Berlioz teve forte impacto principalmente sobre Liszt e Wagner, e Mazzucato acabou por ter papel destacado na sua introdução na Itália. O valor do tratado de Berlioz — conforme a opinião de Richard Strauss exposta na tradução e adaptação que realizou deste trabalho em 1902 — reside não apenas na abordagem de questões mecânicas, "mas acima de tudo na veemên-

---

20 "[...] se l'Italia sta innanzi a tutte le nazioni nelle musica d'inspirazione, non possiede però dovizie di grandi opere teoretiche le quali, sviscerando i segreddi dell'arte, somministrano ai veri studiosi un corredo di cognizioni e di sapere, senza di che non è dato di uscire dalla meddiocrità".20

MUITO ALÉM DO *MELODRAMMA*   **77**

cia com que trata de todos os aspectos estéticos da técnica orquestral". O autor do *Till Eulenspiegel* avalia que as qualidades do tratado de Berlioz torna-o uma obra sempre atual e profética, porque "em poucas linhas, consegue expor toda a visão musical de Wagner" (Berlioz & Strauss, 1902, p.I). Berlioz, acima de tudo, introduz conceitos revolucionários que rompem com a estética clássica do final do século XVII e início do XIX, como fusão instrumental, pesquisa de registros extremos e novas técnicas para os instrumentos tradicionais, valores que estabeleceram definitivamente o timbre como um fator fundamental na composição musical.

Essa fase dos estudos de Carlos Gomes está bem documentada, pois foram preservados vários de seus trabalhos como estudante, entre eles seus cadernos de realização dos *partimenti* de Fenaroli sob orientação de Rossi, ou o manuscrito de seu trabalho para o exame final no Conservatório de Milão: *La fanciula delle Asturie*. Mas do ponto de vista de seu trabalho como compositor sinfônico, foi mais importante encontrar, no arquivo do Museu Carlos Gomes do Centro de Ciências, Letras e Artes em Campinas, o manuscrito autógrafo de um exercício de instrumentação realizado em Milão, datado e assinado em 29 de janeiro de 1866. Esse trabalho é a orquestração de uma peça para canto e piano de Rossi denominada "La Tempesta", que Gomes realizou sob orientação de seu mestre.

Em relação ao prelúdio da ópera *A noite no castelo*, a instrumentação geral do exercício é um pouco mais ampla, utilizando duas trompas a mais, um segundo oboé, e uma tuba (*cimbasso*) no lugar do oficleide. No entanto, Gomes prefere iniciar o trabalho com uma textura orquestral rarefeita e altamente matizada. O exemplo 20 transcreve os dois primeiros compassos da obra.

Gomes divide a linha da melodia original de Rossi em três partes e para cada uma delas cria uma combinação instrumental diferenciada. A primeira dobrando contrabaixos e fagotes (colchete *a*), a segunda com um solo de clarinete (colchete *b*) e a terceira com as madeiras agudas associadas com leves *pizzicati* de violinos (colchete *c*). Gomes busca neste trecho inicial, assim como no prelúdio para a sua primeira ópera, uma escrita que denote um sentido essencial-

Exemplo 20

mente orquestral, em que a perspectiva tímbrica seja evidenciada. O compositor paulista não quer apenas escolher os instrumentos para realizar a melodia, mas "colorir" a idéia temática da canção de Rossi

A seguir, no exemplo 21, Gomes explora timbricamente a extravagante complementaridade rítmica entre dois naipes com registros tão opostos como I violinos e contrabaixos. Repetindo o que já fizera no início do prelúdio de *A noite do castelo*, Gomes escreve a parte do contrabaixo numa relação de terças com o violoncelo, mas agora dobrado em uníssono com o fagote, enquanto os violoncelos progridem em uníssono com as violas. O resultado é a fusão dos fagotes com as cordas graves provocando a sombria sonoridade que Gomes intui para este trecho da canção de Rossi:

Exemplo 21

A seguir, no trecho transcrito no exemplo 22, nota-se o tratamento cuidadoso de cada uma das partes para garantir o perfeito equilíbrio sonoro, que se pode verificar na escrita do trêmulo nos II violinos e violas em *pianíssimo*, e no tema, (oboé e clarinete), em *piano*. Confirma-se nesse exercício, além disso, o mesmo interesse manifestado nas obras orquestrais do período brasileiro, pois Carlos Gomes procura sonoridades muito específicas mesmo para pequenos detalhes da partitura, como este que está assinalado no exemplo abaixo, o sutil aforismo da dobragem do *piccolo* com *pizzicati* nos I violinos.

Há algumas revelações importantes no exercício e a primeira delas é a clara demonstração de que o vínculo acadêmico de Gomes com Rossi também se estendia à disciplina de orquestração, algo que favorece a convicção de que Gomes não era, como muitas vezes se quis divulgar, um artista que se fez por si só, ou que estava alheio às tendências da época, ou desinteressado do apuro técnico e estético de sua

Exemplo 22

obra. A segunda é a continuidade imprimida por Gomes a algumas das tendências sugeridas no prelúdio de *A noite do castelo*, como a utilização de fusões instrumentais, a acentuada atenção para com o equilíbrio dinâmico entre as partes e a construção minuciosa de novas sonoridades orquestrais, consolidando assim, com mais consistência em Milão, alguns procedimentos dos tempos cariocas. Com Rossi, Gomes teve a oportunidade de conciliar a disciplina do contraponto com as técnicas da escrita orquestral, conciliação que é, como se verá nos capítulos dedicados à análise das sinfonias e prelúdios sinfônicos de suas óperas, um dos principais aspectos de Gomes como orquestrador, ou seja, a sua predileção por texturas orquestrais matizadas e diversificadas.

2
ABERTURAS, PRELÚDIOS E SINFONIAS NA ÓPERA DOS SÉCULOS XVII A XIX

Carlos Gomes, o Rio de Janeiro e a abertura de ópera

Nos primeiros anos depois de sua chegada a Milão, Gomes manteve com seu protetor Francisco Manuel uma correspondência que traz raras e importantes referências do jovem músico brasileiro acerca de compositores que ouviu ou estudou nessa cidade lombarda. Das sete cartas conservadas, escritas por Carlos Gomes, três denotam seu especial interesse por autores de obras com as quais pudera entrar em contato em Milão, seja por meio de concertos assistidos ou pela consulta a partituras. A primeira dessas cartas, datada de 4 de setembro de 1864, atualmente pertence ao acervo do Museu Carlos Gomes do Centro de Ciências, Letras e Artes em Campinas. Embora o documento apresente muitas passagens ilegíveis pode-se ler com clareza suficiente a seguinte declaração: "Tenho ouvido no conservatório por ocasião da atribuição de prêmios aos allunos [uma palavra ilegível] três de autores clássicos como Mozart, Beethoven, Hayden, Mendelson".

Mesmo com a grafia falha, aí estão compositores não italianos que, à exceção de Mozart, não eram exatamente muito conhecidos por suas criações líricas, e que Gomes provavelmente tivera pouca ou nenhuma oportunidade de ouvir durante o período em que se estabelecera no Rio de Janeiro, entre 1859 e 1863. Acima de tudo, as citações indicam um interesse do compositor campineiro não restrito ao âmbito artístico italiano, ou ao gênero operístico somente.

As peculiaridades da atividade musical no Rio de Janeiro não eram realmente as mais favoráveis para que um artista em formação pudesse conhecer obras sinfônicas ou de câmara de compositores clássicos, ou mesmo românticos. Ayres de Andrade, em seu importante levantamento da atividade musical no Rio de Janeiro, atribui aos costumes da família real a inexistência do hábito dos cariocas de ir a concertos. D. Pedro II não costumava ir a concertos, pois "os tinha a domicílio, executados pelos músicos de sua Real Câmara", mas freqüentava assiduamente o teatro (música lírica) e a Igreja (música sacra) e "todo mundo julgava-se, por isso, dispensado de ir a concertos" (Andrade, op. cit., p.128).

Referindo-se mais especificamente ao período entre 1831 e 1865 — que abarca também os anos que Carlos Gomes passou no Rio de Janeiro — Ayres de Andrade conclui que a música sinfônica só era ouvida, habitualmente, no início e nos intervalos entre os atos das representações dramáticas. Essa posição secundária da música sinfônica na vida musical carioca desse período teria sido a causa da acentuada popularidade das aberturas orquestrais das óperas mais em evidência nesse período, como as de Hummel, Auber, Mercadante e Rossini. A própria obra orquestral de Beethoven foi introduzida no Brasil por esta via. Segundo Andrade, foi apenas em 1833, "no intervalo de um espetáculo no Teatro Constitucional Fluminense, que pela primeira vez no Brasil foi executada uma peça sinfônica de Beethoven, designada no programa como *grande overtura*" (idem, v.I, p.228). Não há na imprensa carioca muitos registros como este e muito menos de concertos exclusivamente sinfônicos nesse período pesquisado por Ayres de Andrade; os concertos sinfônicos ficavam a cargo de sociedades musicais amadoras cujas atividades, propriamente musicais, eram bastante raras e sem periodicidade.

Confirmando a tendência detectada pelo historiador carioca, o repertório dos solistas internacionais que visitaram o Rio de Janeiro entre 1830 e 1865 era dominado quase exclusivamente por arranjos e

MUITO ALÉM DO *MELODRAMMA* **83**

paráfrases de melodias das óperas mais populares naquele período. Os programas realizados pelo célebre pianista austríaco Sigismund Thalberg — o mais famoso dos rivais de Liszt — em sua longa temporada no Brasil (de julho a dezembro de 1855) seriam um dos exemplos mais notórios. Seu repertório nos concertos realizados no Rio de Janeiro, embora composto quase exclusivamente de obras suas, era invariavelmente de composições baseadas em melodias de óperas de autores como Bellini, Donizetti, Auber e Rossini, como as *Variações sobre motivos de Norma*, a *Fantasia sobre motivos da Sonâmbula*, as *Variações sobre a barcarola do Elixir de Amor*, o *Capricho sobre motivos de Lucrecia Bórgia*, a *Fantasia sobre motivos da Muda de Portici* e a *Fantasia sobre a ópera Moisés no Egito*. Os artistas evidentemente sentiam-se mais seguros se apresentassem suas habilidades como instrumentistas num território já bastante conhecido pelo público, o que denota, sem dúvida, a forte presença do música lírica nesse período.

Provavelmente em função do confinamento da música sinfônica aos limites da criação lírica nos anos em que Gomes se formava e estreava suas primeiras óperas, suas referencias mais constantes na correspondência com Francisco Manuel eram exatamente as relacionadas às aberturas de óperas. É o que pode ser comprovado quando, em outra carta, esta de 3 de fevereiro de 1865, também pertencente ao acervo do museu campineiro, Gomes informa que enviara por correio ao mestre carioca, como um presente, partituras orquestrais de diversos autores: "por este correio também remetto-lhe e faço-lhe presente de uma excelente ouvertura de Meyerbeer que ouvi executar-se num concerto no Teatro alla Scala".

Ai está, portanto, mais uma referência à forma da abertura e a um dos compositores mais em evidência na fase de Gomes no Rio, e cuja obra, também a essa altura, projetava-se sobre os palcos italianos. A propósito de Meyerbeer deve ser registrado que sua obra já vinha sendo executada no Rio de Janeiro ao menos desde 1839. Num artigo do periódico *Correio das modas*, citado por Ayres de Andrade, o jornalista comenta um concerto programado por uma sociedade musical denominada Assembléia Estrangeira, que entre as obras programadas relacionava a *overtura* de *Robert, le Diable*, de Meyerbeer,

84 MARCOS PUPO NOGUEIRA

outra de Rossini, *Guilherme Tell*, e a *Grande sinfonia em ut maior*, de Beethoven, provavelmente a primeira vez em que uma sinfonia (Sinfonia n° 1 em Dó Maior, op.21) desse compositor era executada no Brasil (Andrade, op. cit,, p.238).

De fato, o aspecto mais esclarecedor presente nas cartas enviadas por Gomes a Francisco Manuel está mesmo relacionado ao grande interesse que o jovem compositor paulista demonstra tanto pela música orquestral (principalmente aquela associada à ópera) quanto por autores de épocas e tendências bastante diversificadas. É o que se observa em outra carta desse importante conjunto de correspondências, esta de 3 de maio de 1865, documento transcrito por Luís Heitor na Revista Brasileira de Música (Heitor, op. cit., p.333), na qual Gomes lembra que já enviara ao amigo "uma lindíssima sinfonia de Meyerbeer, *Estella del nord*", que ele ouvira executada com grande orquestra no Conservatório em um concerto em memória desse compositor. Em seguida oferece ainda outras obras no gênero: "Tenho mais algumas sinfonias de Meyerbeer e de outros autores Herold, Mozart, Weber, Auber, Mendelssohn, Beethoven etc, etc, todas em partitura de formato igual a essas que lhe mandei.[1] Se desejar alguma sinfonia de algum destes autores mande-me dizer para eu lhe remeter".

Dois aspectos devem ser destacados desse breve trecho da carta. O primeiro é que Gomes cita apenas compositores não italianos, algo que pode ser um indicativo de uma necessidade sua de buscar referências estéticas e técnicas mais amplas, ou significar que o meio musical italiano começava a abrir-se ao repertório internacional. O segundo é a referência exclusiva a obras orquestrais desses autores. Quando Gomes se refere a "sinfonias", pode-se deduzir com alguma segurança que estivesse usando o termo como sinônimo de "abertura", como acontecia muitas vezes na Itália daquela época, pois Meyerbeer e Auber não possuem sinfonias (no sentido definido pelo classicismo vienense) em seus catálogos de obras, e Weber não era conhecido por suas sinfonias de concerto, que foram apenas obras de

---

1 Não se sabe a que formato Gomes se refere, mas provavelmente seja uma redução para um piano ou para piano a quatro mãos ou, ainda, uma edição para orquestra, mas de tamanho reduzido (de bolso).

MUITO ALÉM DO *MELODRAMMA* 85

juventude, mas pela renovação que realizou no gênero operístico e por algumas aberturas de ópera como *Der Freischütz, Euryanthe* e *Oberon*, que se tornaram modelos extremamente influentes durante todo o século XIX. Quanto a Beethoven, Mozart e Mendelssohn, Gomes infelizmente não indica que obras sejam. Não é possível saber se eram sinfonias no sentido do classicismo vienense ou aberturas de produções líricas, ou ainda aberturas de concerto como as que Beethoven e Mendelssohn escreveram. No entanto, durante o século XIX a terminologia referente a esses gêneros não possuía uma separação nítida e a própria origem da sinfonia clássica está bastante relacionada historicamente aos três curtos movimentos (rápido-lento-rápido) característicos da chamada abertura italiana — a também conhecida *sinfonia avanti l'opera* que os mestres da ópera napolitana ajudaram a estabelecer.

Os aspectos históricos do desenvolvimento da abertura de ópera e da sinfonia de concerto estão de tal modo interligados que é impossível separá-los completamente. Recuperar os principais aspectos da trajetória das diferentes formas de abertura dramática, desde o surgimento do gênero lírico até o final do século XIX, é essencial para entender que o pensamento sinfônico, em qualquer de suas formas, não pode ser dissociado da história das sinfonias, aberturas e prelúdios escritos para ópera. A visão de conjunto da produção orquestral relacionada à ópera é também especialmente fundamental como referência histórica, técnica e estética para avaliar em que medida a produção de Gomes no gênero reflete sua participação como agente nos processos criativos da música orquestral ao final do século XIX.

As formas instrumentais nas primeiras óperas: Florença, Roma e Mântua

A utilização do termo "sinfonia" relacionado à ópera remonta, em verdade, a muito antes do drama e da comédia napolitanas, mais exatamente ao princípio do século XVII quando o novo gênero, inspirado na tragédia clássica grega, dava os primeiros passos em Florença depois de criado pelos músicos, teóricos, poetas e helenistas da

86 MARCOS PUPO NOGUEIRA

Camerata Fiorentina do início do século XVII. Em *La favola di Orfeo*, de Cláudio Monteverdi, reconhecidamente a primeira grande produção operística da história, surgem as primeiras formas instrumentais relacionadas ao drama lírico. O *Orfeo* de Monteverdi, que estreou em Mântua em 22 de fevereiro de 1607, apresenta uma diversidade bastante grande de música instrumental — música verdadeiramente importante para o drama quando comparada às criações lírica anteriores, desde a desaparecida *Dafne*, de Jacopo Peri, composta em 1597, passando pelas duas *Euridice*, de Peri e de Giulio Caccini, que estrearam em Florença em 1600 e 1602, respectivamente, e *La rappresentazione di anima e di corpo*, de Emilio Cavalieri, levada à cena em Roma no ano de 1600. Na partitura do *Orfeo* de Monteverdi estão presentes quatro formas diferentes de peças instrumentais, que podem ser consideradas como as mais antigas precursoras das formas sinfônicas da ópera — ritornelo, sinfonia, tocata e mourisca — e têm a função de preparar as cenas do *dramma per musica*, articular e conduzir o fluxo dos incidentes e sentimentos.

O ritornelo é a forma instrumental mais freqüente nas primeiras óperas, principalmente na obra-prima de Monteverdi, e literalmente significa "pequeno retorno", algo semelhante a um refrão. Ritornelos são peças curtas e simples usadas por Monteverdi e seus contemporâneos junto às canções e coros, como introdução e conclusão. Os ritornelos criam uma estrutura capaz de distinguir essas passagens umas das outras e conferem a cada quadro um contorno bastante característico. Em geral, no entanto, eles possuem pouca influência sobre a estrutura geral de uma ópera. Mas uma exceção importante, notada pelo historiador da música David Kimbell em seu estudo panorâmico da ópera italiana (1991), está presente no Prólogo do *Orfeo* de Monteverdi, como se verá mais à frente.

O prólogo era usado nas primeiras óperas,[2] e na segunda metade do século XVII também nos balés franceses de Lully, como uma peça

---

2 Ao final do século XIX houve um ressurgimento dessa prática e o exemplo mais característico está presente na ópera *Il Pagliacci*, de Leoncavallo, composta em 1892. Antes, Arrigo Boito havia concebido um complexo prólogo dividido em cinco partes distintas para o seu *Mefistofele*, de 1868.

MUITO ALÉM DO *MELODRAMMA*   87

introdutória em que um narrador (às vezes vários) "representando divindades, virtudes etc., faziam um breve sumário da ópera ou de seu significado simbólico" (*Harvard dictionary of music*, 1974, p.698). No entanto, Monteverdi concebeu para o prólogo do *Orfeo* algo ainda mais notável e que se relaciona àquela exceção apontada por Kimbell. Trata-se exatamente do papel acentuadamente estrutural desempenhado pelo ritornelo na abertura do famoso drama de Monteverdi. O narrador do prólogo de *Orfeo* é a Música (no sentido mitológico do termo) e o ritornelo, além de introduzir o canto, entremeia cada um dos cinco quartetos de versos que a Música canta no estilo recitado característico da nova monodia do Barroco como uma repetição levemente abreviada. Segundo Kimbell, como o ritornelo era tocado inicialmente com a cortina ainda fechada, cuja pintura revelava "uma paisagem pastoral idealizada composta de árvores, riachos, pássaros cantando e sopro de brisas", essa peça instrumental associava-se àquela paisagem nas mentes dos expectadores. O historiador conclui que esta disposição do ritornelo no prólogo transformou-o, de uma simples moldura do canto, "numa passagem emblemática daquela Era de Ouro do mundo pastoral no qual o prólogo se desenvolve". O caráter evocativo desse ritornelo manifesta-se plenamente ao final do prólogo quando, depois que o Espírito da Música conclui seu canto e se retira do palco, ele é tocado na íntegra para acompanhar o aparecimento das ninfas e pastores no início do I Ato (Kimbell, 1991, p.76-7).

No prólogo de *La favola de Orfeo* pode-se encontrar o marco zero das formas instrumentais da ópera. Pelo modo como emprega o ritornelo fica também muito claro que Monteverdi adere a uma tendência em que a função das formas instrumentais na ópera é contribuir para a integração teatral do drama, mesmo que suas intervenções não possuam relações temáticas com as vocais. A passagem final do prólogo, entre outras, pode exemplificar como o mestre de Mântua, de modo simples e preciso, faz a música pontuar a poesia. Depois dos últimos versos da narração do prólogo (Música) –

> Quando alterno canções alegres e tristes
> nenhum pássaro se move entre as árvores,
> nem se ouve o bater das ondas na encosta,
> e toda brisa suspende seu curso

— Monteverdi faz seguir à última linha (cujo acompanhamento cria um eloqüente efeito suspensivo sobre o acorde de mi maior sem resolução) uma grande pausa, cujo silêncio resume toda a poesia. Quando é tocado o último ritornelo, após o vazio evocativo desse fragmento de tempo, ele soa completamente inflamado pela poesia e fecha harmoniosamente o prólogo. Talvez uma repetição nunca tenha soado assim tão nova.

No exemplo a seguir estão transcritas as passagens correspondentes aos últimos versos do prólogo cantados pela Música e, em seguida, a última intervenção do ritornelo:

Exemplo 1.1

Exemplo 1.2

(Monteverdi [a] s.d., p.8)

A outra das formas presentes no *Orfeo* é a sinfonia, palavra que tem um significado etimológico muito menos preciso que ritornelo, pois não significava no início do século XVII nada mais do que uma pequena peça para ser tocada por instrumentos. Em razão disso, não chega a ser surpreendente a grande variedade de estilos das sete sinfonias (nove sinfonias se forem contadas as repetições da sexta e sétima) apresentadas no *Orfeo*. Como bem notou Kimbell, as sinfonias nessa obra dependem, quanto à sua capacidade expressiva, do caráter de seu próprio material e mostram uma grande autonomia em relação à musica vocal, principalmente se comparadas aos ritornelos. Um caso pontual é o da sinfonia que acompanha a saída da mensageira no II Ato. A escrita instrumental de Monteverdi, com traços concisos e funcionais, "condensa uma riqueza de harmonia cromática e dissonante" em perfeita sintonia com a dor da Mensageira por ter trazido a Orfeu a notícia da morte de Eurídice, a amada do herói" (Kimbell, op. cit., p.79).

Em outras sinfonias presentes no *Orfeo*, Monteverdi trabalha com diferentes estilos e texturas instrumentais para definir situações dramáticas diferentes. É o que se observa na sinfonia que fecha o IV Ato, ato dominado pela presença de Orfeu no inferno e sua fracassada tentativa de resgatar Eurídice. Nessa sinfonia, Monteverdi emprega uma densa textura a sete partes (não incluindo a linha do baixo contínuo) para criar a sonoridade obscura adequada à cena, corroborada pela intrincada teia contrapontística imitativa:

Exemplo 2

(idem, p.135)

No V e último Ato, outra sinfonia prepara a descida de Apolo, pai de Orfeu, que comunica ao filho que lhe será dada a imortalidade e desse modo poderá rever Eurídice no céu. A escrita inteiramente homofônica, uma harmonia triádica, quase sem dissonâncias, e o ritmo simples conferem à sinfonia a serenidade apolínea que caracteriza a reconciliação mítica de Orfeu com o seu destino:

Exemplo 3

(idem, p.144)

MUITO ALÉM DO *MELODRAMMA* 91

As outras duas formas instrumentais encontradas no *Orfeo* são apenas circunstanciais e convencionais no caráter. A mourisca encerra a ópera e é uma antiga dança do século XVI de que Monteverdi se vale para representar a união de Orfeu e Eurídice. A tocata, muitas vezes considerada como a primeira abertura operística, parece ser apenas uma fanfarra festiva. Nikolaus Harnoncourt a relaciona à fanfarra dos Gonzaga, os duques de Mântua, cidade na qual a ópera estreou. Desse modo, a tocata do *Orfeo* seria apenas o emblema musical daquela família que, como todas as outras com títulos de nobreza, "tinha o direito de exibir trompetistas" e "uma melodia característica sempre tocada no início das apresentações, enquanto a platéia se reunia na sala" (1993, p.151-2).

A ópera romana e as formas instrumentais

Outro momento importante quanto ao desenvolvimento das formas instrumentais na ópera ocorreu no período entre 1620 e 1640 em Roma, quando a poderosa família Barberini decidiu patrocinar suntuosos espetáculos de teatro musical. O principal nome da família foi Maffeo Barberini que desfrutou, como Papa Urbano VII, um longo pontificado de 21 anos, depois de ser eleito em 1623. Nesse período foi construído o Teatro delle Quattro Fontane, com espaço para mais de 3.000 pessoas e possuindo, como descrito por Claude Palisca em seu estudo sobre a história da música no Barroco, um "palco que permitia uma brilhante maquinaria e os mágicos efeitos cênicos do arquiteto Gian Lorenzo Bernini" (1991, p.128). Esse teatro foi inaugurado em 1632 com a ópera *Il San Alessio*, de Steffano Landi (1590-1655), um exemplo bastante característico da ópera romana, principalmente por levar ao palco uma história com tema sacro, com todos os recursos cênicos possíveis.

Na ópera de Landi há duas sinfonias que abrem cada um dos dois atos da composição. A extensão surpreendentemente longa das sinfonias e sua divisão em três seções no esquema rápido-lento-rápido fazem delas algo diverso das que Monteverdi escreveu para o *Orfeo*, todas em uma única seção. Bukofzer[3] lembra que a sinfonia inicial da ópera de Landi é de fato "uma *canzona* para uma combinação bastante sonora de três violinos e um contínuo fortemente reforçado, e marca um passo importante na evolução de uma *ouverture* de ópera independente" (1948, p.62). Ao citar a *canzona*, Bukofzer está referindo-se à forma instrumental que descendia da antiga *chanson* francesa do século XVI, principalmente pelo fato de manter na primeira e terceira seções uma textura imitativa. De qualquer modo, as sinfonias no *Il San Alessio*, embora nada tenham ainda de orquestral — são obras para três violinos e contínuo —, antecipam a forma em três movimentos da futura sinfonia napolitana (1973, p.282). Nos exemplos a seguir (exemplos 4.1, 4.2 e 4.3) estão presentes os fragmentos iniciais do primeiro e terceiro movimentos, nos quais se nota a presença do mesmo material temático, algo comum a várias *canzone* e que indica uma contribuição importante quanto à coerência temática dessa forma musical para a música instrumental. O perfeito equilíbrio formal da sinfonia completa-se com o movimento lento que entremeia de modo contrastante os dois movimentos rápidos.

Exemplo 4.1

(Landi,1973,v.II, p.47)

---

3 Musicólogo alemão que se radicou nos Estados Unidos.

Exemplo 4.2

(idem, p.48-49)

Exemplo 4.3

(idem, p.49)

A canzona instrumental na ópera veneziana

Em meados do século XVII o centro da atividade operística deslocou-se para Veneza e os compositores mais representativos foram mais uma vez Cláudio Monteverdi (com suas duas últimas óperas), Francesco Cavalli, Giovanni Legrenzi e Marco Antonio Cesti. É exatamente na última ópera de Monteverdi, *L'incoronazione di Poppea*, que se encontra o exemplo típico da breve sinfonia desse período, diferente da antiga usada no *Orfeo*, por ter um início solene de textura triádica e com ritmos pontuados:

Exemplo 5.1

(Monteverdi (b), p.1)

Segue um movimento rápido composto por um processo de transformação rítmica muito semelhante ao que ocorria com alguma freqüência em algumas combinações de danças daquela época:

Exemplo 5.2

(idem, ibid.)

A relação temática entre as duas seções transcritas nos exemplos 5.1 e 5.2 indica claramente o desejo do compositor de unificar a sinfonia, fazendo dela uma forma mais coesa e com certa autonomia de peça instrumental, algo semelhante ao que ocorre na sinfonia de Landi (exemplos 4.1, 4.2 e 4.3).

MUITO ALÉM DO *MELODRAMMA* 95

Com o desenvolvimento da ópera veneziana o segundo movimento começou a adquirir novos contornos, tornando-se mais independente do primeiro e adotando freqüentemente um estilo mais contrapontístico. Acima de tudo, a sinfonia da ópera veneziana recebeu o forte impacto causado pelo florescimento em larga escala da música instrumental na Itália desse período. A conseqüência, como notou Kimbell, foi a difusão da prática de atrair para o teatro de ópera o repertório da música instrumental (*canzone* e sonatas, principalmente), hábito que se estabeleceu claramente por volta de 1660, indicando a interatividade do gênero lírico com o instrumental, e que vai prevalecer ciclicamente ao longo da história da música européia. Esta influência pode ser constatada na obra de Giovanni Legrenzi, em que "não menos de oito sinfonias de ópera do compositor foram tomadas de coleções de sonatas instrumentais" (Kimbell, op. cit., p.161).

Outra contribuição de Legrenzi foi tornar mais independentes e contrastantes os movimentos da sinfonia. Apesar desses contrastes, entretanto, os movimentos extremos freqüentemente compartilhavam materiais temáticos semelhantes, procedimento que Bukofzer considera como uma óbvia reminiscência da "*canzona* com variações", um tipo de *canzona* surgida depois de 1620 na Itália (op. cit., p.138). A nova forma tinha como característica a substituição das seções politemáticas, normalmente presentes em obras de compositores como Merulo, Banchieri e Trabaci, por seções contrastantes unificadas por variações sobre um único tema. Os exemplos mais característicos, segundo Bukofzer, são algumas das *canzone* de Girolamo Frescobaldi, em que as seções, separadas por adágios expressivos semelhantes a cadências em tempo livre, "apresentam seus materiais em diversas transformações temáticas" (idem, p.50).

A relação estreita entre a *canzona* instrumental e a sinfonia da ópera veneziana fica ainda mais caracterizada pelo fato de Cavalli, um de seus mais representativos membros, ter sido também um importante compositor de música instrumental, tendo escrito várias *canzone* para diferentes formações. Nessas obras instrumentais, mesmo nas mais antigas compostas por Cavalli, é possível observar como os compositores trocavam o fluir inarticulado e indiferenciado das seções da velha *canzona* por um novo tipo de estrutura na qual os motivos possuíam contornos mais diferenciados e maior articulação rítmica. Mesmo nas *sonati da chiesa* de Pietro Ziani e Legrenzi a estrutura em várias seções da antiga *canzona* foi sendo cada vez mais reduzida — geralmente para cinco, ou até menos partes. Enquanto essa redução se processava, cada seção ia sendo gradualmente expandida até alcançar a forma de um movimento verdadeiramente independente, embora conciso. Portanto, o tipo mais comum de abertura de ópera, no auge do florescimento do estilo veneziano, consistia de diversas pequenas partes nitidamente contrastantes, nas quais a escrita polifônica perdia terreno para uma textura mais homofônica realizada por três violinos em constante cruzamento de vozes.

Outra tendência importante quanto ao desenvolvimento da forma da sinfonia na ópera veneziana foi fazê-la fundir-se à cena inicial da ópera, tendência preservada até mesmo em algumas óperas do século XVIII. A ligação direta entre a sinfonia (abertura) e a ópera indicava a necessidade que alguns compositores sentiam de não quebrar a continuidade musical entre uma composição estritamente instrumental e o drama que se seguiria, e dessa forma criar algum tipo de nexo temático entre eles. Assim, quando a sinfonia em três movimentos — um lento inicial em estilo triádico, um segundo movimento em estilo semipolifônico e um *finale* em estilo de dança — conquistou grande popularidade por volta de 1660, tornou-se prática comum fazer também da dança final o ritornelo do primeiro número vocal. Um exemplo encontra-se no *L' Argia* de Cesti, que estreou em 1655 na cidade de Innsbruck e depois, numa versão modificada, no Teatro San Salvatore de Veneza, em 1669 (Kimbell, op. cit., p.160-1).

A abertura francesa do século XVII

Ainda no século XVII, o desenvolvimento das formas de abertura da ópera foi significativamente estimulado por contribuições que vinham, pela primeira vez, de fora da Itália. A mais importante re-

MUITO ALÉM DO *MELODRAMMA*   97

fere-se ao surgimento da chamada abertura francesa, inicialmente devida não à ópera, mas a uma tradição anterior da música e dança na França, o *ballet de cour*, gênero caracteristicamente aristocrático que surgira no reinado de Luís XIII, mas que alcançaria o seu apogeu durante a era de Luís XIV.

As aberturas orquestrais relacionadas ao gênero do *ballet de cour* remontam à década de 1640. Foi exatamente nesse período que a introdução orquestral, chamada pelos italianos de sinfonia, recebeu na França o nome de *ouverture* — denominação que mais tarde passaria também a ser aplicada à introdução orquestral da ópera francesa. O ano de 1640, especificamente, refere-se à data da encenação do balé *Mademoiselle*, cuja abertura assume claramente a forma bipartida que antecipa a da futura abertura francesa: uma primeira parte em andamento lento, seguida por uma em andamento rápido. Coincidência ou não, a estruturação em duas partes presente na introdução dessa obra também pode ser observada em algumas sinfonias para óperas venezianas do mesmo período. Um exemplo notório encontra-se na abertura de uma obra já citada aqui (ver exemplos 5.1 e 5.2), *L'incoronazione di Poppea*, a última ópera de Monteverdi composta em Veneza, em 1642.

A semelhança existente entre a abertura em estilo francês e em estilo veneziano assume um caráter problemático e tem sido exaustivamente discutida pelos musicólogos e historiadores da música. A principal dificuldade está em determinar se a origem da abertura francesa é tipicamente local ou resultante da difusão da sinfonia/ *canzona* da ópera veneziana. Como bem advertiu Bukofzer, o próprio Lully, naturalizado francês, mas nascido em Florença, a quem se credita a configuração final da abertura francesa, esteve bastante familiarizado com a música do veneziano Cavalli a ponto de ter composto, em 1660, uma abertura para a versão francesa da ópera *Serse* (*Xerxes*), do mestre veneziano, obra que é "talvez o primeiro exemplo completamente desenvolvido de abertura francesa, com a segunda parte em textura de fuga e compasso ternário". Mas o próprio historiador e musicólogo não se arrisca a definir de forma absoluta a questão da paternidade ou nacionalidade dessa forma e conclui com

98 MARCOS PUPO NOGUEIRA

a seguinte afirmação: "a abertura francesa foi produto de uma mistura de estilos" (op. cit., p.154). Mais enfático é o verbete "Abertura" (*Overture*), no *Harvard dictionary of music*, quando destaca ser a abertura veneziana o "modelo para a famosa abertura francesa [...] que se tornou a primeira forma estabelecida de abertura" (p.635). Por sua vez, David Kimbell levanta uma hipótese oposta ao notar que em Veneza, por volta de 1660, o fato de o segundo movimento da abertura ser em geral um tanto independente do primeiro e freqüentemente de estilo mais contrapontístico poderia ser explicado como "possivelmente resultante da influência francesa", principalmente em razão desta já estar estabelecida ao final dos 1650" (op. cit., p.161).

A forma bipartida da abertura era já uma realidade nos antigos *ballet de cour*[4] como *Les rues de Paris* (1647) e *Feste de Bacchus* (1651), nos quais, ainda segundo Bukofzer (op. cit., p.147), a parte lenta apresenta os "pomposos ritmos pontuados, o *rhythme saccadé* da abertura lullyana", embora o movimento rápido não apresentasse ainda a textura de fuga que se tornaria típica mais tarde. Mas é sem dúvida com Lully que a forma da abertura francesa adquire seu formato mais característico, mais exatamente em seu balé *Alcidiane*, de 1658, que é o primeiro exemplo plenamente realizado nesse sentido. Começa com o solene ritmo pontuado e depois passa para uma parte em estilo fugado, escrita em tempo binário e não em ternário como permanecera até então.

Na década de 1670, o modelo da abertura no estilo francês passou a ser empregado também nas óperas (*tragédies lyriques*), nas quais a influência da tragédia clássica de Racine foi decisiva. A ópera *Pomone* de Robert Cambert (1671) é tradicionalmente considerada a primeira ópera francesa que realmente merece esse nome. A abertura apresenta todos os elementos essenciais do estilo da abertura francesa: uma introdução lenta de caráter solene e grave com ritmos pontuados, à qual se segue uma seção rápida em estilo fugado. Mas foi Lully quem

---

4 A música para o *ballet de cour* chegou até nossos dias apenas em fragmentos e freqüentemente sem identificação da autoria musical.

estabeleceu definitivamente a forma e estilo da abertura francesa, embora esta fosse quase sempre dividida em duas seções, algumas vezes "expandida para uma forma em três seções, ao citar a primeira idéia na seção de conclusão" (Davison e Apel, 1973, v.II, p.284).
Os dois próximos exemplos contêm fragmentos da abertura para a ópera *Alceste*, de Lully. O exemplo 6.1 traz o fragmento inicial do primeiro movimento com seus característicos ritmos pontuados:

Exemplo 6.1

(Lully, 1973, v.II, p.82)

O exemplo 6.2 apresenta os primeiros compassos do segundo movimento em estilo fugato e ritmo ternário:

Exemplo 6.2

(idem, p.83)

Em razão de a música francesa tender para um estilo menos dramático que o italiano, e no qual a beleza elegante sobrepujava-se a qualquer intenção de expressão de sentimento (os *affetti* da música do drama lírico italiano), as formas musicais adquiriram ainda maior importância. Principalmente o tratamento orquestral contribuiu de maneira decisiva para o desenvolvimento das formas orquestrais relacionadas à ópera, ou mesmo à música sinfônica como um todo. Lully, como notou Adam Carse, acabou por estabelecer para todas as suas aberturas, danças e marchas "uma escrita padrão a cinco partes para orquestra de cordas" (1964, p.70). Outro historiador e musicólogo, Claude Palisca, vê nessa disposição de partes da orquestra de Lully um contraste com os ritornelos da ópera italiana do século XVII, quase sempre escritos para um conjunto formado por dois instrumentos agudos e um baixo. Segundo o musicólogo americano, "o coração da orquestra" de Lully era formado pelos famosos "24 violinos do rei", tradicionalmente divididos em "seis violinos sopranos (*dessus de violon*), doze violinos altos e tenores, afinados como a moderna viola, mas tocando três partes separadas conhecidas como *hautecontre*, *taille* e *quinte*, e seis violinos baixos, afinados como o violoncelo moderno, mas um tom abaixo" (Palisca, 1991, p.228).

A abertura francesa, como moldada por Lully, tornou-se na definição de Bukofzer "o símbolo do cerimonial cortesão por seu *phatos* austero e seu contraponto ostentoso e ao mesmo tempo superficial" (op. cit., p.159). Esse modelo, no entanto, ultrapassou mais tarde as fronteiras da corte francesa de Luís XIV e passou a exercer grande influência nas produções dramáticas tanto da ópera quanto do oratório e até mesmo em obras sinfônicas de concerto como a suíte, cujos exemplos mais notórios são as aberturas (ou sinfonias) que J. S. Bach escreveu para cada uma das suas quatro suítes para orquestra. Também pode estar relacionado aos desdobramentos desse modelo o costume muito freqüente, ao final do século XVIII, de o primeiro movimento da sinfonias de concerto possuir uma introdução lenta, preparando o *allegro* presente em algumas sinfonias de Haydn, Mozart e Beethoven. Esquema semelhante ao da abertura francesa pode encontrar-se também na ópera italiana do século XIX. Talvez

MUITO ALÉM DO *MELODRAMMA* **101**

o exemplo mais significativo seja o da abertura escrita por Verdi para a ópera *Vespri siciliani*, que começa por movimento lento e figuras pontuadas ao qual se segue um *allegro*. Em Carlos Gomes, vestígios do modelo francês de abertura podem ser encontrados na sinfonia para a ópera *Il guarany*, obra analisada no capítulo 3.

A abertura na ópera napolitana

A interação entre formas do gênero operístico e as formas instrumentais nunca foi tão evidente quanto durante o período de florescimento da ópera napolitana — desde as últimas décadas do século XVII às primeiras do século seguinte —, quando ocorreu a forte diferenciação entre gênero sério e bufo. A mútua influência deve-se provavelmente ao extraordinário incremento das formas instrumentais na Itália ocorrida no período.

A chamada abertura napolitana, como ficou configurada por volta da década de 1690, consiste em dois movimentos rápidos separados por um lento, que assume geralmente a função de transição. A forma e o estilo da abertura napolitana que predominaram durante o período Barroco, como afirma Bukofzer, "eram obviamente derivados do concerto" do qual se pode encontrar até mesmo o característico contraste *tutti-solo*, presente, por exemplo, na abertura para o oratório *Sedecia*, de Alessandro Scarlatti (op. cit., p.243). No entanto, os movimentos das aberturas de Scarlatti ainda são muito curtos. Em geral não excedem mais de vinte compassos e raramente possuem a mesma magnitude de um movimento de um verdadeiro concerto.

Outro historiador da música, Michael Robinson, em seu detalhado estudo sobre a ópera napolitana (1972), adverte da impossibilidade de uma afirmação categórica quanto ao tipo de música instrumental que teria sido o ancestral direto da abertura italiana, creditando parte de sua origem também às sonatas para trompete ou violino das escolas bolonhesa e romana da segunda metade do século XVII, e às aberturas das óperas antigas, venezianas espe-

102   MARCOS PUPO NOGUEIRA

cialmente. Os compositores napolitanos, ao seguirem o procedimento padrão de antigas *canzone* e sonatas da *chiesa*, consideravam as três seções da abertura para suas óperas como seções interligadas e não movimentos autônomos. Robinson destaca as exceções que ocorriam principalmente na última seção da abertura napolitana, em que se percebe um grau maior de independência, porque aí os compositores adotavam os contornos mais definidos da forma e do estilo da dança, geralmente em compasso ternário. A seção lenta, por sua vez, era freqüentemente curta, e muito semelhante aos minúsculos adágios ou passagens em andamento *grave* de algumas das sonatas de Corelli, e sua verdadeira função era mesmo a de uma ponte ligando as duas seções rápidas. Ainda com relação à seção lenta, Robinson sugere a existência de uma certa analogia com a ária *da capo* — essa que é outra das formas mais emblemáticas da ópera napolitana[5] —, pois a seção lenta da abertura, como a segunda da ária, geralmente se move harmonicamente para além da tonalidade principal, evidenciando contraste com as demais seções, contraste muitas vezes acompanhado por uma redução da instrumentação.

Mas o primeiro movimento — a seção da abertura napolitana que mais influências recebeu do concerto — é o que apresenta as características mais importantes quanto aos futuros desdobramentos, não só da forma da abertura como também os que terão papel fundamental para o estabelecimento da forma da sinfonia clássica, um dos emblemas da música instrumental vienense na segunda metade do século XVIII.

Na primeira seção (ou movimento) da abertura napolitana o estilo fugado da antiga *canzona* foi cedendo espaço para uma textura

---

5 Charles Rosen, em seu estudo sobre as formas de sonata, aponta a forte influência exercida pela *aria da capo* como elemento de estruturação do primeiro movimento do concerto clássico: "O concerto e a ária são duas formas muito aparentadas: são com freqüência, de fato, idênticas [...] do mesmo modo que a ária, o concerto não se limitou a converter-se passivamente em sonata; ajudou também a configurar formas de sonata, contribuindo com alguns de seus mais importantes elementos" (op. cit., p.83).

MUITO ALÉM DO *MELODRAMMA* 103

cada vez menos contrapontística e, progressivamente, o primeiro movimento foi tomando a forma de uma textura homofônica associada à prática de acompanhamento regida pelo baixo contínuo. Robinson nota que nesse ponto as progressões harmônicas tornam-se mais definidas e mais fortes do ponto de vista tonal, fato que teve como conseqüência o alongamento dos períodos musicais e seu encadeamento seguro em direção à cadência (op. cit., p.169).

Uma das conseqüências desse processo foi o primeiro movimento da abertura napolitana ter passado a comportar, ou exigir, a presença de um material temático de contornos melódicos e rítmicos mais definidos, característica que mais tarde tornou-se decisiva para o desenvolvimento de uma abertura mais integrada ao drama. No entanto, como lembra mais uma vez Bukofzer, o primeiro movimento da abertura somente vai adquirir sua plena independência formal depois de 1720 com o surgimento da geração mais nova de compositores napolitanos, como Nicola Porpora (1686-1766), Leonardo Leo (1694-1744) e o aluno alemão de Alessandro Scarlatti, Johann Hasse (1699-1783), compositores "em cujas mãos a homofonia do baixo cifrado lentamente se transformou na homofonia da fase inicial do período clássico" (op. cit., p.243).

Com relação à abertura napolitana pode-se dizer ainda que o fato de sua função, por volta das primeiras décadas do século XVIII, ser apenas anunciar o início da ópera, tirando a audiência da agitação natural dos salões dos teatros, impediu-a de tornar-se verdadeiramente uma obra autônoma ou algo semelhante a um concerto ou sonata. Segundo Robinson, enquanto o estilo do concerto barroco "sugeria expansão musical, a função da abertura demandava concisão", o que fazia com que o compositor, ao escrever para o palco lírico, evitasse que a abertura assumisse uma proporção maior que a necessária. O compositor costumava, então, interromper o curso natural do primeiro movimento valendo-se de uma "cadência imperfeita, ou mesmo de uma dissonância tal como uma dominante, ou 7ª diminuta que pedia resolução", e acrescentava, em seguida, uma pausa e usualmente uma barra dupla. A segunda seção, composta como um pequeno interlúdio lento, começava então por resolver a dissonância para, em seguida, preparar a próxima seção. Finalmente a última seção, em forma de dança, tinha a função de criar um efeito conclusivo suficientemente adequado para dar unidade à abertura.

Nos exemplos seguintes pode-se observar as características mais marcantes da abertura napolitana por volta de 1720. A abertura (ou *sinfonia avanti l'opera*) que Alessandro Scarlatti escreveu para sua ópera *La Griselda* (exemplos 7.1, 7.2 e 7.3) é estruturada em três movimentos (rápido-lento-rápido), ou seja, um *presto* em ré maior, que termina com uma cadência interrompida sobre um acorde diminuto, um *adágio* que prepara a volta da tonalidade de ré maior e o *presto* final, por sua vez escrito na forma binária de dança. Notar que a textura não é imitativa como nas antigas *canzone*, mas homofônica, textura que permite às partes instrumentais maior coesão harmônica. O exemplo seguinte corresponde ao início do primeiro movimento:

Exemplo 7.1

(Scarlatti,1973, p.155)

O Exemplo 7.2 destaca o início do II movimento, *adágio*:

Exemplo 7.2

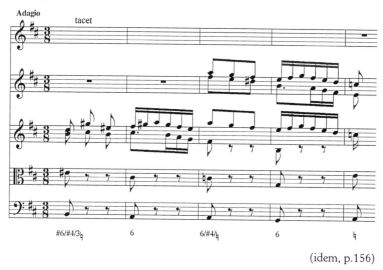

(idem, p.156)

O exemplo abaixo (Exemplo 7.3) mostra o início do III movimento, *presto*, que em ritmo de dança conclui a sinfonia da ópera *Griselda*:

Exemplo 7.3

(idem, p.157)

106   MARCOS PUPO NOGUEIRA

Os desdobramentos técnicos e estéticos da ópera napolitana, ou mais exatamente os que estão ocorrendo no longo processo de desenvolvimento da sinfonia da ópera no século XVII e início do século XVIII, resultam no aparecimento de duas formas: a abertura de ópera e a própria sinfonia de concerto. Algo bastante claro desde o início do florescimento tanto da ópera quanto das formas instrumentais de concerto, de câmara e da *chiesa* é que a tendência foi em direção a uma estruturação em seções ou movimentos cada vez mais articulados, nos quais ao mesmo tempo conciliaram-se a diversidade e a unidade temáticas.

As formas de sonata e a sinfonia da ópera e de concerto

Compositores ligados à ópera italiana dos anos 20 e 30 do século XVIII foram os primeiros que de fato conferiram a cada movimento da abertura um desenho coerente e um conteúdo temático mais definido. É a partir desse momento que é possível chamar verdadeiramente de "movimentos" as seções da abertura. No entanto, algumas raras aberturas mais antigas já possuem primeiros movimentos com essas características. Um exemplo é lembrado por Robinson, no estudo já citado (op. cit., p.170-173), extraordinário exatamente por sua antecipação do esquema formal da forma sonata, que só se estabilizaria plenamente em meados do século. Trata-se do primeiro movimento da abertura (fragmentos das seções principais transcritos nos exemplos 6.1 a 6.8) do compositor napolitano Francesco Mancini (1679-1739) para sua ópera séria, *Alessandro il grande in Sidone*, de 1706, que apresenta todos os principais padrões externos da forma sonata das décadas de 1740 e 1750: uma primeira seção indo para a tonalidade da dominante, barra dupla com sinal de repetição localizada no meio do movimento e a segunda seção dividida em duas partes: a primeira, uma pequena digressão por tonalidades relativas, e a segunda, que restabelece a tonalidade principal e recapitula o tema da seção inicial.

MUITO ALÉM DO *MELODRAMMA* 107

O exemplo seguinte refere-se a um fragmento do tema inicial cuja melodia possui um contorno com a predominância de fragmentos de escalas e tríades que por si só clarificam a estrutura harmônica da composição e principalmente apresentam um motivo básico bem definido e que pontuará as diferentes seções criando nexos temáticos ao longo do movimento:

Exemplo 8.1

(Mancini, 1972, p.171)

O fragmento seguinte representa um momento importante da transição para a região da dominante em que o motivo do tema inicial cumpre seu papel de articulador das seções:

Exemplo 8.2

(idem, ibid.)

A confirmação da região de dominante é estabelecida ao final da primeira seção do movimento e mais uma vez o motivo principal surge com seu desenho simples e objetivo pontuando a cadência em sol maior:

Exemplo 8.3

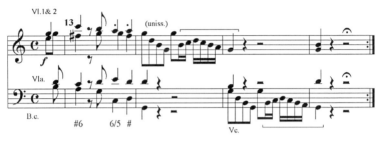

(idem, ibid.)

Depois da barra, Mancini trabalha o motivo principal dentro do contexto de uma progressão harmônica em forma de ciclo de quintas, realizando uma pequena digressão que nas sonatas do século XIX ganhará mais complexidade harmônica e de elaboração temática, num processo que muitos teóricos denominarão desenvolvimento. O exemplo seguinte toma um fragmento dessa passagem:

Exemplo 8.4

(idem, p.172)

Depois dessa digressão, Mancini inicia um processo harmônico para preparar o retorno à tonalidade principal neutralizando o fá # e caminhando para a região da relativa menor de dó maior (lá menor), não sem antes retardar o processo de retorno realizando uma interessante cadência de engano sobre o acorde de fá maior:

Exemplo 8.5

(idem, p.173)

O exemplo seguinte indica o final dessa digressão com cadência em lá menor e o retorno à tonalidade principal e ao tema em sua forma original:

Exemplo 8.6

(idem, p.171)

O caráter reexpositivo dessa última parte fica evidente quando o compositor napolitano chega à passagem que na seção inicial corresponde à transição (ver exemplo 8.2). A partir do compasso 34 (exemplo 8.7) Mancini reelabora harmonicamente aquela passagem para mantê-la em dó maior e assim preparar a conclusão do movimento:

Exemplo 8.7

(idem, p.173)

A conclusão do movimento dá-se com uma enfática repetição do motivo básico:

Exemplo 8.8

(idem, ibid.)

A abertura de Mancini apresenta uma intensa preocupação com sua unidade temática, ao mesmo tempo em que suas seções e partes de seção estão claramente delineadas por cadências e progressões harmônicas, delineamento para a qual concorre o emprego de motivos simples e de contornos bem definidos capazes de produzir nexos entre as partes do todo.

Os sinais de repetição presentes em alguns dos primeiros movimentos de antigas aberturas sugerem a influência da forma binária provavelmente relacionada à dança. A partir dos anos 30 e 40, enquanto os sinais de repetição desaparecem pouco a pouco dos primeiros movimentos de abertura, passam a tornar-se comuns no primeiro movimento das sinfonias de concerto. E, assim, contrariamente ao que ocorreu com a sinfonia desvinculada da ópera, a seção repetida, típica das danças, nunca se estabeleceu definitivamente no movimento inicial da abertura. Portanto, Robinson conclui que "a principal diferença estrutural entre a abertura e a sinfonia de concerto é que uma não possuía repetição das duas metades, mas a outra, freqüentemente, sim" (op. cit., p.170).

A questão da presença ou ausência da barra de repetição no primeiro movimento tanto da sinfonia quanto da abertura não altera, entretanto, o fato de muitas aberturas de óperas italianas da segunda metade do século XVIII, mesmo não possuindo divisões repeti-

MUITO ALÉM DO *MELODRAMMA* 111

das no primeiro movimento, adotarem também os esquemas de exposição, elaboração e recapitulação que caracterizam os fundamentos da forma sonata nesse período, e que a abertura de Mancini estabelece precocemente. Charles Rosen, pianista e teórico que se tem voltado com freqüência aos aspectos relacionados à forma sonata no século XVIII descreve o padrão de cada um desses fundamentos como processos e funções tonais bem diferenciados. A perspectiva de Rosen apresenta a seção de exposição como um movimento que parte da estabilidade harmônica para a tensão e "nunca conclui na tônica", enquanto a recapitulação é vista como a resolução das tensões harmônicas da primeira, mantendo-se "o tempo todo essencialmente na tônica". Já a seção central de uma sonata (também denominada elaboração ou desenvolvimento) não é uma mera seção contrastante em relação às demais, mas "um prolongamento e um aumento das tensões harmônicas da seção inicial" (1987, p.30).

As definições de Rosen podem ser confirmadas com facilidade na abertura de Mancini e principalmente nas aberturas posteriores. Entretanto, embora as conexões entre a abertura italiana (também chamada "sinfonia" na Itália) e a sinfonia clássica sejam evidentes em quase todo o século XVIII, a abertura muitas vezes toma uma configuração abreviada da assim chamada sonata clássica ou da forma sinfônica.

Um exemplo apropriado das vertentes que a inter-relação sinfonia clássica/abertura pode apresentar encontra-se na *Sinfonia em Si bemol opus 18 nº 2* de Johann Christian Bach (1735-1782). A obra foi originalmente escrita como uma abertura para produção no estilo da ópera séria italiana *Lucio Silla*, levada à cena em Mannheim, em 1776. No entanto, anos depois foi editada em Londres e Amsterdã como uma sinfonia de concerto. A obra tem três movimentos bem delineados e separados: *allegro assai — andante — presto*. O primeiro movimento não apresenta nenhuma barra de repetição (o que denota sua função original de abertura), mas é possível notar a presença da estrutura na forma de sonata abreviada, ou seja, sem a seção central (desenvolvimento). Estão bem caracterizados o primeiro tema –

Exemplo 9.1

(Bach,1971, p.1)

— e o movimento harmônico da tônica (Si b maior) para a dominante na primeira seção:

Exemplo 9.2

(idem, p.5)

Surge em seguida um novo tema sobre um pedal de fá, embora claramente em Si b maior, que tem como função, além de criar contraste com o tema inicial, preparar a volta da tonalidade principal:

Exemplo 9.3

(idem, p.5-6)

O papel de retransição que Christian Bach confere a essa passagem é reforçado pela semicadência com que pontua a primeira aparição do novo tema, criando uma suspensão reforçada pelo pedal em fá que levará à reexposição no compasso 65, como transcrito no exemplo seguinte:

Exemplo 9.4

(idem, p.7)

Na reexposição o tema contrastante surge modificado, sugerindo a região da subdominante e, depois, como da primeira vez, a região da dominante:

Exemplo 9.5

(idem, p.10)

Finalmente Bach alcança a tonalidade inicial sem que mais nada possa contradizê-la:

Exemplo 9.6

(idem, p.12)

As aberturas de Mancini e Christian Bach são exemplos de como os compositores relacionados à ópera italiana de meados do século XVIII vão ampliando os espaços harmônicos nas sinfonias e aberturas, tendo como guias os temas e seus motivos de contornos claros e flexíveis o bastante para cumprir o papel de condutores da percepção da forma.

Com a fixação do esquema da abertura italiana, os compositores começaram a preocupar-se com a estrutura interna da abertura e com o progressivo incremento do tamanho das frases em função dos planos harmônicos cada vez mais amplos, algo originado da necessidade que a forma sonata tinha de contrastes entre as diferentes seções. A melodia passa a ser mais "quebrada", dividida em pequenos fragmentos de contornos mais incisivos, e os "espaços" resultantes tendem a ser preenchidos pelos instrumentos de acompanhamento, que muitas vezes repetem padrões rítmicos muito simples, como várias colcheias multiplicando o efeito de um determinado acorde para ligar aqueles fragmentos da melodia. A lenta velocidade das mudanças harmônicas, o considerável uso de pequenos motivos (na melodia), o emprego de fórmulas padronizadas para o acompanhamento da melodia (principalmente por acordes rebatidos em notas curtas nas cordas médias e graves) são algumas das marcas especialmente da ópera cômica da segunda metade do século XVIII.

A maioria das aberturas italianas do século XVIII não possuía a profundidade musical e as dimensões que as sinfonias progressivamente foram adquirindo ao longo desse século. As aberturas eram em sua maioria peças ouvidas com pouca atenção pela platéia, interessada apenas na ópera que começava de fato, para os freqüentadores dos teatros italianos, somente com o levantar das cortinas.

O desenvolvimento e a importância da abertura instrumental da ópera nesse período devem, no entanto, ser considerados também por outros aspectos, principalmente os relacionados à presença constante de vários compositores italianos em diferentes centros operísticos fora da Itália. Dois exemplos marcantes foram os dos compositores Niccolò Jomelli e Tommaso Traetta, pois diferentemente de muitos de seus contemporâneos, não confinaram suas carreiras aos teatros italianos. Jommelli esteve por um curto período em Viena (1749-50) para a produção de suas óperas, e Traetta fez o mesmo no início dos anos 1760. Ambos também ocuparam os cargos de diretores musicais em cortes como as de Stuttgart (Jommelli, de 1753 a 1769) e Parma (Traetta, de 1758 a 1769), locais na época fortemente influenciados pela ópera francesa, e valeram-se da oportunidade para adquirir novos conhecimentos e estender seu poder de expressão.

Segundo a musicóloga alemã Anna Amelie Abert, em seu estudo sobre a ópera italiana no século XVIII, uma das conseqüências do intercâmbio e interação de compositores italianos com a música alemã, vienense e francesa foi o aumento da "independência e refinamento" da orquestra em árias e nos movimentos puramente instrumentais na ópera italiana, algo devido principalmente ao extraordinário desenvolvimento da música instrumental na Alemanha e Áustria durante a segunda metade do século XVIII (Abert, 1973, p.33). A própria sinfonia introdutória, até então tratada como uma peça praticamente desvinculada da ópera e intercambiável a ponto de ser usada ora como abertura, ora como sinfonia de concerto, passava agora a estar mais integrada à ópera por referências temáticas ou mesmo por ligar-se sem interrupção à cena inicial.

A partir dos anos 1750 aumenta, tanto na ópera séria quanto na ópera bufa, o refinamento orquestral e principalmente o uso de melodias de caráter mais instrumental que vocal. Acima de tudo, desde as últimas décadas do século das luzes, é cada vez maior o número de aberturas em movimento único. É o caso de algumas criadas pelo compositor Giovanni Paisiello (1740-1816) — um dos expoentes da última grande geração de compositores da escola napolitana de ópera —, que começou nos anos 60, segundo Kimbell, a escrever aberturas em movimento único, valendo-se da estrutura da forma-sonata, exceto pelo episódio tipo *concertino*, que tende a ocupar o lugar do desenvolvimento (Kimbell, op. cit., p.350-1). Mas ao mesmo tempo, talvez influenciado pelo costume associado à velha ópera séria de emendar o final da *ouverture* com o começo da primeira cena, Paisiello criou uma alternativa para a mera supressão dos demais antigos movimentos orquestrais da abertura ao inserir um quadro vocal após o *allegro* inicial. Um exemplo interessante encontra-se em sua ópera cômica de 1775, *Socrate immaginario*, em que, logo após o final do *allegro com spirito*, o compositor inscreve a indicação, *segue aperta de panno*, como uma senha para introduzir uma seção escrita para sexteto vocal, enquanto as cortinas se abrem. Essa seção vocal passa então a ser intitulada *overtura di panno*, ou seja, uma abertura para o abrir da cortina. Kimbell especula que Paisiello,

MUITO ALÉM DO *MELODRAMMA*   117

ao substituir o antigo termo *sinfonia* pela palavra *overtura*, talvez quisesse evitar o "inadequado entretenimento sinfônico" que precedia o início das óperas antigas. Parecia-lhe mais adequado um movimento integrado ao conteúdo teatral, que fizesse o papel de "transição entre o ambiente de agitação social dos salões do teatro para o mundo de faz-de-conta quando a cortina se abria" (idem, p.351). Seja como for, a denominação da introdução orquestral da ópera — sinfonia ou abertura — é apenas uma parte do processo de transformação pelo qual a peça introdutória das óperas passava na segunda metade do século XVIII, uma vez que também estavam em jogo importantes questões técnicas e estéticas.

Entre os músicos que atuaram durante o extraordinário período de florescimento da música instrumental em Viena, entre as décadas de 1760 e 1780, destaca-se Floriam Gassmann (1729-1774), compositor nascido na Boêmia e que teve papel importante no desenvolvimento da forma sonata aplicada tanto às aberturas de ópera quanto à sinfonia de concerto. Gassmann havia sido aluno, em Bolonha, do célebre contrapontista padre Martini e era, entre seus contemporâneos austríacos e alemães, um dos compositores que haviam absorvido com mais intensidade os elementos da ópera italiana. A questão da unidade temática dentro da abertura é um dos aspectos de sua contribuição à música sinfônica, devendo ser destacado aqui exatamente por sua pertinência com o tipo de análise realizada nos prelúdios e sinfonias de Carlos Gomes, como se verá nos capítulos seguintes. Gassmann, segundo Cooper (1973, p.399), freqüentemente unificava a exposição da forma sonata, aplicada tanto à abertura quanto à sinfonia, por inter-relações temáticas entre o material principal e o material secundário. A sua abertura para a ópera *La contesina*, de 1770, é bom exemplo de como motivos relacionados por transformações rítmicas proporcionam unidade temática entre duas seções da peça. Os dois temas da exposição apresentam forte identidade motívica, como pode ser observado pelos motivos assinalados pelos colchetes *a* e *b*. Há, portanto, uma coesão temática que unifica toda a exposição e o elemento de contraste passa a ser exclusivamente tonal:

Exemplo 10.1

Exemplo 10.2

Longe de ser algo acidental ou ocasional, a técnica das transformações temáticas é uma das características mais marcantes e recorrentes da música do período clássico e acabou por desenvolver-se extraordinariamente também no século XIX, cujos exemplos mais notáveis estão em várias obras de Beethoven, Liszt e Brahms, e mesmo até a primeira metade do século XX, principalmente com os compositores identificados com as técnicas do serialismo. Segundo Charles Rosen, o desenvolvimento da técnica de transformações motívicas contituiu-se no princípio "básico da música ocidental pelo menos desde o século XV" (op. cit., p.191-192). A afirmação do ensaísta e teórico norte-americano tem por fundamento as obras contrapontísticas relacionadas com o estilo fugado, gradativamente desenvolvido pelos músicos relacionados à escola Franco-Flamenga, e também com o período de florescimento das formas clássicas no século XVIII, especialmente a sonata e a sinfonia. Gassmann evidentemente não estava sozinho e as relações motívicas entre temas e seções da forma de sonata foram também uma importante característica da música de C. P. E. Bach e de Haydn, de quem Rosen lembra um famoso aforismo de que tudo sai do tema, ou seja, "do caráter do tema e de suas possibilidades de desenvolvimento surge a configuração do discurso musical" (op.cit., p.191). Um bom exemplo desse processo compositivo, descrito por Haydn, é o *allegro* do primeiro movimento de sua *Sinfonia 104 em Ré Maior*, em que o tema inicial na tonalidade principal apresenta os motivos fundamentais dos quais o compositor se serve para criar todo os demais materiais temáticos do movimento, além do fato, bem conhecido, de o tema secundário ser nada mais que a transposição do primeiro para a tonalidade da dominante. O tema inicial é constituído por quatro motivos assinalados pela letras *a*, *b*, *c*, *d*:

Exemplo 11.1

Na transição para a tonalidade secundária, um novo tema surge composto pelos mesmos motivos do tema inicial:

Exemplo 11.2

Para confirmar a tonalidade secundária do *allegro* Haydn cria um novo tema cujo eixo melódico é realizado pelo motivo *a* do tema inicial:

Exemplo 11.3

O procedimento de Haydn, como notou o crítico Wilfred Mellers, "assegura coesão por não ter um segundo tema de fato; isto se deve ao fato de todo o movimento tornar-se desenvolvimento" (1989, p.109), mas, acima de tudo, aponta em direção a uma unidade motívica, ou seja, a uma forte identidade entre temas de um único movimento ou mesmo entre vários movimentos. A busca por coerência temática evidenciada em algumas sinfonias e sonatas da segunda metade do século XVIII terá importantes desdobramentos também ao longo do século XIX nas sinfonias de Beethoven, Berlioz, Brahms e Sibelius, nos poemas sinfônicos de Liszt e R. Strauss, e nos dramas musicais de Wagner. Carlos Gomes, como já mencionado no início deste capítulo, conhecia composições de Haydn e seguiria, nas formas sinfônicas de suas óperas, algo dessas características de construção temática, objeto dos próximos capítulos.

Formas sinfônicas na ópera francesa no século XVIII

Nas duas grandes vertentes da ópera francesa do século XVIII — a *opéra comique*, em grande expansão, e a *tragédie lyrique*, em processo de decadência por volta de meados do século — não se verificam os mesmos desdobramentos da ópera napolitana. Ao longo do século XVIII a abertura francesa desenvolveu características muito ecléticas quando comparadas à antiga abertura da *tragédie lyrique* (abertura francesa). Em alguns casos, as novas aberturas apresentavam contornos e conteúdos bastante desvinculados dos desgastados modelos, tanto do esquema em três movimentos (rápido-lento-rápido) da abertura napolitana quanto da própria abertura francesa tradicional, com seu arraigado esquematismo estrutural e estilístico (dois movimentos contrastantes: um lento e imponente, seguido de um vivo e fugado).

A ópera francesa enfrentou, em meados do século XVIII, o forte impacto causado por encenações em Paris da ópera bufa italiana, principalmente de *La serva padrona*, de Pergolesi (1710-1736). Três semanas após a montagem por um grupo de artistas italianos em Paris da comédia de Pergolesi (agosto de 1752), estreava a ópera *Le devin du village*, de Jean-Jacques Rousseau (1712-1778), o marco definitivo da instauração da *opéra comique*. Inspirada no *intermezzo* de Pergolesi, a versão original da produção de Rousseau começa,

MUITO ALÉM DO *MELODRAMMA*   121

segundo o historiador Martin Cooper, por uma abertura do tipo *pasticcio*, ou seja, uma abertura composta por uma colagem de trechos de origens diversas, procedimento muito comum não apenas em aberturas, mas também nos espetáculos de *vaudeville* (op. cit., p.202). O tipo de abertura empregado por Rousseau refletia o grande despojamento musical que caracterizava inicialmente a *opéra comique* e também pode ser verificado em algumas das óperas cômicas italianas do início do século, nas quais a abertura orquestral era algo de menor importância ou mesmo não existia, como em *La serva padrona* de Pergolesi.

A influência do estilo bufo italiano foi de fato bastante determinante para o desenvolvimento da *opéra comique*. Outro exemplo é *Les troqueurs*, de 1753, de Antoine Dauvergne (1713-1797). O compositor e seu libretista Vadé, conscientes de que somente o estilo italiano faria sucesso popular, apresentaram sua ópera como se fosse uma tradução do italiano. Há em *Les troqueurs* uma pequena abertura em forma de suíte, mas o esquema de andamentos lembra o da abertura napolitana: *presto* compasso binário (2/4) em fá maior; um *andante* em compasso binário (2/4) em fá menor; um *presto* em compasso ternário (3/8) em fá maior. A orquestra compõe-se de oboés, flautas e trompas, além das cordas (idem, p.204).

Gradativamente, a partir da segunda metade do século XVIII a abertura na ópera francesa começa a ganhar contornos e conteúdo de maior magnitude, algo já perceptível na *opéra comique Le Déserteur*, composta em 1769 por Pierre Alexandre Monsigny (1729-1717). A abertura desse trabalho é, como notou Cooper (idem, p.211), um incipiente poema sinfônico em miniatura no qual vários aspectos do drama que se seguiria são musicalmente antecipados. O *allegretto* inicial, com suas fanfarras militares em ré menor, é repentinamente interrompido por um *tremolo* em andamento *presto*, formado por passagens de caráter trágico em uníssono. Um pequeno interlúdio pastoral (6/8) alterna com a passagem anterior e, depois da última intervenção do *presto*, uma passagem lenta e cromática traz de volta as fanfarras militares do início da abertura (idem, ibid.). O crítico brasileiro Lauro Machado Coelho, por sua vez, aponta para outra

122   MARCOS PUPO NOGUEIRA

importante característica das aberturas de Monsigny, especialmente as escritas para *La belle Arsène*, de 1773, e *L'enfant trouvé*, de 1777, nas quais o material ouvido na abertura estabelece uma importante relação temática com os coros finais da ópera (1999, p.55). Outro exemplo lembrado por Coelho (idem, p.56), ainda quanto à antecipação na abertura de elementos temáticos da ópera, encontra-se na abertura da ópera cômica francesa *Zemira*, de André Modeste Grétry (1742-1813), que apresenta uma interessante composição orquestral para descrever a tempestade que terá papel decisivo no desenvolvimento da trama.

A importância dada à orquestra na ópera francesa durante o século seguinte deve muito a Jean-Philippe Rameau (1683-1764). Algumas características de óperas francesas do século XIX de compositores como Meyerbeer, Rossini (na produção parisiense *Guilherme Tell*), Gounod, Massenet e Debussy, em cuja ópera *Pelléas et Mélisande* o tecido sinfônico estabelece todo o ambiente para o desenvolvimento dramático do canto declamado, estão sem dúvida prefiguradas em vários trabalhos de Rameau. Bukofzer destaca o "soberbo senso tímbrico" desse compositor francês, que acabou por levá-lo a um domínio da orquestração muito mais desenvolvido do que o de seus contemporâneos. A importância do papel dos instrumentos não é notada somente em seus recitativos acompanhados, mas "especialmente nas numerosas sinfonias programáticas" de várias de suas aberturas para óperas. Quanto à forma, a abertura de Rameau, seguindo o caminho aberto por seus predecessores — Campra, sobretudo —, abandonou de modo gradativo o modelo de Lully, e Rameau construiu suas aberturas como "grandes paisagens" sinfônicas para representar eventos da natureza como tempestades marítimas e terremotos (op. cit., p.256-7). Em muitas dessas aberturas a música é conduzida, sem interrupção, diretamente para a primeira cena da ópera, mas em outras, como bem observou Cooper, a abertura de Rameau, embora partindo do modelo estabelecido por Lully no século anterior, acabou por incorporar elementos da sinfonia italiana, entre eles a textura mais homofônica das partes instrumentais e o "dinamismo brilhante" da melodia e das formas de acompanhamento (op. cit., p.224).

MUITO ALÉM DO *MELODRAMMA*   123

As novas configurações da abertura francesa, principalmente a inclusão de elementos descritivos e as antecipações temáticas, exerceram forte influência sobre compositores do período final do classicismo, entre eles Haydn, Mozart e Beethoven. A influência é particularmente notável na abertura do oratório *A criação*, de Haydn, na qual o excepcional quadro orquestral descrevendo o caos anterior à criação divina do mundo deve bastante aos experimentos de Rameau nesse sentido. Em Mozart, a influência francesa[6] pode ser sentida na abertura de *Don Giovanni* (uma ópera em tudo o mais de conformação tipicamente italiana), não apenas na forma exterior, de fato semelhante à abertura francesa (movimento lento, *andante*, com ritmos pontuados, seguido de um *molto allegro*), mas fundamentalmente pela antecipação temática verificada pela inclusão, no movimento inicial, do tenso material temático que prefigura a cena decisiva na qual surge, frente a Don Giovanni, o espectro ameaçador do Comendador. Antes de Mozart, a prática da antecipação temática do drama na abertura estava presente, como já visto, em algumas obras de compositores franceses e foi plenamente estabelecida nas produções francesas de Gluck, principalmente na abertura para *Iphigénie en Aulide*, a ser discutida mais à frente. Quanto a Beethoven, pode-se lembrar da fanfarra militar que incluiu em sua abertura de concerto *Egmont*, de clara inspiração francesa e procedimento bastante freqüente em aberturas de óperas do compositor francês Grétry. Nesse sentido, Cooper (op. cit., p.221) aponta inclusive uma notável semelhança entre a música de batalha presente na ópera *Guilherme Tell*, de Grétry, composta em 1791, e a chamada *Sinfonia da vitória* (de fato uma abertura de concerto mais conhecida como *A batalha de Wellington*), escrita quase vinte anos depois por Beethoven e dedicada ao príncipe regente da Inglaterra.

---

6 Alguns libretos de óperas de Mozart são versões realizadas a partir de originais já desenvolvidos em óperas francesas, como os escritos para as óperas *Cosi fan tutte*, cuja trama é bastante semelhante à da *opéra comique Les Troqueurs*, de Dauvergne, e *Bastien und Bastienne*, um *singspiel* claramente inspirado no famoso *intermezzo* de Rousseau, *Le devin du village*, obra que, segundo o historiador Stephan Kunze, Mozart conheceu bem de perto ao final da década de 70 (1990, p.45).

A perspectiva histórica da abertura dramática na óptica de Richard Wagner

Entre os textos teóricos produzidos no século XIX que envolvem a música orquestral relacionada à ópera figura um ensaio, escrito por Richard Wagner, inteiramente dedicado à abertura de ópera. Trata-se do estudo intitulado *Über die Overtüre*, localizado no primeiro volume das obras coligidas de R. Wagner. O texto, embora contínuo e sem divisão de capítulos, está estruturado em duas partes. Na primeira, Wagner mostra sua visão da história dessa forma desde o prólogo das primeiras "obras cênicas", datadas do início do século XVII, até as produções de Weber e Spontini, com atenção especial às contribuições de Gluck, Mozart e Beethoven ao gênero. Longe de ser um mero repasse histórico ou periodização, esta parte do texto de Wagner faz a crítica das diversas concepções acerca da abertura por meio de comentários que vão pouco a pouco revelando a sua própria idéia acerca do que ele denomina *ouverture*. A segunda parte, por sua vez, torna explícitas essas idéias e estabelece o modelo de abertura que Wagner considera ideal.

O ensaio de Wagner é particularmente importante como referência para a análise das formas sinfônicas das óperas de Carlos Gomes. É um raro texto do século XIX a tratar exclusivamente da abertura de ópera, gênero principal na produção sinfônica de Carlos Gomes. Acima de tudo é uma formulação teórica de um autor bastante influente, cujas idéias sobre a relação entre escrita sinfônica e drama estavam muito em evidência desde meados do século XIX, mesmo na Itália. As análises realizadas por Wagner das aberturas de *Iphigénie en Aulide*, *Don Giovanni*, de Mozart, *Leonora*, de Beethoven, e *Oberon*, de Weber, além dos comentários relativos às obras deste gênero no caso de Cherubini, Spontini, Herold e Rossini criam uma tipologia para a abertura dramática e aprofundam as possibilidades quanto à relação da forma orquestral com o desenvolvimento do drama. Acima de tudo, o texto wagneriano é um ponto de partida para as análises comparativas realizadas em alguns capítulos deste traba-

MUITO ALÉM DO *MELODRAMMA* 125

lho, que envolvem obras sinfônicas presentes nas óperas de Gomes e as produzidas para as óperas de autores seus contemporâneos.

Wagner inicia a avaliação histórica da abertura pelo prólogo empregado nas produções cênicas do início do século XVII, justificando a sua existência como uma preparação da ação dramática. Supõe, dessa forma, que os compositores de música cênica daquele tempo consideravam inadequado "tirar, de um só golpe, os espectadores da vida cotidiana e transportá-los às aparições idealizadas dos heróis do teatro". Com expressões como "tirar", "vida cotidiana" e "transporte", Wagner procura expor desde o início o conceito de que este tipo de música instrumental deveria ser concebido já como uma idéia de alguma forma integrada ao drama que se seguiria e como uma preparação do espectador para ele. Desse modo, o prólogo seria como uma "introdução, que já tivesse alguma coisa de artístico", para algo ainda mais "elevado". O prólogo a que se refere Wagner — que previa a presença do canto na forma de um narrador — apelava à "imaginação dos espectadores" e estimulava o seu envolvimento na ação que estava por acontecer e seria, então, o enunciar resumido do contexto da ação dramática, tanto dos acontecimentos importantes que não seriam narrados diretamente como daqueles que viriam a desenvolver-se na ópera. O prólogo continha, no entender de Wagner, em poucos minutos e palavras, toda a beleza poética do drama que se seguiria (ver exemplo 1.1).

Em seguida relata a substituição, ocorrida no final do século XVII, do prólogo pela abertura, que ele define como a música confiada somente à orquestra e que devia preceder a execução do "verdadeiro drama". Wagner entende esta mudança como negativa, principalmente porque causava a perda daquele nexo que o prólogo estabelecia com o drama, e punha um fim na tradição do prólogo com a participação do canto substituído agora por uma abertura exclusivamente instrumental.

O que preocupa Wagner nessa mudança de rumo não é evidentemente a exclusividade instrumental da abertura, mas sim a ausência de qualquer intenção de antecipar o drama como ocorria com o antigo prólogo, ou seja, a fraqueza expressiva e poética dos prelúdios (mais exatamente as sinfonias em forma de *canzona* da ópera veneziana) que haviam substituído os antigos prólogos.[7] Segundo a concepção wagneriana, os compositores daquele período não tinham elementos para escrever obras de longa duração, pois o único recurso para tanto seria o contraponto, mais exatamente a fuga, que Wagner entendia como a única possibilidade naquele tempo de desenvolver um tema numa obra de grande fôlego. Wagner refere-se nesse ponto também à abertura francesa que, como dito anteriormente, apresentava um movimento fugado ainda mais definido que a sinfonia-*canzona* veneziana (ver exemplo 6.2). No entanto, o autor do *Tristão e Isolda* julga que a fuga acaba por resultar numa música monótona e principalmente incapaz de "exprimir um caráter determinado e individual". O músico alemão, ao citar os compositores que se utilizaram dessa forma na abertura, avalia que estes se "perderam nos meandros de tais curiosas monstruosidades da especulação artística" e afirma que a fuga produzia em suas aberturas "monotonia e uniformidade".[8]

A referência aqui tem a ver principalmente com as aberturas de ópera e de oratórios do início e meados do século XVIII e Wagner lembra como exemplo da citada inexpressividade da fuga a abertura (sinfonia) para o oratório *O Messias*, de Haendel, que considerava como totalmente incapaz de servir de introdução a uma "obra tão sublime" e a uma "criação de caracteres tão delineados".[9] É evidente, principalmente no uso que faz de conceitos como "inexpressividade", "monotonia" e "uniformidade", sua defesa da abertura como uma obra instrumental para antecipar e preparar a ação dramática, sem estar atrelada a uma forma tão rígida como a fuga.

---

7 Wagner, ao comentar este fato, refere-se provavelmente ao surgimento na Itália, em meados do século XVII, do *bel canto*, ou seja, da ópera veneziana e napolitana e oposição à *fiorentina* .

8 Quanto a este aspecto, relativo à utilização de fugas nas aberturas, é curioso notar as afirmações de Paulo Silva sobre a impaciência do compositor campineiro com a disciplina da fuga, que estudava com Luigi Rossi em Milão (1936).

9 Na verdade, trata-se de uma típica abertura inspirada no estilo francês, que se inicia em andamento lento com ritmos pontuados (*grave*), seguido de uma seção fugada em *allegro*.

MUITO ALÉM DO *MELODRAMMA*   127

Wagner considera a sinfonia em três partes — a *sinfonia avanti l'opera* da tradição napolitana — como a solução do problema da antecipação dramática da abertura. Com suas três seções bem delineadas (ver exemplos 7.1, 7.2 e 7.3) alcança-se o suficiente contraste para permitir a melhor definição dos caracteres de um drama. A preocupação de Wagner é, portanto, com a função dramática da abertura, evitando aquele estilo "neutro" ou descuidado que no seu entender dominava esta forma de música orquestral até então. A preocupação de Wagner fica bastante evidente ao afirmar que a sinfonia em três partes seria capaz de alcançar a coerência entre as idéias, ou seja, seria capaz de unir aquilo que estava separado e de conciliar, "dentro de uma só peça de música desenvolvida sem interrupção, caráter e contraste". Wagner encontra nesse modelo a primeira manifestação daquilo que considera essencial numa obra teatral: a conciliação entre unidade e continuidade dramática, mesmo que numa pequena forma orquestral colocada antes da ópera.

Mais à frente, ao referir-se a Gluck, Wagner considera-o, juntamente com Mozart, o criador da "forma perfeita da *ouverture*". Embora possa parecer que Gluck apenas tenha considerado a *ouverture* do ponto de vista estritamente musical, o compositor de *Iphigénie en Aulide* estaria na verdade voltado para desenvolver na abertura e, desde o princípio, "de modo independente, o caráter dramático da ópera". O conceito de "independência", que se fará tão presente nesse estudo de Wagner, aponta para a intenção do autor de dignificar a *ouverture* como forma orquestral ao concebê-la livre do compromisso descritivo, ou da busca por efeitos casuais e pitorescos da trama. Entende-a como uma forma absolutamente sinfônica mas, ao mesmo tempo, engajada na missão de expressar a essência do drama. A integridade formal da *ouverture* seria, dessa maneira, o antídoto contra o processo, que ele considera simplista, de enfileirar na abertura temas ou melodias mais ou menos identificáveis na ópera. Wagner vislumbra em Gluck, mais exatamente na *ouverture* para *Iphigénie en Aulide*, os primeiros esboços desse tipo de "independência" com que este compositor do século XVIII concebeu sua abertura, traçando "com marcas grandiosas e fortes a idéia principal do drama".

Com relação a Mozart, Wagner desenvolve um raciocínio um tanto artificioso, no qual o músico de Salszburg, ao perceber que era inútil tentar exprimir nas aberturas os detalhes da ação, como acontecia com o antigo prólogo, apossa-se na abertura da "idéia principal e diretiva do drama", sem que isso significasse abdicar da autonomia musical. Para Wagner, esta "pureza" da concepção mozartiana da abertura seria, assim, a "contraprova poética do drama" e não uma descrição de efeitos ou citação de temas da ópera na abertura, dois fatores que poderiam causar a perda da liberdade criativa. Na verdade, Wagner parece estar tentando definir um conceito muito sutil, mas fundamental para a sua idéia de drama musical, pois ao destacar o fato de que se poderia "admirar isoladamente" uma abertura de Mozart, ou seja, em termos puramente musicais, reconhece também a sua absoluta "necessidade para o drama ao qual era destinada" — o que significa traduzir na abertura a expressão poética do drama em termos estritamente musicais.

Wagner dá especial atenção à abertura de *Don Giovanni*, principalmente porque apresenta "a prodigiosa passagem dos últimos compassos até a primeira cena da ópera". Wagner faz referência aos dezesseis últimos compassos da abertura em que Mozart, após acrescentar uma sétima ao acorde de ré maior (a tônica), provoca um desvio na resolução natural que seria em ré maior e prepara uma rápida modulação que levará à tonalidade inicial da primeira cena: fá maior. A passagem é realmente notável, porque nas demais grandes aberturas de Mozart, como as criadas para a *Flauta mágica*, *Nozze di Figaro*, *Idomeneo* e *La clemenza di Tito*, ocorre sempre uma conclusão musical que as fecha em si mesmas. Wagner detém-se na abertura de *Don Giovanni*, interessado em defender um tipo de abertura na qual, mais do que a presença dos temas da ópera, haja um elo entre a abertura e o desencadear da ação dramática.

Transparece no texto de Wagner que a sua admiração pela abertura de *Don Giovanni* se devia acima de tudo à continuidade dramática alcançada pela passagem já citada, que funde a abertura à primeira cena da ópera. Interessante é notar que, nesse ponto, Wagner nega a evidente presença de temas da ópera na abertura, chegando a afirmar que "em nenhum ponto é possível encontrar um motivo sequer que possa vir a ser identificado como trecho da ópera" (1912, p.11). No entanto, os motivos de caráter trágico presentes na introdução da abertura retornam com todo o impacto na Cena XV do II Ato de *Don Giovanni*, cena esta minuciosamente elaborada com recursos de orquestração como o uso de pesadas interferências dos metais (trompas, trompetes e trombones) que, associados às harmonias dissonantes e à complexa sobreposição dos diferentes materiais temáticos ouvidos na abertura, criam os contornos de culpa, castigo, honra e vingança com que Mozart e seu libretista Lorenzo da Ponte compuseram os ásperos diálogos entre Don Giovanni e a aparição do Comendador.

O exemplo abaixo indica os motivos principais da introdução da abertura (*andante*): as escalas de semicolcheias nos primeiros violinos e flauta, e o ritmo pontuado nos violoncelos e contrabaixos:

Exemplo 12.1

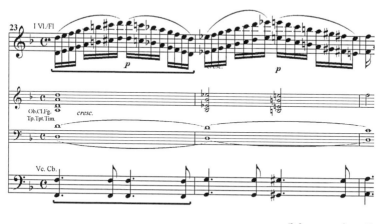

(Mozart, s.d., p.2)

O exemplo 12.2 indica, por sua vez, um trecho da Cena XV do II Ato da ópera em que reaparecem os mesmos motivos da introdução da abertura:

Exemplo 12.2

(idem, p.408)

A aparente contradição entre a afirmação de Wagner quanto à "independência" da "elaboração musical" em relação às "peripécias da cena" e inegável reaparecimento, no final da ópera (Cena XV) e no exato ponto de resolução da trama, do motivo das escalas e do motivo das semínimas pontuadas da introdução da abertura, pode ser creditada ao fato de o compositor alemão pretender enfatizar o caráter absolutamente musical desses motivos, coerentemente justificados dentro do discurso musical.

Segundo o autor, as transformações realizadas por Gluck e Mozart na abertura tornaram-se o modelo seguido por Cherubini e Beethoven. Ao observar as diferenças entre os dois últimos, Wagner encontra nova oportunidade para explicitar seu conceito de abertura. Em sua análise, as aberturas de Cherubini são como "esboços poéticos da idéia central do drama" e a abertura para *Les deux journées*, um exemplo de como se pode expressar na abertura "a marcha dramática do poema", sem prejuízo da "unidade da fatura artística". No entanto, Beethoven, mesmo muito influenciado pela concepção de Cherubini, principalmente na elaboração da abertura de sua única ópera, *Fidélio*, passa a trilhar, segundo Wagner, outros caminhos. Beethoven, especialmente na abertura *Leonora*, e não tendo outra oportunidade de escrever ópera, apropria-se da abertura "como um território livre", como uma obra sem os embaraços habituais de uma

MUITO ALÉM DO *MELODRAMMA*   131

dramaturgia específica. Para Wagner, ao ver-se livre dos "interesses pequenos de situação do enredo dramático", Beethoven pôde "recompor, a seu modo, e completamente, o drama".

Com a abertura de *Leonora*, Beethoven, ainda segundo Wagner, distancia-se muito de uma simples introdução ao drama. Essa obra nem deveria mais denominar-se *ouverture*, pois seria "o próprio e verdadeiro drama em sua maio alta força". Wagner elege aqui, finalmente, o seu modelo supremo de abertura, aquele em que o drama, encontrando a expressão perfeita numa espécie de mundo paralelo, vibra de modo puramente sinfônico, para muito além das palavras.

Segundo Wagner, as aberturas de Beethoven e Cherubini serviram, por sua vez, de modelo para as de Weber, mas com reparos à tendência deste compositor para a "descrição musical" e também para o processo de reunir mais idéias e imagens secundárias do que comportaria a forma da abertura. Wagner reforça nesse ponto o conceito de abertura como espaço essencialmente dramático, onde não há lugar para idéias secundárias nem detalhes pitorescos. Embora Wagner insinue que Weber se aproxima demasiadamente do gosto pelo puro efeito, elogia-o por conservar a "unidade dramática da concepção" e chega a afirmar que se poderia atribuir-lhe o mérito da invenção de um novo gênero — refere-se especialmente à abertura para *Oberon* — ao qual dá o nome de "fantasia dramática".[10]

As ponderações de Wagner com relação às aberturas de Weber, embora sutis, apontam para o fato de que o compositor de *Tristão e Isolda* se, por um lado, reconhecia a existência de um modelo de abertura para os compositores "modernos" na obra de seu antecessor e compatriota, por outro percebia nela sinais de que o conceito de "independência da produção musical", que lhe era tão caro, podia

---

10 As aberturas de Weber foram citadas por Gomes na carta endereçada a Francisco Manoel da Silva logo nos primeiros meses após sua chegada a Milão, em 1864. Essa referência estabelece um elo com o tipo de abertura criada por Weber e mostra um dado concreto do diálogo entre Gomes e autores não italianos. A menção feita pelo músico brasileiro reforça, ainda, o fato de as idéias de "poema sinfônico" e "fantasia dramática" não serem estranhas ao meio operístico no qual Gomes produziu a maior parte de sua obra.

132 MARCOS PUPO NOGUEIRA

estar comprometido. Wagner refere-se, neste caso, à subordinação da abertura a "uma idéia dramática imposta", ou seja, sem real fundamento dramático, o que impediria a concepção puramente musical, já que Weber, ao "pintar" os detalhes presentes nos desdobramentos do tema dramático, tornaria "fragmentado" o seu trabalho musical. A construção fragmentada é causada, segundo Wagner, exatamente pela dispersão nos detalhes em detrimento da essência dramática. Uma abertura concebida dessa forma levaria "necessariamente à decadência" do gênero. Wagner considera as obras criadas desse modo como merecedoras "mais do nome de *pot-pourri* do que de abertura". Nesse sentido, cita a abertura para a ópera *La vestale*, de Spontini, como o início dessa tendência "ligeira e superficial" de escrever aberturas, e constata a preponderância do modelo em sua época. Segundo o autor, o trabalho do compositor nesse tipo de abertura consistia em recolher fragmentos específicos da ópera, "uma seleção dos motivos mais brilhantes", e prosseguir encadeando, de forma mais ou menos hábil, as idéias "uma ao lado da outra". O resultado do procedimento em relação à abertura significa para Wagner a "renúncia completa a uma idéia artística e independente", e o compositor estaria, assim, mais preocupado com o efeito do que com o significado dramático. Como outros exemplos de abertura *pot-pourri* menciona as aberturas para *Zampa*, de Herold, e a de Rossini para a ópera *Guilherme Tell*, que considera — mesmo reconhecendo "o grande poder de atrair e divertir" que possuem — "indignas de figurar na história da arte nobre e elevada". No entanto, o gênero de abertura de ópera ao qual se refere Wagner, nesse ponto de seu estudo, estava diretamente relacionado à *grand opéra*, na qual a forma da abertura ganhou maior importância. De fato, a ópera *Guilherme Tell*, a última produção para o palco de Rossini, é um dos marcos iniciais da chamada *grand opéra* que dominou a cena lírica francesa durante o período da restauração na França. O gênero, que se definia como um espetáculo grandioso do ponto de vista cênico e teatral, concedia muita importância à orquestra e às formas sinfônicas e aos efeitos de orquestração com grande poder de impressionar as platéias. Seus maiores representantes foram Jacques Halévy (1799-1862) e

MUITO ALÉM DO *MELODRAMMA* **133**

Giacomo Meyerbeer (1791-1864), que exerceram alguma influência sobre compositores como o próprio Wagner, Verdi e Carlos Gomes. Ao contrário de Wagner, Berlioz destaca, numa análise publicada pela primeira vez na *Gazette musicale* de Paris, em 1834 (Berlioz, 1998, p.1127-8), a importância da abertura de Rossini, por considerá-la obra que abria espaço para o elemento descritivo e abandonava as formas tradicionais da abertura. Segundo Berlioz, pela primeira vez Rossini compunha uma abertura preocupado com as exigências dramáticas, algo que na opinião do compositor francês era "reconhecido por todas as nações da Europa, menos pela Itália". Dentro dessa perspectiva, Rossini realizava uma novidade e alargava a forma da abertura para torná-la de fato uma sinfonia em quatro movimentos. O compositor da *Sinfonia fantástica* reconhecia em cada uma das seções da peça de Rossini um movimento verdadeiramente sinfônico, o que considerava muito além das aberturas anteriores do compositor italiano, essas usualmente escritas em dois movimentos, sendo o primeiro uma introdução lenta e o segundo, o *allegro*, em geral composto na forma sonata.

Segundo Berlioz, o primeiro movimento da abertura de *Guilherme Tell* descreve a "calma da profunda solidão e o solene silêncio da natureza quando os elementos e as paixões humanas estão em repouso". Nesse ponto Berlioz destaca as qualidades e a originalidade da instrumentação da primeira seção (movimento), confiada a cinco partes de violoncelo solista, complementadas apenas pelos contrabaixos e demais violoncelos. Essa economia de meios estabelece um grande contraste em relação à segunda seção, na qual Rossini se utiliza de toda a orquestra para descrever uma violenta tempestade. Ao comentar o segundo movimento, o compositor francês manifesta todo o seu entusiasmo por Rossini, sobretudo por ter abandonado nesse movimento os ritmos previsíveis, as frases de corte simétrico e os retornos periódicos das cadências que nota nas obras anteriores do mestre italiano. Esses aspectos permitem a Berlioz proclamar uma posição estética libertária, que encontrava apoio até mesmo em Boileau, poeta e ensaísta francês cujas convicções clássicas nunca foram postas em dúvida, mas para quem "freqüentemente uma bela

134 MARCOS PUPO NOGUEIRA

desordem é uma manifestação de arte". Berlioz vê a prefiguração da tempestade da abertura de *Guilherme Tell* na introdução para *Iphigénie en Tauride*, de Gluck, mas conclui que a perfeição do descritivo deu-se no quarto movimento da *Pastoral* de Beethoven. Ainda no comentário de Berlioz, o terceiro movimento da abertura de *Guilherme Tell* é descrição e evocação de uma cena pastoral que segue à tempestade, na qual o elemento principal é o solo de corne inglês, que reproduz o estilo tradicional da melodia alpina dos vaqueiros suíços, denominada *ranz de vaches*.[11] Finalmente, o *allegro* final preparado por uma fanfarra desenvolve os ritmos de cavalgada que realizam um final efusivo e *con brio*, que objetivava contentar o gosto da platéia.

A posição de Wagner, nada favorável à abertura de Rossini, deve-se, por sua vez, à notória adesão do mestre de Bayreuth a um processo criativo dominado pela idéia de "nobreza" e "elevação", pela idéia de uma arte aliada à "reflexão profunda" e em tudo oposta à superficialidade e ao puro divertimento que entende associados à abertura *pot-pourri*, ou ao tipo de abertura francamente descritiva. Essa posição fica bastante evidente quando, ao referir-se mais uma vez à abertura para *Guilherme Tell*, finaliza seu juízo sobre a obra com apenas uma frase: "É música feita para agradar e nada mais".

A abertura chamada *pot-pourri* resulta, segundo a concepção wagneriana, apenas numa obra sedutora que resume, como num *trailer* cinematográfico, as principais melodias da ópera, o que significa abandonar a idéia de criar, na abertura, um quadro dramático com integridade musical própria. Após ter percorrido a história da abertura, Wagner define para esse gênero o modelo ideal. Para ele, a abertura deve ser uma obra musicalmente íntegra e que não necessita a inserção de "detalhes de pura arte dramática", preservando ao mesmo tempo a absoluta liberdade do artista criador. Entende a abertura como o "vasto campo dramático" no qual as idéias principais do drama devem ser desenvolvidas. Essas idéias, Wagner reco-

---

11 Conjunto de melodias tradicionais dos Alpes tocadas no *alphorn* pelos vaqueiros para chamar os animais. Muitas obras durante o período romântico utilizam tais melodias como temas.

MUITO ALÉM DO *MELODRAMMA* 135

nhece, não são aquelas que necessariamente teriam que ser "realizadas no curso do próprio drama", mas sim as passíveis de expressão pela "essência da música instrumental", o que significa não conceber a música como algo tentando ser outra coisa que não ela mesma. A constante interação entre conceitos como drama, poesia e "independência da produção musical", que se observa ao longo do estudo teórico de Wagner, deve-se, principalmente, ao fato de a música em meados do século XIX ser entendida como uma linguagem privilegiada, ou seja, que não tem necessidade — como o teórico italiano da estética musical Enrico Fubini bem sintetizou — "de expressar o que expressa a linguagem comum, porque vai muito além". Para Fubini, referindo-se especialmente à estética wagneriana, a supremacia da música define-se "não mais numa chave hedonista como na ópera italiana oitocentista, mas como ponto de convergência da ação dramática" (1970, p.77). É na música, portanto, que Wagner quer ver confluir o próprio drama. Na lógica desse raciocínio, a elaboração musical da abertura não deve ser escrava dos acontecimentos do drama e não pode falhar enquanto obra essencialmente musical. Não é um pedaço da história ou uma simples introdução teatral, mas o próprio drama desenvolvido numa linguagem sinfônica, convincente e conclusiva.

Wagner elege a abertura de Gluck para *Iphigénie en Aulide* como um dos primeiros exemplos da possibilidade de conciliação entre a pura essência musical e a expressão das idéias principais do drama. Nessa obra, semelhante ao modelo da abertura francesa da *tragédie lyrique* e baseada na tragédia homônima de Eurípedes, o comovente sofrimento pessoal de Agamêmnon, representado no *andante* inicial, e originado quando, após consultar o oráculo, este lhe ordena o sacrifício da filha Ifigênia em nome da vitória de seus guerreiros, contrasta severamente com o grandioso uníssono do *allegro* que vem a seguir. Wagner o associa à "massa motivada por um único interesse" do exército de Agamêmnon, rei de Micenas: vencer a batalha. Os dois exemplos seguintes (exemplo 13.1 e 13.2) identificam, respectivamente, cada um dos elementos contrastantes a que se refere Wagner:

Exemplo 13.1

(Gluck, p.1963, p.1)

Exemplo 13.2

(idem, p.2)

O tema inicial da abertura, símbolo do sofrimento de Agamêmnon, é retirado da ópera, mais exatamente da ária de Agamêmnon, "Diane impitoyable", e foi uma das primeiras tentativas de relacionar tematicamente uma abertura com sua respectiva ópera:

Exemplo 13.3

Martin Cooper afirma que, ao se ouvir esta passagem na ópera, já estamos prevenidos de que as suspensões em música são usadas como símbolo da tensão que precede a tragédia — no caso de Agamêmnon, um homem cujo dever público conflita com os sentimentos humanos de pai (op. cit., p.233). Essa passagem representa a trágica decisão que é imposta ao chefe das hostes gregas durante a Guerra de Tróia.

Para o autor de *Tristão e Isolda*, o compositor deve concentrar-se, como fez Gluck, em poucos elementos dramáticos e expressá-los em termos estritamente musicais, pois a compreensão do assunto dramático ocorre necessariamente a partir deles ou, acima de tudo, pelo modo como são desenvolvidos ao longo da abertura.

A abertura, como Wagner a concebe, consiste na formulação dos elementos dramáticos essenciais da ação, elaborados somente com princípios musicais, de tal modo que se possa "entrever a solução do problema cênico". A elaboração a que se refere Wagner está relacionada à utilização e conexão de motivos:

> Os motivos e os ritmos devem figurar como incisos que indiquem e estabeleçam conexões de modo a assegurar à conduta do trabalho musical um sentido preciso e individual. Isto sem esquecer que devem ter uma origem puramente e completamente musical, e que seu significado não seja retirado das palavras que os acompanham no transcorrer da ópera. (op. cit., p.17)

Esse é um ponto fundamental da concepção wagneriana. Nele intervém a idéia da conexão entre motivos como método de elabo-

138   MARCOS PUPO NOGUEIRA

ração musical que assegura, ao mesmo tempo, unidade formal e sentido dramático, ou poético, à narrativa teatral. Por um lado, com as expressões "sentido preciso e individual" imagina a abertura como uma unidade perfeita e, portanto, completa em si mesma. Por outro, ao referir-se à origem "puramente musical" dos motivos, Wagner quer evitar o estabelecimento de uma relação direta e simplista entre palavra e motivo em que este se identifique como um substituto daquela, ou algo como a tradução de um texto de uma língua para outra, como acontece nos *affetti* do madrigal italiano dos séculos XVI e XVII. Admite, no entanto, a possibilidade da abertura desenvolver os princípios constitutivos do drama, mas adverte para o fato de que isso não implica acompanhar o destino deste ou daquele personagem, desta ou daquela ação dramática em particular.

Os exemplos finais desse estudo procedem, uma vez mais, da produção de Beethoven. Mais exatamente são retirados de duas aberturas de concerto — *Coriolano* e *Egmont* — que junto às *Leonoras* são o modelo máximo de abertura para Wagner. Em *Egmont*, nas "últimas notas da *ouverture*" — na verdade o *allegro com brio* final —, Wagner encontra a expressão perfeita com que "a idéia superior e trágica" do drama de Goethe se apresenta finalizando a obra de Beethoven. Nessa passagem ocorre "qualquer coisa de sublime e apoteótico" pois, segundo a análise wagneriana, essa seção corresponde à transmudação perfeita da idéia dramática de Goethe — a morte heróica do conde Egmont, que não se submete aos seus juízes — para uma forma sinfônica pura. Esta forma está configurada exatamente nos elementos de caráter "estritamente musical", tais como a mudança, após os compassos relativos à morte de Egmont, da tonalidade de fá menor para fá maior. A partir daí tem início, em *pianissimo*, o contínuo e grandioso *crescendo* que conclui a obra com um *tutti* orquestral, em que sobressaem os ritmos pontuados dos metais.

Os critérios da análise wagneriana da abertura manifestam-se, muitas vezes, dentro de parâmetros exclusivamente teatrais, como por exemplo a referência reticente que faz à abertura *Coriolano*, em que aponta a "selvagem altivez" do protagonista como incapaz de "despertar interesse e compaixão", a não ser pela sua destruição. Ao contrário de Egmont, o destino de Coriolano não é a morte gloriosa, mas o completo aniquilamento, retratado com extremado realismo por Beethoven na passagem final da abertura. Para descrever o dilaceramento moral de Coriolano, que precede sua morte, Beethoven faz com que o tema, desde o início associado ao general (Exemplo 14.1), retorne nos violoncelos, literalmente aos pedaços, como fragmentos motívicos estendidos à exasperação (exemplo 14.2). Ainda mais: a poucos segundos de concluir a obra, Beethoven sustenta, nos violoncelos, uma dissonância (uma nona menor sobre a dominante) por três longos compassos antes da resolução final do acorde. Na seqüência, um acorde quase inaudível, tocado por todas as cordas em *pizzicato*, encerra a "abertura" na sua tonalidade inicial de dó menor:

Exemplo 14.1

(Beethoven, 1971, p.2)

Exemplo 14.2

(idem, p.38)

140   MARCOS PUPO NOGUEIRA

O que provavelmente levou Wagner a julgar esta obra como diversa de seu critério ideal de abertura é o caráter eticamente contraditório da personagem central, já que os elementos usados por Beethoven na abertura poderiam facilmente ser reconhecidos como "estritamente musicais".

Wagner encontra a síntese dos procedimentos analisados nesse estudo no discurso intrinsecamente musical, coerente e contínuo, presente nas produções de Gluck, Mozart e Beethoven: "Somente reunindo tudo quanto oferecem as criações de gênios como Gluck, Mozart e Beethoven pode-se recompor um ideal [...] Mas se consideradas isoladamente nenhuma das qualidades de suas obras é imitável, nenhuma delas foi reunida senão hoje" (op. cit., p.19).

O modo com que Wagner articulou essa análise da abertura evidencia sua adesão a uma discutível interpretação evolutiva da história. A palavra "hoje" com que encerra seu escrito confere a si mesmo, enquanto criador musical, a qualidade de agente da síntese e da transformação de tudo o que o precedeu referente à abertura. Um momento privilegiado. Vaidades à parte, seu ensaio é uma formulação teórica fundamental para a compreensão do significado da abertura de ópera no século XIX, que inegavelmente tornou-se, aliada às próprias criações de Wagner no gênero, a principal referência para as formas orquestrais da ópera a partir da segunda metade do século XIX.

Sinfonias e prelúdios na ópera italiana do século XIX

Entre os estudos já realizados sobre a obra de Wagner está o de Ernest Newman, *Wagner as man and artist*, publicado pela primeira vez em Londres, em 1914. Newman, ao fazer um comentário acerca do ensaio wagneriano a respeito da abertura, emitiu uma opinião no mínimo polêmica: "Até os homens mais ilustres e os revolucionários mais audaciosos vêem-se aprisionados em sua forma de pensar pela época em que vivem", escreveu o estudioso. Newman jul-

MUITO ALÉM DO *MELODRAMMA* 141

gava a insistência de Wagner com a forma da abertura uma inutilidade e considerava um "fracasso" o músico não ter percebido que a "verdadeira solução para o problema da abertura era aboli-la", pois ela jamais teria possuído "uma verdadeira justificação estética" (1982, p.200).

De fato, nota-se uma progressiva e acentuada diminuição da quantidade de óperas que se valem da abertura orquestral autônoma durante o século XIX, e de modo especial nas suas últimas décadas. Em alguns casos a abertura é substituída por introduções orquestrais curtas encadeadas à cena subseqüente; em outros, um pequeno prelúdio é criado apenas para preparar o "ambiente" no qual se desenvolverá a primeira cena da ópera. No entanto, parece não ter ocorrido a Newman que a insistência de Wagner em compor peças orquestrais de grande porte para seus dramas musicais, prática também adotada por Gomes, possa ter resultado do impulso profundamente sinfônico de seu temperamento artístico e musical. O interesse pela forma orquestral associava-se, no caso de Wagner, a um devotamento integral ao teatro, mas que ao mesmo tempo não podia conceber o desenvolvimento dramático distante ou desvinculado das possibilidades mais abstratas da música orquestral.

Wagner perseguiu um ideal, o de que o público e o meio operístico não seriam tão diletantes ao ponto de não aceitar a existência de um espaço puramente sinfônico, e ainda mais integrado ao drama, dentro do gênero teatral. Para Wagner, esse ideal estava plenamente justificado por sua idéia da ópera como um drama musical concebido como "obra de arte total", conceito que envolvia a integração completa entre o canto, a orquestra, o texto dramático, a encenação e os recursos cênicos adequados. Nesse sentido, só poderia conceber o fazer sinfônico se estivesse associado ao drama. Portanto, escrever sinfonias e poemas sinfônicos estava, ao menos em sua fase madura, fora de cogitação, de modo que sua defesa pela preservação da forma sinfônica na ópera deve ser entendida dentro deste contexto.

As duas posições opostas quanto à pertinência da abertura, aqui simbolicamente representadas por Wagner e Newman, marcaram

142 MARCOS PUPO NOGUEIRA

profundamente a trajetória das formas sinfônicas desde a metade do século XIX. Ao mesmo tempo em que a presença da abertura nesse período é cada vez mais rara, começa a tornar-se bastante freqüente uma nova denominação — a de prelúdio — para a introdução orquestral da ópera. Mas ao contrário das formas tradicionais da abertura — sinfonias e *canzone* das primeiras óperas em Florença, Mântua, Roma e Veneza, sinfonia napolitana e *ouverture* francesa —, a caracterização e determinação da origem histórica do prelúdio, enquanto abertura dramática, é pouco clara.

A preferência pelo prelúdio em detrimento da tradicional abertura pode estar associada à denominação de prelúdio dada por Wagner às peças de abertura do *Lohengrin* ou de *Tristão e Isolda*, produções que se tornaram muito influentes ao longo da segunda metade do século XIX. Mas é preciso sublinhar, como o fez a musicóloga Danielle Pistone (1988, p.79), que o termo prelúdio está presente em algumas óperas italianas bem anteriores aos dramas wagnerianos, como em *Lucia de Lammermoor*, de Gaetano Donizzetti, estreada em Nápoles, em 1835. Trata-se de uma peça curta dividida em duas seções: *larghetto* com 32 compassos em si b menor, seguido de um *allegro giusto* em si b maior. Essa segunda seção tem o papel de preparar o quadro coral que abre o I Ato (Donizetti, 1988. p.78). Três anos antes, o próprio Donizetti havia composto para sua ópera *L'elisir d'amore*, estreada em Milão, outro prelúdio com características semelhantes. No caso, três pequenas seções encadeadas, *allegro*, *larghetto* e *allegretto*, seguidas, como em *Lucia de Lammermoor*, de uma passagem coral que reproduz o mesmo tema dessa última seção do prelúdio. Além disso, em razão do caráter pastoral dessa última seção, a função do prelúdio é claramente a preparação do ambiente de devaneio e prazer bucólico desenvolvido no início da ópera (Donizetti, 1979, p.1-3). Os dois prelúdios empregados por Donizetti são exemplos pioneiros quanto ao caráter introdutório, ou mesmo de "ambientismo sinfônico", por anteciparem elementos cênicos ou dramáticos da primeira cena, característica que estará presente em vários prelúdios sinfônicos ao final do século XIX, entre eles os escritos por

MUITO ALÉM DO *MELODRAMMA* 143

Gomes para *Lo schiavo* e *Côndor*, assim como os compostos por compositores ligados ao *verismo*, como Puccini, Leoncavallo e Mascagni. Esses aspectos são abordados mais diretamente nos capítulos referentes às duas últimas óperas de Carlos Gomes. Voltando a Wagner, os dois prelúdios para o I e último Atos do *Lohengrin*, ópera levada pela primeira vez em Weimar, no mês de agosto de 1850, tornaram-se decisivos para fixar e popularizar a nova denominação da peça de abertura para ópera, embora fossem bem posteriores aos exemplos de Donizetti. Além disso, por suas inegáveis qualidades de orquestração, exerceram forte influência nas composições dramáticas posteriores. Nos dois prelúdios wagnerianos, os aspectos mais evidentes encontram-se na divisão em quatro partes dos primeiros e dos segundos violinos presente nos seus compassos iniciais, na avançada escrita harmônica e na absoluta desvinculação dos padrões tradicionais da abertura ou sinfonia de ópera. O exemplo seguinte mostra os primeiros compassos do prelúdio inicial do *Lohengrin*, no quais se nota a divisão dos violinos em oito partes:

Exemplo 15

(Wagner, 1982, p.1)

144 MARCOS PUPO NOGUEIRA

O significado e denominações das diferentes formas assumidas pelas peças orquestrais de abertura das óperas no século XIX são, de fato, um tanto aleatórios e têm pouca relação com os prelúdios instrumentais da suíte ou do concerto grosso do período barroco e mesmo com os prelúdios autônomos do repertório do piano romântico. Muitos prelúdios, embora às vezes peças de grande porte, cumprem o papel de uma introdução que se liga sem interrupção à primeira cena, como os escritos por Wagner para as óperas *Tristão e Isolda* e *Mestres cantores*, mas requerem finais alternativos quando executados em concerto. Entretanto, a característica de ligar-se diretamente à cena da ópera não serve como critério de definição para o prelúdio, pois mesmo algumas peças denominadas aberturas, ainda no século XVIII, como nas óperas *O rapto do serralho* e *Don Giovanni*, de Mozart, também apresentam o mesmo tipo de construção totalmente integrada à cena inicial da ópera. Outros prelúdios, embora completos em si mesmos, são muito curtos para serem apresentados separadamente e não possuem a magnitude orquestral de uma verdadeira abertura, como a maioria dos escritos para as óperas de Puccini e Catalani, por exemplo.

Especificamente na ópera italiana do século XIX, as duas denominações mais encontradas são sinfonia e prelúdio. Entre as óperas mais importantes de Bellini duas possuem um tipo de sinfonia de contornos bem definidos, *I Capuleti e i Montecchi* (1830), além de *Norma* (1831), mas *La sonnambula* (1831) não possui nenhuma peça de abertura, somente uma introdução coral. Nas óperas de Donizetti, além dos prelúdios já citados, o compositor italiano escreveu várias sinfonias autônomas (com final conclusivo), como as de *La favorita* (1840) e *Don Pasquale* (1843). Em Verdi, o termo "sinfonia" é empregado nas óperas *Oberto* (1839), *Un giorno di regno* (1840), *Nabucco* (1842), *Giovanna d'Arco* (1845), *Alzira* (1845), *Luiza Miller* (1849), *I vespri siciliani* (1855) e na segunda versão de *La forza del destino* (1869). Mas em outras, a denominação utilizada é prelúdio, como em *Ernani* (1844), *I due Foscari* (1844), *Attila* (1846), *Macbeth* (1847), *Il corsaro* (1848), *Rigoletto* (1851), *Un ballo in maschera* (1859) e na primeira versão, de 1862, de *La forza del destino*. Embora em muitos desses prelúdios não seja possível encontrar nenhum elemento particularmente decisivo que os diferencie dos denominados "sinfonia", a musicóloga Danielle Pistone observa uma certa tendência de Verdi de associar ao prelúdio cores mais sombrias, como por exemplo na introdução instrumental para sua ópera *Attila*. Algo bastante contrastante, segundo a autora, com o "caráter *spiritoso* ou *vivace* da sinfonia de *Un giorno di regno* ou com a 'serenidade fácil' da sinfonia para *Oberto*" (op. cit., p.79). A distinção esboçada por Pistone sugere que o prelúdio seja um tipo de composição mais homogêneo do ponto de vista temático e mais contínuo, ou seja, sem as seções bem diferenciadas da sinfonia ou sem os movimentos da *sinfonia avanti l'opera* napolitana (abertura italiana) do século XVIII. Um exemplo seria o prelúdio da ópera *Aida*, de 1871, na verdade, a derradeira composição orquestral autônoma de Verdi, uma vez que *Otello* (1887) e *Falstaff* (1893), suas duas últimas óperas, não apresentam nenhuma peça orquestral de abertura. Num único andamento (*andante mosso*), os dois temas do prelúdio de *Aida* (exemplos 16.1 e 16.2) são um tanto complementares, como observa o musicólogo e historiador inglês Julian Budden (1992. p.199-200), pois compartilham um dos motivos (assinalados pelos colchetes):

Exemplo 16.1

Exemplo 16.2

Para finalizar o prelúdio, Verdi sobrepõe os dois materiais: o primeiro, nos violinos, e o segundo, nas violas, alcançando uma integração temática rara em sua produção no gênero:

Exemplo 16.3

(Verdi,1989: 3)

A consistente unidade temática do prelúdio da ópera *Aida* permite que perpasse durante os seus menos de cinco minutos de duração um caráter constante, um sentimento exclusivo e profundamente sombrio, que prenuncia o desfecho trágico do drama.

Outro importante prelúdio que confirma a tendência da ópera italiana nas últimas décadas do século XIX para a composição de peças de introdução mais curtas e de maior unidade temática e de caráter, é o escrito para a ópera *La Gioconda*, de Ponchielli, que estreou em Milão, em 1876. Divide-se em duas seções interligadas, sendo a primeira uma curta introdução lenta (*andante*) que apresenta uma divisão dos violoncelos em quatro partes muito semelhante ao da abertura do *Guilherme Tell*, de Rossini. A segunda seção (*un poço più animato*) apresenta um novo material temático que, ao final da peça, se sobrepõe ao tema dos violoncelos na seção inicial do prelúdio. Embora Ponchielli não estabeleça qualquer vínculo motívico entre os temas das duas seções, o simples fato de o tema inicial retornar na última seção confere ao prelúdio um tipo de unidade temática semelhante ao do prelúdio de *Aida*.

MUITO ALÉM DO *MELODRAMMA*   147

A denominação prelúdio é a mais numerosa nas óperas de Carlos Gomes, nomeando tanto peças de abertura das próprias óperas como também peças internas. De suas oito óperas, apenas três possuem sinfonias como abertura. Contudo, alguns desses prelúdios, como o escrito para *Maria Tudor* (1879), poderiam facilmente se encaixar na classificação de sinfonia, dada a grande autonomia estrutural que têm em relação à ópera e principalmente por sua divisão de seções ser bem definida. Nas duas óperas de sua última fase produtiva, as formas orquestrais internas como o prelúdio inserido no IV Ato de *Lo Schiavo* e o noturno para o *Côndor* são "ambientistas", com o músico brasileiro inclinando-se para uma elaboração francamente descritiva ou evocativa das cenas às quais essas peças se relacionam, algo que será analisado mais detalhadamente nos capítulos dedicados a essas produções (capítulos 7 e 8).

As sinfonias escritas por Gomes possuem cada uma delas uma configuração diferente. Enquanto na escrita para *Il guarany* — como se observará melhor no capítulo 3 — pode-se identificar, mesmo que de modo sutil, alguns elementos decorrentes do antigo modelo de Lully para a abertura francesa, como o andamento inicial majestoso (*andante grandioso marcato*) e os ritmos pontuados característicos do estilo francês de abertura, a sinfonia de *Fosca*, ao contrário, tem seus contornos gerais semelhantes ao da sinfonia italiana, explicitados pelos andamentos de suas três seções (*allegro vivace non troppo*, *andante moderato* e *lo stesso movimento*). Já a sinfonia para *Salvator Rosa* possui maior identificação com a abertura em movimento único e foi composta segundo alguns princípios da forma sonata.

Os diferentes modelos e padrões estilísticos aplicados às peças de abertura operística desde o século XVII alcançaram nas produções do teatro lírico italiano grande variedade de formatos e conteúdos estilísticos e técnicos. Ao chegar pela primeira vez à Itália, em 1864, Gomes já tem alguma familiaridade com eles, como pode ser observado nas formas orquestrais presentes em suas duas óperas compostas ainda no Brasil, que acrescentadas às seis óperas de seu longo período italiano mostram uma dedicação constante do músico à abertura de ópera nas mais variadas configurações.

Uma grande variedade de contornos morfológicos e de diferentes técnicas de orquestração, além de modos diversos de integração da abertura com a ópera ao longo de quase três séculos, forma o contexto que fundamenta o estudo analítico presente nos capítulos seguintes, dedicados aos prelúdios e sinfonias das óperas de Carlos Gomes. Ter uma visão panorâmica do processo histórico quanto à função dramática e organização interna da abertura de ópera pode ajudar, acima de tudo, a compreender o campo de idéias estéticas e técnicas no qual o compositor brasileiro estabeleceu, por intermédio de suas obras sinfônicas, os diálogos de artista criador com a tradição, ou seja, o testemunho de sua contribuição ao gênero.

3
O PRELÚDIO E A SINFONIA DE *IL GUARANY*

A ópera *Il guarany* estreou em Milão, no Teatro alla Scala, em 19 de março de 1870. Foi a primeira das cinco óperas de Gomes levadas à cena nos palcos italianos[1] após as duas revistas musicais, *Se sa minga* e *Nella luna*, também produzidas em Milão nos anos de 1866 e 1868, respectivamente.

Il guarany ainda não possuía como abertura a famosa sinfonia, com certeza a peça orquestral mais conhecida e executada de toda a produção sinfônica brasileira, só composta em 1871. O manuscrito autógrafo do *Il guarany* indica as datas de 11 de março de 1870 como a da composição do prelúdio que foi executado na estréia da ópera, enquanto a composição da sinfonia está datada de 14 de agosto do ano seguinte. Essa nova peça de abertura foi escrita expressamente para inaugurar a temporada do Teatro alla Scala como parte dos eventos relativos à Exposição Industrial de Milão, naquele ano.

As duas peças de abertura para *Il guarany* são muito distintas. O prelúdio escrito para a estréia configura-se muito mais como uma introdução para a primeira cena da ópera, o *Coro di cacciatori*, do que como composição autônoma. Dois fatores básicos indicam essa ca-

---

1 As cinco óperas de Carlos Gomes que tiveram sua estréia na Itália foram: *Il guarany* (1870), *Fosca* (1972), *Salvator Rosa* (1874), *Maria Tudor* (1878) e *Côndor* (1892). A ópera *Lo schiavo*, inicialmente planejada para estrear na Itália, estreou no Rio de Janeiro em 1888.

racterística: a curta duração (cerca de 4'30" contra os aproximadamente 8'30" da sinfonia) e o fato de não possuir uma conclusão tonal (termina sobre a dominante), além de relacionar-se diretamente com a primeira cena. No entanto, as principais diferenças entre as duas peças de abertura para *Il guarany*, que mais à frente serão analisadas e comparadas entre si, referem-se à quantidade de temas presentes em cada uma delas e, sobretudo, aos tipos de processo com que Gomes os relaciona e desenvolve.

O motivo básico, ou seja, o mais recorrente em toda a partitura da ópera *Il guarany* no sentido de passar por transformações e variações — inclusive nas duas peças de abertura — é o que é utilizado para caracterizar o protagonista Peri, exposto já em sua primeira aparição na segunda cena do I Ato. Trata-se de um recitativo em que Peri se apresenta e associa seu nome ao heroísmo de seu povo: "Por Peri, em seu idioma, me chama o heróico povo guarani"[2] (Gomes,1955, p.41). Enquanto o protagonista faz sua apresentação, a orquestra acompanhando sua fala expõe a idéia temática central de todo o drama. A interação entre o recitativo de Peri e a recorrência do motivo pela orquestra é bastante clara e de tal modo intensa que o significado das palavras de Peri incorpora-se a um discurso puramente musical. Aqui, a orquestra não tem a função de mera acompanhante do canto. Gomes trata a orquestra como elemento essencial no processo de associar ao protagonista e ao heroísmo do povo guarani um motivo plenamente sinfônico:

Exemplo 1

(idem, ibid.)

---

[2] *"Peri, m'appella in sua favella l'eroico popolo dei guarany."*

MUITO ALÉM DO *MELODRAMMA* 151

Estão assinaladas no exemplo 1 as duas características mais recorrentes do motivo de Peri, ou seja, as que permanecem constantes durante as várias transformações pelas quais esse motivo passará, tanto ao longo do drama quanto nas duas peças de abertura, especialmente na sinfonia. O colchete *b* destaca a configuração diastemática do motivo (intervalo de quarta ascendente e descendente), enquanto o colchete *a* indica sua configuração rítmica constituída pela figura pontuada (ou, como neste caso, com uma pausa correspondente), duas notas curtas e o repouso sobre uma nota longa. Essa configuração rítmica representa um dos aspectos com que Gomes procura caracterizar a nobreza moral e a liderança do cacique Peri, pois o ritmo pontuado no andamento indicado, *andante grandioso marcato*, é uma característica já tradicional como representação da imponência e poder monárquicos desde a *ouverture* da ópera francesa do século XVII. Essa associação foi definida de modo bastante apropriado pelo historiador da música Manfred Bukofzer no estudo *Music in the Baroque era*. Bukofzer afirma que a *ouverture* francesa, com seus "poderosos ritmos pontuados [...] como moldado por Lully, tornou-se com seu *pathos* austero e refinado [...] o símbolo do cerimonial cortesão" (1948, p.154,158). A associação do elemento rítmico pontuado dessa passagem com o protagonista Peri deve ser entendida como uma referência estilística que vinha juntar-se aos esforços do movimento indianista na literatura brasileira do século XIX para atribuir ao índio brasileiro as características de nobreza, heroísmo e bravura.

Il guarany foi adaptado para ópera pelo libretista Antonio Scalvini a partir do romance *O guarani* (1857), do escritor romântico brasileiro José de Alencar (1829-1877). Alfredo Bosi, no livro *História concisa da literatura brasileira*, fala especialmente do "selo da nobreza" e do heroísmo que caracterizam os protagonistas dos romances nativistas de Alencar, como *O guarani*:

> Para dar forma ao herói, Alencar não via meio mais eficaz do que amalgamá-lo à vida da natureza. É a conaturalidade que o encanta: desde as linhas do perfil até os gestos que definem o caráter, tudo emerge do mesmo fundo inconscio e selvagem, que é a própria matriz dos valo-

res românticos [...] O Brasil ideal de Alencar seria uma espécie de cenário selvagem onde, expulsos os portugueses, reinariam capitães altivos. (1977, p.152-3)

Calcada na altivez e em padrões éticos elevados, a caracterização musical do personagem Peri na ópera de Carlos Gomes encontra-se em consonância com o projeto de valorização das origens da nacionalidade a partir do índio, como incentivava o próprio imperador Pedro II. Segundo Heron de Alencar, essa vontade do imperador repercutia no Brasil a tendência romântica de remexer no passado medieval para aí encontrar o que de melhor ficara da alma e da tradição de cada povo. Transportada para o Brasil,

a nossa Idade Média, o mais recôndito e autêntico do nosso passado, teria de ser pelo menos poeticamente a civilização primitiva, pré-cabralina. Seria através da valorização poética das raças primitivas no cenário grandioso da natureza americana, que alcançaríamos aquele nível mínimo de orgulho nacional, de que carecíamos para uma classificação em face do europeu. (Alencar, 1969, p. 246)

Prelúdio de *Il guarany* (1870)

O prelúdio de *Il guarany* é composto por duas seções, cada uma delas relacionada respectivamente a duas cenas importantes da ópera. A seção *A* toma o seu material principal da cena e dueto *"Sento una forza indomita"* que encerra o I Ato — uma das mais líricas de toda a ópera, na qual Peri declara seu amor por Cecília.

A seção *A* acha-se dividida em três pequenas subseções com indicações específicas de andamento: **a**, *andante sustenuto*; **b**, *grandioso marcato* e **a**^{1}, *allegro animato - 1º tempo*, todas compostas com material derivado do motivo de Peri. A primeira delas, **a**, contém um tema muito semelhante ao da cena de apresentação de Peri já referida — os compassos 3 e 4 reproduzem literalmente o motivo original de Peri (colchete *a*), inclusive a tonalidade, instrumentação e a seqüência de acordes:

Exemplo 2

Nos dois primeiros compassos a figuração realizada pela flauta solo, embora também claramente derivada do motivo de Peri — duas fusas e o salto de quarta —, é retirada dos dois primeiros compassos da cena do dueto de Peri e Cecília do final do I Ato:

Exemplo 3

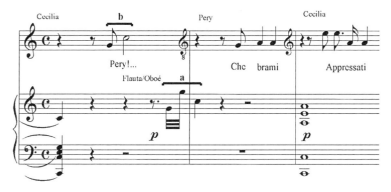

O pequeno fragmento motívico tocado pela flauta solo no prelúdio, transcrito no exemplo 2, refere-se, portanto, ao "eco" do chamado de Cecília (exemplo 3), mas ao mesmo tempo remete-se ao motivo original de Peri por sua conformação rítmica e intervalar. Desse modo, quando Cecília pronuncia o nome de seu amado, o fragmento sugere musicalmente o motivo do chefe do povo guarani (o nome de Peri é cantado na forma de um salto de quarta ascendente) e assim se instaura um nexo temático entre os dois protagonistas que Gomes antecipa nos primeiros compassos do prelúdio. A exposição do tema inicial da seção *A* começa, portanto, com o chamado de Cecília representado pelo solo de flauta e completa-se com o próprio motivo original de Peri. Com esse procedimento ao mesmo tempo simples e eficaz, Gomes articula num único material as referências aos dois protagonistas e manifesta seu interesse em concentrar no prelúdio as conexões temáticas presentes no drama.

A passagem seguinte, **b** da seção *A*, embora bastante curta, é uma passagem marcante na qual Gomes apresenta, em mi maior, uma nova variante do motivo original de Peri — variante também presente na cena do dueto do I Ato (Gomes, op. cit., p.1955,100). Essa variante é apresentada na forma de um sonoro *tutti* orquestral e cria um grande contraste com a seção *A*-**a,** de textura camerística:

Exemplo 4

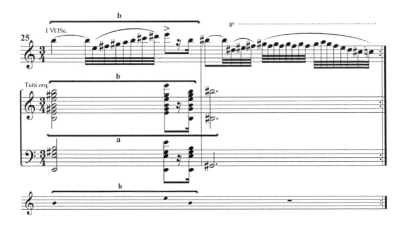

A conformação rítmica assinalada pelo colchete *a* é resultante do que é tocado pelo *tutti* orquestral, enquanto os primeiros violinos e o flautim (pic.) realizam uma variação ornamental dessa célula rítmica, célula claramente derivada do motivo de Peri. A variante desse motivo constitui-se, essencialmente, em uma nova conformação rítmica que, no entanto, preserva o elemento pontuado e a proporcionalidade métrica do motivo original (nota longa e duas curtas), enquanto a conformação diastemática mantém intacta a relação intervalar (indicada pelo colchete *b* no exemplo 4).

A terceira e última parte da seção A-a[1] traz de volta a conformação original do motivo de Peri, mas sua função é antes de tudo de transição, por realizar a modulação definitiva para a tonalidade da seção B, mi maior:

Exemplo 5

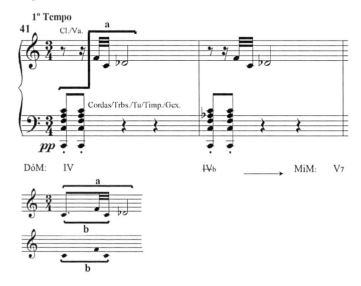

O colchete *a* na pauta auxiliar indica o ritmo resultante da complementaridade entre os ataques em colcheia da orquestra e a linha tocada pela viola e clarineta. Essa complementaridade, por sua vez, implica um tipo de variação temática de marca essencialmente orquestral, pois o dualismo melodia/acompanhamento é superado pelo fato de as duas partes do motivo serem expostas respectivamente em duas texturas orquestrais diferentes. O colchete *b*, por sua vez, aponta para uma redução na qual fica evidente a conformação diastemática original presente nesse compasso. Com isso Gomes confere a essa passagem de transição um caráter temático que se remete ao início do prelúdio.

A seção B, em mi maior, é uma condensação do coro e terceto "*Or bene, insano*", ou seja, transpõe para o prelúdio, com poucas alterações, os temas presentes na cena central do III Ato. É a passagem na qual se desenvolve o conflito entre Cacico e Peri. Cacico, chefe dos aimorés, apaixona-se pela beleza de Cecília e a mantém prisioneira. Peri, também capturado pelos guerreiros aimorés, está disposto a morrer para salvar sua amada. Como a seção anterior, a seção *B* encontra-se igualmente dividida em três subseções. As duas primeiras, **a** e **b**, expõem respectivamente os dois temas daquela cena, e na terceira, **c**, Gomes elabora uma sobreposição contrapontística dos dois materiais anteriores, **a** e **b**.

Na seção *B*-**a**, Gomes traz para o prelúdio o primeiro tema do terceto do I Ato, idéia relacionada a Cacico, chefe dos aimorés:

Exemplo 6

Embora este tema possua características diversas dos anteriores, principalmente por seu caráter *cantabile*, nota-se que os motivos assinalados pelo colchete *b* indicam uma conexão temática com o motivo de Peri, claramente identificada pelo intervalo de quarta.

Na seção *B*-**b** do prelúdio surge como resposta à seção *B*-**a** um novo tema, também extraído do terceto do III Ato. Nesse terceto o tema é cantado por Peri, que declarara sua coragem para enfrentar a morte nas mãos dos aimorés com os seguintes versos: "Ris de mim, mas com coragem me verás morrer"[3] (Gomes, op. cit., p.511-512). Carlos Gomes transcreve para o prelúdio e com poucas alterações essa passagem:

---

3 *"Ah! m' irridi pur...ma intrepido / Tu mi vedrai morir."*

Exemplo 7

Embora a melodia (exemplo 7) apresente um motivo novo (colchete *c*), a estrutura diastemática de sua primeira frase — indicada pelo colchete *b* — reproduz a mesma configuração intervalar presente no motivo original de Peri. Esse mesmo tema ainda estabelece outra importante conexão: o motivo *c* deriva, também, do elemento melodicamente mais característico de outra ária de Peri, "*Sento una forza indomita*", presente na cena e dueto ao fim do I Ato:

Exemplo 8

(Gomes, op. cit., p.97)

Pode-se notar, ainda, que na sua origem esse mesmo motivo também está relacionado ao intervalo de quarta — intervalo decisivo na configuração do motivo original de Peri, como indica o colchete *b*. Portanto, por meio de motivos que se imbricam no tema exposto na seção *B*-**b** (exemplo 7) essas conexões temáticas explicitam-se no prelúdio, e aspectos diferentes associados ao protagonista Peri, como o seu lirismo apaixonado e o seu destemor diante da morte, surgem como pontos importantes da intrincada rede de relações temáticas que Gomes constrói na ópera.

Ainda quanto ao trecho da ópera transcrito no exemplo 8 nota-se que a orquestra estabelece um diálogo contrapontístico por meio do mesmo motivo assinalado, procedimento que indica, uma vez mais, a complementaridade entre o canto e a orquestra estabelecida por Gomes para evitar a textura de melodia acompanhada, ou um tipo de *cantabile* convencional no qual a orquestra tenha papel secundário.

Na seqüência o compositor cria uma passagem de ligação entre a seção B-b e a seção B-c. Essa passagem é um tipo de retransição que traz de volta a tonalidade de mi maior, já que a parte anterior termina numa cadência sobre si maior:

Exemplo 9

Gomes cria nessa retransição, especialmente composta para o prelúdio, uma sobreposição temática em que uma extensão do tema anterior (motivo principal assinalado com colchete *c*), tocado pelos instrumentos graves da orquestra, dialoga com uma frase ascensional totalmente construída por repetições seqüenciadas da configuração rítmica do motivo de apresentação de Peri (motivo **a**), a cargo dos sopros agudos. Como esse motivo dominou toda a seção A do prelúdio, ao evidenciá-lo contrapontisticamente na seção B, Gomes cria um nexo bastante forte entre as duas partes.

Para encerrar o prelúdio, o músico emprega o mesmo recurso presente na passagem anterior e literalmente sobrepõe os temas **a** e **b** da seção B, compondo assim a seção B-c:

MUITO ALÉM DO *MELODRAMMA* 159

Exemplo 10

A sobreposição temática indicada no exemplo 10 nada mais é do que a transcrição para orquestra do terceto de Peri, Cecília e Cacico, ao qual se junta o coro, que encerra a cena *"Or bene, insano"* — passagem na qual Peri e Cecília cantam o tema correspondente à voz superior e Cacico, à parte grave. No entanto, mais do que o simples efeito dramático de uma passagem contrapontística, comum nos conjuntos de ópera a partir do final do século XVIII, o interesse desse trecho está na interação temática entre cada parte do dois materiais sobrepostos. Gomes, ao combinar polifonicamente os materiais, estabelece nexos mais profundos entre eles, principalmente torna mais explícito o fato de terem sido criados a partir de um único motivo básico, flexível o bastante para sofrer variações, transformações ou mesmo permitir que motivos auxiliares ou secundários se agreguem a ele.

Com uma pequena coda, o prelúdio finaliza sobre a dominante:

Exemplo 11

O tema da coda é simplesmente uma variação da seção B-b (exemplo 7). Gomes encerra o prelúdio com um prolongamento da cadência suspensiva indicada no exemplo 11, que o conecta sem in-

160 MARCOS PUPO NOGUEIRA

terrupção à cena inicial da ópera, enquanto a cortina se levanta. Mesmo assim, há uma unidade efetiva nessa breve peça sinfônica, que decorre do relacionamento de todo o seu material temático com um único motivo: o motivo de apresentação de Peri. Desdobramentos dele, na forma de variantes e de transformações, acabam por criar novos temas sem que o tecido de relações temáticas seja rompido.

Sinfonia de *Il guarany* (1871)

A sinfonia de *Il guarany* é a mais extensa abertura de ópera entre todas que Carlos Gomes escreveu. Seu material temático, ao contrário do prelúdio, é muito mais diversificado e também não se restringe apenas a duas cenas como na peça anterior (cena e dueto *"Sento una forza indomita"* e coro e terceto *"Or bene, insano"*). A profusão de temas retirados de diversas cenas da ópera, presente na sinfonia, é indício de um tipo de abertura que poderia ser classificada como abertura *pot-pourri*, segundo a definição que Wagner oferece do termo em seu ensaio *Über die Overtüre*, já comentado no capítulo 2 deste estudo. O recurso à abertura *pot-pourri* foi bastante comum em muitas óperas escritas durante as décadas em que o estilo da *grand opèra* prevaleceu, principalmente depois da estréia de *La Vestale*, de Spontini, e de *Guilherme Tell*, de Rossini, cujas aberturas foram construídas com as citações das principais melodias das óperas, procedimento que de uma maneira ou de outra Verdi também adotou em várias das aberturas de suas produções líricas. No entanto, a sinfonia de *Il guarany* apresenta algo pouco habitual em aberturas desse tipo: um forte sentido de continuidade temática, reforçado pelo fato de Gomes não permitir que cada um dos temas e seções da peça de abertura se fechassem em blocos isolados. Ao contrário, o compositor evita a cadência completa, a não ser no final, e procura dar um caráter temático às transições que interligam as seções. Além disso, o fato de uma grande parte dos temas da ópera *Il guarany* relacionar-se direta ou indiretamente a um motivo básico (o motivo de apre-

MUITO ALÉM DO *MELODRAMMA* **161**

sentação de Peri) confere à sinfonia um tipo de unidade e coesão formal que diverge do conceito de abertura enquanto construção fragmentada e rapsódica, o tipo de abertura que Wagner denominava *potpourri*. A análise das relações entre os temas da sinfonia que será realizada a seguir tem como objetivo evidenciar a interação entre eles e o modo como são encadeados.

A sinfonia de *Il guarany* compõe-se de três grandes seções, todas interligadas por transições de caráter temático. A seção *A* configura-se como uma exposição de sonata com três temas: tema 1 em fá # menor, tema 2 em ré b maior e tema 3 em lá maior. A seção central, por sua vez, tem características de um verdadeiro desenvolvimento, principalmente pelo grau de elaboração e transformação dos temas da exposição e pelas seqüências modulantes que se manifestam em novos materiais temáticos: tema 4 em mi menor, tema 5 em lá menor, tema 6 em dó menor, seguidos de dois fragmentos do tema 4, em si menor e si maior, respectivamente. Ao contrário do que normalmente acontece na forma de sonata clássica, a seção central da sinfonia de *Il guarany* não termina com uma retransição que retorna à tonalidade original, preparando a recapitulação. Gomes não compõe a última seção — seção *B* — na tonalidade inicial, mas sim em mi maior. Em função dessa característica, a seção central cumpre do ponto de vista estritamente tonal o papel de uma longa transição, preparando a nova tonalidade (mi maior). Corrobora para esse tipo de definição o fato de o último fragmento temático da seção central estar em si maior, dominante da tonalidade da seção *B*. Essa seção, por sua vez, apresenta aspectos de um *finale* de sinfonia. Indica essa condição o desaparecimento das tensões presentes nas seções anteriores, anuladas ou compensadas por meio de reiteradas resoluções na nova e definitiva tonalidade de mi maior. A tonalidade final da sinfonia é confirmada e não mais contraditada, já que os temas 7, 8, 9, 10 e este último sobreposto à repetição do tema 7 caminham sempre para a resolução sobre mi maior. Finalmente, preparando a coda, surge uma rápida citação do tema inicial da sinfonia, agora no relativo menor de mi maior, conferindo também um certo caráter de recapitulação a essa seção. A coda apresenta o último tema da sinfonia (tema 10), também em mi maior.

Gomes inicia a sinfonia com um tema retirado da *"Invocazione: O Dio degli aimorè"* do III Ato, uma passagem inteiramente orquestral associada aos guerreiros aimorés e seu chefe, Cacico. A escolha desse tema (tema 1) para abrir a sinfonia não parece ter sido arbitrária e indica que Gomes queria antecipar, desde o início, a tensão e força daquela cena em que Cacico prepara a execução de Peri. Se o início do prelúdio apresenta um intenso lirismo, deixando claro o fato de Gomes ter preferido utilizar no primeiro tema idéias inspiradas na cena do dueto de amor de Cecília e Peri, na sinfonia tratou de pôr em evidência o desejo de vingança dos aimorés e o rito sagrado com que a tribo prepara a morte heróica do guerreiro rival, sem dúvida o evento dramático mais importante do libreto. Com pequenas modificações em relação à cena citada, que incluem a presença de um acorde de ré maior no sexto compasso, ausente na respectiva passagem da ópera, o tema, a cargo dos metais, surge transposto meio tom acima na sinfonia:

Exemplo 12

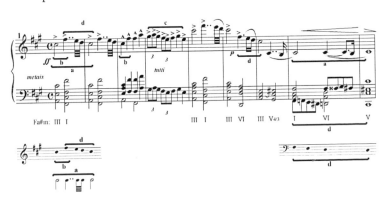

As possibilidades desse tema no que se refere a transformações temáticas são bastante amplas, como se verá a seguir, e indicam que a escolha de Gomes não foi motivada somente por considerações teatrais. É inegável que, em 1871, ao se dispor a trocar a peça de abertura de *Il guarany*, havia uma intenção deliberada do compositor de

MUITO ALÉM DO *MELODRAMMA* 163

criar uma obra realmente convincente do ponto de vista orquestral, na qual o material temático estivesse de algum modo relacionado à exposição do tema inicial. Compondo uma nova abertura, Gomes buscava traduzir a essência do drama de modo mais eficiente e mais intrinsecamente sinfônico do que o fizera no prelúdio escrito para a estréia dessa ópera.

Com o objetivo de facilitar o acompanhamento do processo de transformações temáticas que se estabelece a partir desse tema, estão identificados no exemplo anterior (exemplo 12) os motivos que, ao longo da sinfonia, criam toda a rede de relações temáticas que o compõem. O motivo *b* assinala o salto de quarta ascendente, principal caracterização diastemática do motivo de apresentação de Peri (ver exemplo 1), enquanto o motivo *d* indica uma nova variante deste último, um fragmento melódico descendente em grau conjunto e de caráter modal (frigio), também limitado pelo intervalo de quarta — ambos transcritos na pauta auxiliar. A configuração rítmica também relacionada a Peri (figura pontuada e fusas[4]) encontra-se indicada pelo colchete *a*. O motivo assinalado pelo colchete *c* não possui relação com o motivo de Peri, mas sim com o tema dos aimorés, rivais

---

4 Algumas gravações, além de cópias da partitura orquestral e a edição para canto e piano da Casa Ricordi (Gomes, 1955) substituem a figura formada pela semínima duplamente pontuada seguida de duas fusas por uma figura na qual a semínima tem apenas um ponto e é seguida de duas semicolcheias, o que não corresponde ao manuscrito autógrafo de Gomes, que serve de base para a presente análise. O compositor alterna em seu manuscrito, sempre que este elemento retorna, a semínima com dois pontos e fusas e uma outra configuração com a semínima com um ponto apenas, fato que tem causado algumas divergências entre as transcrições e gravações. Mas uma leitura mais atenta do manuscrito indica que Gomes usa cada uma dessas grafias de acordo com o andamento ou expressão do trecho no qual elas se inserem. Assim, no início, para configurar o requerido *andante grandioso e maestoso* – uma reminiscência da abertura francesa – Gomes prefere o duplo ponto e as fusas. Logo em seguida (compasso 6), para acompanhar o súbito *p* usa apenas um ponto e as semicolcheias, suavizando o motivo. Na pequena reexposição do tema inicial (seção b, compasso 199), o duplo ponto e as fusas são substituídos, porque se tornariam quase inexeqüíveis em razão do andamento, muito mais rápido que no início, por ponto simples e duas semicolcheias.

do protagonista, e terá papel importante na sinfonia como elemento de ligação e gênese de um novo tema. Ainda com relação ao exemplo 12 deve-se observar nos dois últimos compassos a ocorrência de duas importantes transformações que contribuem para conferir equilíbrio e eloqüência ao tema inicial: 1) o motivo *a* aparece com uma modificação que o desvincula dos motivos diastemáticos do início (distinguidos em *b* e *d*) e 2) o motivo *b* surge, agora, nos graves da orquestra (fagotes, tuba, violoncelo e contrabaixo) na forma de um fragmento de escala cromática, que propicia contrapontisticamente um sutil nexo temático entre a parte inicial e final do tema.

A outra particularidade desse tema é de natureza harmônica e manifesta-se nos primeiros compassos pelo repetido enlace dos acordes lá maior e fá # menor — relação de terça menor, III–I, à qual Gomes parece conferir um caráter de *leitmotiv* diretamente associado aos aimorés. A origem desse tipo de enlace encontra-se na introdução orquestral da cena *"Vile indiano, trema! trema!"* que finaliza o II Ato, cena em que Peri e Cecília, junto aos portugueses e aventureiros, sobressaltam-se com a aproximação dos temidos aimorés. Aí se encontra, pela primeira vez na ópera, esse mesmo esquema harmônico não ortodoxo[5] (transposto meio tom abaixo, daí a repetição alternada dos graus lá b e fá):

Exemplo 13

A intenção nessa cena é indicar a presença dos temíveis aimorés, associando a eles o efeito harmônico provocado por esse enlace harmônico que Gomes provavelmente considerava "bárbaro" ou exó-

---

5 Schoenberg, em seu *Estructural functions of harmony*, denomina "harmonias vagantes" esse tipo de progressão de terças menores abaixo (1969, p.48).

tico, atribuindo à passagem indicada acima um caráter étnico, mesmo que arbitrário e evidentemente sem o apoio da etnomusicologia, na época uma ciência ainda incipiente.[6]

O uso desse enlace harmônico como um *leitmotiv* fica ainda mais explícito quando o músico o aplica ao tema inicial do *"Baccanale indiano"*, passagem para balé e ação mímica presente na metade do III Ato, em que surge pela primeira vez na ópera o contorno melódico (motivos *b*, *d* e *c*) do tema inicial da sinfonia, sugerido em outros momentos da ópera como reminiscência dos aimorés:

Exemplo 14

Ao lado dessa associação com os aimorés pode-se observar nos dois exemplos anteriores como se deu na ópera o processo gradativo de criação do tema inicial da sinfonia. O primeiro passo começa pela passagem caracterizada pela simples alternância dos acordes transcrita no exemplo 13; o segundo, quando essa base harmônica ganha contorno melódico definido pelos motivos assinalados no exemplo 14, e, finalmente, depois de assimilar a figura pontuada do motivo de apresentação de Peri (transcrito no exemplo 1) e de tornar-se o protótipo do tema orquestral do *andante grandioso* presente na cena de invocação dos aimorés, que Gomes adapta para iniciar a sinfonia.

---

6 Gomes indicou nessa cena vários instrumentos típicos para simular a música indígena dos aimorés. Na principal biografia de Carlos Gomes, a autora Ítala Gomes Vaz de Carvalho, filha do compositor, chega a comentar que Gomes se "atormentou" com a difícil "procura, na Itália, dos instrumentos indígenas: borés, tembis, maracás ou inúbias" para fazer tocar os bailados do III Ato (Carvalho, 1946, p.80).

Um novo tema (tema 2) segue após a semicadência sobre o acorde de dó # maior do tema anterior. Gomes o extrai da grande cena e dueto *"Perchè di meste lagrime"* do III Ato, passagem lírica na qual Peri, aprisionado, aguarda o desfecho de sua sorte e diz a Cecília que perto dela não pode sentir nenhum perigo: "Por que de lágrimas tristes vais banhando o cílio? Perto de ti, meu anjo, desconheço o perigo..."[7] (Gomes, 1986, p.355). Esta cena precede a invocação dos aimorés. A tonalidade do segundo tema é ré b maior, que está relacionada enarmonicamente com a dominante (V de fá # menor) do tema anterior:

Exemplo 15

É um tema contrastante em relação ao primeiro, principalmente por seu caráter *cantabile* e *legato* e pela maior variedade do contorno melódico, marcas de sua origem vocal. No entanto, seu motivo inicial (motivo *e*) possui alguns elementos que o relacionam ao primeiro tema da sinfonia (ver exemplo 12). O salto de quarta ascendente (*b*) é mantido e o elemento marcado pela letra *d* apresenta a mesma conformação diastemática do motivo dos aimorés, como indica a pauta auxiliar (âmbito de quarta descendente e fragmento de escala

---

7 *"Perchè di meste lagrime vai tu bagnando il ciglio? Vicino a te, Bell'angelo, non so temer periglio..."*

no modo frígio). No último compasso, outro paralelismo: o motivo assinalado pelo colchete *b* apresenta o mesmo tipo de transformação que Gomes realizou também ao final do primeiro tema, ou seja, fragmento cromático e descendente limitado pelo intervalo de quarta. Todas essas referências motívicas estabelecem um forte vínculo entre os dois temas, de resto tão contrastantes. A relação entre os dois temas é ainda mais imediata na sinfonia do que na ópera e isso se deve não só à contigüidade (na ópera esses materiais estão distantes um do outro), mas também ao fato de Gomes fazer o segundo "brotar" do primeiro como um ramo. Ao surgir na tonalidade do acorde final do tema anterior, o segundo tema articula, por meio de nexos temáticos, o elo dramático entre a preparação ritual do sacrifício de Peri e sua serenidade frente à morte.

Na seqüência, após repetição dos primeiros compassos do tema inicial, começa o processo de transformação do motivo das quiálteras (motivo *c*) para compor essa passagem de transição que parte de fá # menor para alcançar a tonalidade de lá maior:

Exemplo 16

Acompanhando o processo desde o início percebe-se a transformação progressiva desse motivo até restarem apenas as duas colcheias em movimento cromático ascendente (lá - lá #), fortemente acentuadas, presentes no compasso 30. A partir do compasso 31, na frase final da transição as duas colcheias surgem como um motivo formado por duas semicolcheias que mantêm a conformação cromática original. A transição é temática e inteiramente realizada com um dos motivos do tema inicial. Ao elaborar a transição com transformações do motivo das quiálteras do tema 1, Gomes, além de indicar a relação motívica existente entre o tema 3 e o tema 1, realiza um processo contínuo de transformação que evita a compartimentação dos materiais. Desse modo, além de seu papel modulante, as transformações do motivo c levam progressivamente ao novo tema, agora em lá maior:

Exemplo 17

O novo tema extraído do *andante cantabile* — passagem orquestral do início do IV Ato que é ouvida enquanto aventureiros espanhóis tramam, traiçoeiramente, entregar Don Antonio e seu castelo aos aimorés — é claramente relacionado ao tema inicial da sinfonia. Aí estão o esquema diastemático de quarta ascendente e quarta descendente (b) e uma variante da figura pontuada seguida pelas duas fusas (motivo a). No primeiro compasso o motivo assinalado pelo colchete c, também constituinte do primeiro tema, apresenta-se agora renovado pelas transformações realizadas na transição e, desse modo, o movimento cromático das colcheias preenche o espaço do salto de quarta no tema inicial. Também no primeiro compasso pode-se observar, na parte do contrabaixo, a presença contraída do mesmo elemento cromático da linha superior, que acompanha na forma

MUITO ALÉM DO *MELODRAMMA* 169

de um *ostinato* o tema realizado por violoncelos e violinos. Com isso se mantém um forte vínculo temático entre as partes nas quais Gomes combina dois planos dinâmicos e orquestrais distintos: o *piano* associado ao brilho dos violinos e violoncelos e o *pianissimo* e *sotto voce* requeridos dos contrabaixos. Trabalhando nesse registro de sonoridade grave e sombria, talvez o compositor quisesse representar o clima de conspiração existente na cena.

Cabe destacar ainda, com relação a esse tema, no compasso 38 do próximo exemplo[8], a imbricação de três elementos do tema inicial da sinfonia no último tempo: um fragmento em grau conjunto limitado pela quarta descendente no modo frígio (motivo *d*), o ritmo pontuado com as fusas (motivo *a*) e o próprio motivo das quiálteras (*c*), fatores que tornam o tema 3 também uma derivação do tema inicial:

Exemplo 18

A seção *A* (exposição) termina com uma passagem com função de ponte, também realizada com uma derivação do motivo indicado pelo colchete *c* no tema inicial:

---

8 No manuscrito autógrafo da partitura orquestral, Gomes anotou fá dobrado sustenido para a primeira colcheia do terceiro tempo do compasso 38, que foi alterada para fá# na edição da redução para canto e piano. Foi mantida no exemplo 18 a notação original, já que o compositor a empregou em todas as partes envolvidas nessa passagem.

Exemplo 19

Essa ponte leva à seção central (seção com características de desenvolvimento), que inicia com uma figuração cromática nas flautas e flautins e que mantém uma sutil identidade (a delimitação melódica pelo intervalo de quarta) com o motivo *d* apontado no tema 1 (exemplo 12). Na parte da caixa nota-se a presença do motivo rítmico (*a*), também relacionado ao tema inicial:

Exemplo 20

Mais à frente, ainda na seção do desenvolvimento, surge outra configuração da passagem anterior na qual o motivo *d* dá lugar ao mesmo motivo presente na parte dos contrabaixos (ver exemplo 17), enquanto o motivo exposto antes na parte da caixa transforma-se numa seqüência harmônica escrita para metais, fagotes e cordas graves (exemplo 21).

Em meio ao desenvolvimento surge uma nova idéia temática (tema 4) retirada do coro dos aimorés, *"Aspra, crudel, terribile"*, cena que abre o III Ato da ópera (exemplo 22). É um grito de guerra e sua força empresta um cunho dramático a essa seção central, toda ela relacionada tematicamente aos aimorés:

Exemplo 21

Exemplo 22

Esse novo material, embora rude e tenso, mantém semelhanças quanto ao contorno melódico apresentado pelo lírico e melancólico tema 2 da exposição, como indicam os colchetes *e* e *d*. O novo tema é resultado de uma transformação que, apesar de criar um contraste de expressão, mantém intacta a coerência temática com o tema inicial.

A seção central apresenta, em seguida, outro material temático também derivado do tema inicial:

Exemplo 23

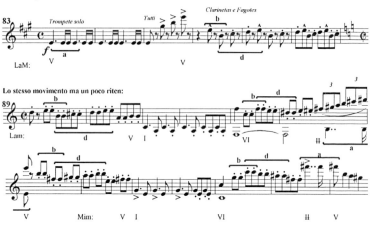

Nessa transcrição, o trecho presente do compasso 83 a 88 corresponde à transição para um novo tema, que começa no compasso 89 (tema 5). Nos seis compassos de transição, Gomes realiza uma transformação gradativa do motivo rítmico (motivo *a*) ao estabelecer um eixo melódico sobre a nota mi. A partir desse eixo melódico, introduz o intervalo de quarta — o elemento unificador de toda a abertura (*b*) e o fragmento de escala limitado também pela quarta (motivo *d*), ambos invertidos. Quando o tema finalmente se estabelece no compasso 89, ele encontra-se constituído por elementos advindos de transformações do primeiro tema da sinfonia, todos cuidadosamente preparados na transição: uma inversão transposta do motivo inicial, presente nos compassos 89-90 e 95-96, que contém o salto de quarta (*b*); o fragmento de escala também limitado pelo intervalo de quarta (*d*), agora ascendente; e nos compassos 94 e 100, a figura pontuada seguida da semicolcheia (*a*) originada do motivo rítmico do último compasso do tema 1. Outra referência ao tema inicial da sinfonia pode ser observada nos compassos 91-92 e 98-99, nos quais se nota a presença da relação harmônica de terça descendente associada aos aimorés.

A origem desse tema na ópera também está relacionada aos desdobramentos temáticos do coro dos aimorés, mais exatamente à passagem "*Aspra, crudel, terribile*" em que os guerreiros ameaçam os portugueses:

Exemplo 24

No tema 5, no entanto, Gomes combina com essa passagem transcrita acima outra em que o elemento assinalado pelos colchetes *b* e *d* (compassos 93 e 99) é derivado de mais uma cena coral, dessa vez relacionada aos aventureiros e sua cobiça pelo ouro das minas do pai de Cecília, presente no coro do II Ato, "O ouro é algo tão prazeroso"[9] (Gomes, 1955, p.150):

Exemplo 25

Os respectivos motivos das duas passagens possuem, no entanto, praticamente o mesmo esquema diastemático baseado no intervalo de quarta, e são de fato a inversão um do outro. Opondo o formato de um motivo comum, Gomes sintetiza nesse tema os dois grupos que ameaçam Peri, Cecília e seu pai, o primeiro por vingança e o segundo por cobiça.

Depois de uma breve idéia em dó menor (tema 6), sem referência ao tema inicial, Gomes traz de volta o grito de guerra dos aimorés

---

9 "*L'oro è um ente sì Giocondo.*"

(tema 4) em dois fragmentos, o primeiro em si menor e o segundo em si maior, que preparam o acorde final dessa seção: si maior com sétima. Segue-se uma pequena, mas importante, passagem de transição para a seção final da sinfonia. Como as transições anteriores da sinfonia essa é também uma passagem temática:

Exemplo 26

Composta como uma variação do elemento rítmico destacado com a letra *a* no tema inicial (exemplo 12), a unidade temática dessa transição é definida, portanto, pelo motivo de apresentação de Peri no I Ato da ópera (ver exemplo 1) — o motivo básico de todo *Il guarany*. O salto de oitava entre as duas colcheias refere-se, por sua vez, ao motivo (assinalado na pauta auxiliar superior) presente nos dois primeiros compassos da parte orquestral do dueto de Peri e Cecília, cena do final do I Ato, a mesma que inspirou Gomes para abrir o prelúdio do *Il guarany* na estréia em 1870 (ver exemplos 2 e 3). No entanto, outra referência motívica explicita-se nessa transição e confere a essa passagem o caráter de ligação temática com o próximo material: uma progressão melódica (indicada esquematicamente no exemplo 27) que se desenvolve a partir do pedal sobre a nota si. Essa progressão nada mais é do que um esboço, interrompido na nota sensível (ré #), de uma variante invertida do elemento indicado pela letra *d* no tema inicial da sinfonia. Gomes cria, assim, uma expectativa que não é somente tonal, mas temática, para a entrada da nova idéia que abre a seção final da sinfonia, composta exatamente com variantes daquele elemento caracterizado por fragmentos de escala limitados pelo intervalo de quarta:

Exemplo 27

(Obs.: nos exemplos 27 e 28 as notas indicadas por um retângulo representam notas não temáticas)

Para criar o tema 7 do início da seção *B* (uma espécie de *finale* da sinfonia), o compositor extrai do *allegro mosso* da cena e dueto "*Sento una forza indomita*" uma melodia vocal de grande efeito dramático. É nessa cena da ópera que ocorre o famoso dueto de amor de Cecília e Peri, fechando o I Ato. A estrutura melódica desse tema, com um único motivo (motivo *d*) desenvolvido em variantes ascendentes e descendentes, favorece a expressão alternada dos sentimentos de amor, medo e altiva coragem. Cecília, apaixonada, teme pela sorte de Peri, que depois de salvá-la do ataque dos aimorés, quer desmascarar os aventureiros que planejam trair o pai de sua amada. No dueto, tecido por essa mesma melodia, enquanto Cecília canta o seu temor, Peri afirma sua coragem e acalma a jovem. A melodia principal dessa cena é transcrita integralmente na sinfonia, inclusive mantendo a mesma tonalidade:

Exemplo 28

Gomes confere um foco especial a esse tema na sinfonia, como se todas as seções anteriores fossem apenas uma longa preparação. É o único tema da sinfonia constituído por um período completo, com antecedente e conseqüente, e também o único a concluir sobre a tônica depois de uma cadência perfeita. Exatamente pela estrutura rigidamente simétrica de suas frases e por estar fechado harmonicamente em si mesmo, poderia ser qualificado como o material melódico mais convencional da sinfonia, não fosse o forte elo temático com os demais materiais e sua integração à unidade formal da obra, preparada e garantida pela transição. A melodia gira basicamente sobre o eixo do intervalo de quarta, que é o elemento unificador de toda a sinfonia, e encontra-se quase inteiramente composta por suas variantes em forma escalar, indicadas pelos colchetes e pelas pautas auxiliares no exemplo 28.

Uma importante passagem inicia-se exatamente sobre a resolução da cadência em mi maior do tema anterior, e serve como ponte para o retorno triunfal do tema do amor de Cecília e Peri. Gomes compõe essa passagem com dois temas inteiramente derivados do motivo de apresentação de Peri, os temas 8 e 9. O primeiro deles é exposto apoiado num pedal sobre a nota mi e é constituído por uma seqüência cromática inteiramente relacionada ao motivo de apresentação de Peri (transcrito na primeira pauta auxiliar inferior):

Exemplo 29

Os colchetes indicam as mesmas referências que fazem do motivo de apresentação de Peri (ver exemplo 1) o motivo básico de toda a obra. A seguir, o tema 9, composto com transformações do mesmo material:

Exemplo 30

Ainda com relação ao exemplo 30, o motivo principal configura-se numa transformação do motivo do tema anterior, como indicado na pauta auxiliar superior, enquanto no compasso 171 outra transformação do motivo a dá início a uma progressão que termina por colocar em evidência o acorde de si maior com sétima, preparando a volta do tema principal dessa seção.

O ponto culminante de toda a sinfonia é a passagem em que retorna o tema do dueto de Cecília e Peri (tema 7). O retorno ocorre na mesma tonalidade, com uma única modificação: o prolongamento da cadência que levará à coda. É nesse momento que Gomes realiza outra engenhosa sobreposição temática, semelhante àquela realizada na seção final do prelúdio de *Il guarany* (ver exemplo 10). O compositor sobrepõe ao tema do dueto de amor, contrapontisticamente, outra melodia daquela mesma cena da ópera, esta relacionada diretamente a Peri (ver exemplo 8), *"Sento una forza indomita"*:

Exemplo 31

A técnica da sobreposição implica necessariamente a do contraponto e não é difícil concluir que Gomes os imaginou, desde o início do processo de criação, a partir de uma perspectiva polifônica que, no entanto, só se concretizaria plenamente na sinfonia. Com ajuda dos colchetes presentes no esquema seguinte (exemplo 32) observa-se a forte relação temática entre os dois temas como resultante de um processo imitativo de contraponto, que se verifica mais intensamente na primeira frase correspondente aos quatro compassos iniciais dessa passagem:

Exemplo 32

Os elementos assinalados pelos colchetes *b* e *d* nos dois temas indicam o nexo temático entre as duas idéias e, ao mesmo tempo, o processo imitativo implícito em meio ao desenvolvimento melódico de cada uma das "vozes" do contraponto. O elemento imitativo é basicamente diastemático, enquanto as particularidades rítmicas de cada um dos materiais são preservadas. Por sua vez, o motivo básico resultante da combinação dos respectivos elementos diastemáticos, assinalados em *b* e *d*, remete ao primeiro compasso do tema inicial da sinfonia. Desse modo, quando, logo após a exposição dos temas 6 e 9 sobrepostos, surge um fragmento do próprio tema inicial (em dó # menor), como uma breve referência reexpositiva, fecha-se o grande ciclo de inter-relações motívicas da sinfonia:

Exemplo 33

A coda apresenta também seu próprio material temático, que resume num tema vibrante os principais elementos motívicos que se entrelaçaram ao longo de toda a sinfonia. O tema da coda é constituído por seqüências do motivo *d*, agora transformado por uma associação com o motivo rítmico relacionado a Peri (motivo *a*). O modo flexível com que Gomes concebeu a construção temática da sinfonia pode ser exemplificado pela interação que ocorre desse tema também com outros elementos, como o salto de quarta, e mesmo uma breve citação, no compasso 212, do inicio do tema inicial da sinfonia (fragmento transcrito na pauta auxiliar):

Exemplo 34

Ao contrário do prelúdio de *Il guarany*, a sinfonia é uma peça completa em si mesma. Sua unidade deve-se fundamentalmente à forte interação de seus temas e seções. Todo o material temático deriva e remete-se ao tema inicial por meio de referências motívicas alcançadas em geral por transformações temáticas. Gomes não quis na sinfonia a citação nem simplesmente a repetição dos temas da ópera. Ele buscou a unidade motívica entre eles, facilitando a continuidade do discurso e evitando a fragmentação. Gomes descarta o *motivo de reminiscência* e não deseja apenas a lembrança explícita de um determinado tema da ópera, mas sim o sutil nexo entre todos os

MUITO ALÉM DO *MELODRAMMA* **181**

temas principais por preferir a unidade vinda do interior dos temas e não somente o esplendor melódico exterior.

Toda a trama temática da sinfonia de *Il guarany* parte do motivo de apresentação de Peri, que na sinfonia somente é citado em sua forma original no tema 8, mas que comanda as transformações que engendram os demais. Assim, esse motivo comporta-se de modo semelhante ao *leitmotif* wagneriano, pois de modo puramente sinfônico (ver exemplo 1) carrega e condensa a bravura e liderança que Gomes atribuiu a Peri, mote de toda a sinfonia.

4
FOSCA, DOIS PRELÚDIOS E UMA SINFONIA (1872-1890)

O prelúdio de 1872

Freqüentemente considerada como a composição mais elaborada de Carlos Gomes, a ópera *Fosca* teve uma carreira difícil nos palcos italianos. De todas as produções do compositor brasileiro, tornou-se a que mais sofreu modificações. Durante 18 anos Gomes voltou ciclicamente a ela, tentando recolocá-la nos palcos. Esse esforço acabou resultando em três versões bem definidas, registradas pelas respectivas edições para canto e piano. A primeira foi realizada pela editora Lucca e as demais, pela Ricordi.

A data de 8 de agosto de 1872, assinalada no manuscrito autógrafo, indica a conclusão da primeira versão que estreou em fevereiro de 1873, no Teatro alla Scala em Milão. No mês de fevereiro de 1878, Gomes faz encenar no mesmo teatro milanês a segunda versão, que provavelmente já tinha sido utilizada nas récitas anteriores de julho de 1877, em Buenos Aires e Rio de Janeiro,[1] enquanto a data de 25

---

1 Quanto a estas récitas temos as referências de Marcus Góes: "Em 1877, o empresário Angelo Ferrari leva-a (a *Fosca*) inteiramente revista a Buenos Aires, onde é muito bem recebida, e ao Rio de Janeiro, onde se realiza a primeira récita no Brasil, dia 25 de julho, no Teatro Dom Pedro II" (1996, p.178).

184 MARCOS PUPO NOGUEIRA

de outubro de 1890 marca a estréia da terceira versão no Teatro dal Verme,[2] em Milão, última encenação desta ópera enquanto o compositor ainda vivia. Para cada uma dessas versões da ópera *Fosca*, Gomes escreveu, a partir do mesmo material temático inicial, uma nova peça de abertura. As duas primeiras foram denominadas prelúdio e a terceira, de maior porte, sinfonia, formando assim um conjunto de peças orquestrais que permitem avaliar a evolução de seu pensamento sinfônico no período delimitado.

Analisada quanto às suas características externas, a primeira versão do prelúdio da ópera *Fosca* (1872) apresenta uma característica aparentemente despretensiosa, demonstrada por sua curta duração: apenas 2'40'', aproximadamente, no decorrer de 130 compassos. A brevidade e o despojamento dessa obra compõem, no entanto, o cenário no qual importantes idéias orquestrais se desenvolvem.

Dois críticos italianos do século XIX referem-se à orquestração como um aspecto muito destacável na *Fosca* de Carlos Gomes. O primeiro aspecto, citado pelo crítico musical Giampiero Tintori, num ensaio dedicado a Gomes, refere-se a uma resenha publicada após a estréia dessa ópera em Milão, no periódico *Il trovatore*: "Uma instrumentação de grande mestre, fina, delicada, mas também grandiosa, sempre modelo de erudição e bom gosto"[3] (Tintori In:Vetro, 1977, p.28).

Mais específico, ainda, é o comentário expresso por Fillipo de Filippi, publicado em *La Perseveranza*, após a estréia da primeira versão da ópera, em 1873: "Gomes atribui muita importância à orquestra, mas não excessivamente, sem comprometer em nada a cla-

---

2 Segundo Gaspare Nello Vetro, em fevereiro de 1889, *Fosca* foi encenada no Teatro Municipale de Modena. Não nos foi possível determinar com exatidão qual das versões foi utilizada naquela ocasião, mas o estudioso italiano dá indicações de que tenha sido a última, pois afirma que *"l'opera prediletta di Gomes, ancora modificata rispetto all'esecuzione scaligera de 1878, trionfo"* (1996, p.85).

3 No original: "un'instrumentazione da grande maestro, fina, delicata ed ora grandiosa, e sempre modelo di dottrina e buon gusto".

MUITO ALÉM DO *MELODRAMMA*   **185**

reza dos conceitos, a fluência da forma. Ele pinta, descreve e, ainda, expressa-se com sons instrumentais".[4]

O interesse de Gomes por um sinfonismo elaborado não passou despercebido também por comentadores brasileiros, entre eles Andrade Muricy:

> Se compararmos a obra de Carlos Gomes (sobretudo *O Guarani, O escravo*, e a abertura da *Fosca*) com a obra do próprio Verdi, ou com a de contemporâneos seus, como Ponchielli, notar-se-á logo a ausência, nestas últimas, da freqüente impulsão sinfônica existente na do nosso eminente patrício. As transbordantes florações melódicas, representadas pela operística popular da época, não ambicionavam outros efeitos dramáticos que não os simples contrastes de colorido emocional, sempre de natureza melódica, com raros acentos emprestados à harmonização propriamente dita. [...] Carlos Gomes não poderia, no seu tempo, encontrar na Itália campo propício ao sinfonismo. (1936, p.302)

Ou ainda, Mário de Andrade, referindo-se à *Fosca*:

> Quanto ao trabalho orquestral, ele [Carlos Gomes] surpreende e admira enormemente. Observa-se um certo esforço do músico para se libertar do *cantabile* sistemático, fazendo este passar para a orquestra, enquanto a voz se move num recitativo mais livre, mais expressivo, que as vezes coincide com o *cantabile* sinfônico. (1936, p.255)

Na primeira versão do prelúdio da ópera *Fosca* encontramos uma estrutura em três partes (andamentos rápido-lento-rápido) oriunda da *sinfonia avanti l'opera*, modelo que se difundiu a partir da ópera napolitana desde o século XVIII. Neste prelúdio, há três seções: A-B-A', sendo A um *allegro molto vivace* (compassos 1 a 99), que contém dois temas que chamaremos no decorrer desta análise de 1 e 2, com a semibreve como unidade de tempo (já que o compasso é mar-

---

4 No original: "Il Gomes attribuisce molta importanza all'orchestra, ma non eccessivamente, senza togliere mai nulla alla chiarezza dei concetti, alla scorrevolezza delle forme. Egli dipinge, descrive ed anche esprime coi suoni istrumentali". (In: Carvalho, I. G. *Álbum de Recortes*, s.d.).

cado em um); *B*, um *andante moderato* (compassos 100 a 114), seção constrastante, com a semínima pontuada como unidade de tempo; e *A'*, um *lo stesso movimento* (compassos 115 a 130), em que retorna o tema 1 com valores diminuídos, tendo a mínima como unidade de tempo. O resultado geral reflete o tradicional esquema italiano de abertura: rápido-lento-rápido.

A instrumentação determinada por Gomes possui a seguinte configuração: flautim, flauta, dois oboés, dois clarinetes em si bemol, dois fagotes, quatro trompas e dois trompetes em fá, três trombones, tuba, dois tímpanos (dó e si bemol), bombo, pratos, violinos (I-II), violas, violoncelos e contrabaixos.

No curso dessa obra de instrumentação rarefeita e poucos *tutti* orquestrais, as combinações geralmente entre poucos instrumentos sucedem-se diversificadamente, revelando novas configurações tímbricas, sobretudo aquelas alcançadas por fusões instrumentais que denotam um Carlos Gomes empenhado na composição de um prelúdio intrinsecamente sinfônico.

De fato, no exemplo 1 podemos observar que desde o início Gomes, além da citada rarefação instrumental, aponta para uma configuração orquestral que evitará, na maior parte do tempo do prelúdio, aquela textura muito comum na orquestração para o palco lírico italiano do *ottocento*: a melodia acompanhada.

Exemplo 1

Gomes expõe este material temático sem nenhum tipo de acompanhamento, com a flauta e o oboé dobrados em oitava e indicando *piano* como dinâmica. Esta idéia, tema 1, que também servirá como tema inicial para as outras versões, está associada aos corsários da

Ístria, cujo chefe e irmão de Fosca, Gajolo, está em conflito com Veneza. Na seção dedicada à análise da terceira versão esse tema será comentado do ponto de vista de sua construção motívica e como elemento básico para transformações temáticas. Aqui o foco de interesse é fundamentalmente orquestral.

O compositor campineiro tem sido freqüentemente exaltado como melodista e, de fato, a coleção de melodias extraída de sua produção lírica parece comprovar a importância dessa peculiaridade. No entanto, tal afirmação, extensivamente espalhada pela bibliografia gomesiana, contrasta com o que se pode deduzir da observação mais atenta do trecho compreendido entre os compassos 13 e 29, exemplos 2, 3, 4 e 5, trecho que será analisado separadamente em seguida. A passagem não tem nenhum interesse melódico, mas é rica em procedimentos essencialmente orquestrais que foram notados também por Fillippo de Fillipi em crítica já referida. O crítico italiano diz que nesse prelúdio a instrumentação é "rica, copiosa, variada e elegante" e principalmente "inovadora quanto às densidades e às combinações técnicas",[5] algo que denota uma clara referência a fusões tímbricas.

A "linha melódica" desse trecho (tema 2) restringe-se a uma sucessão de vários formatos de figuração em colcheias (trinados medidos, passagens cromáticas e trêmulos dedilhados) que evita o *cantabile* expressivo e a variedade rítmica, evidenciando mais o dramático do que o lírico. É exatamente pela orquestração que Gomes busca o efeito dramático nessa curta passagem.

Esse trecho de 17 compassos, no qual as violas expõem o tema 2, está estruturado em quatro partes, cada uma delas definida por uma combinação instrumental diferente. Na primeira parte (exemplo 2), Gomes cria uma instrumentação que usa apenas violas, clarinete, trompas I e II e fagotes I e II para a seqüência descendente de acordes cerrados:

---

5 No original: "l'istromentazione del Gomes la quale è ricca, copiosa, varia, elegante, ed anche nuova spesso di impasti e di combinazioni tecniche. (In: Carvalho, I. G., op.cit)

Exemplo 2

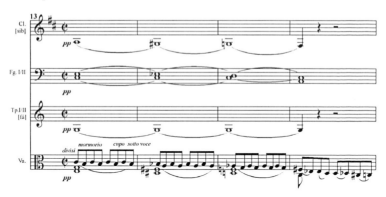

Quanto à orquestração, destaca-se particularmente nesta passagem (exemplo 2) o *divisi* a três requerido das violas, que Carse (1964, p.273), ao referir-se às características da orquestração wagneriana, considerava portador de uma sonoridade sombria, e usado exatamente por sua qualidade tímbrica. De fato, Gomes cria nesse trecho um tipo de sonoridade obscura, à qual contribui também a duplicação das terças descendentes do *divisi* inferior das violas, dobradas em uníssono pelo fagote I (registro médio) e clarinete (registro grave). Nesse caso a duplicação não é usada apenas como reforço da intensidade sonora das violas, mas principalmente para enfatizar aquele tipo de sonoridade sombria e dramática a que se referiu Carse. O uso do registro grave do clarinete (*chalumeau*) é um dos indicativos dessa possibilidade, um recurso que Piston (1955, p.167-8) define como "escuro, ameaçador e dramático". A utilização da região média do fagote, favorece igualmente esse tipo de sonoridade. Berlioz (1902, p.191), confirma as qualidades sonoras desse registro do fagote ao comentar um trecho da partitura orquestral de um dos marcos da *grand opéra*, *Robert le diable*: "Meyerbeer obtém cores pálidas, frias e cadavéricas, adequadas para a ressurreição das religiosas, ao valer-se dos sons flácidos do registro médio do fagote".

A precisão de escrita dessa passagem do prelúdio de *Fosca*, indicativa de grande preocupação com a expressão dramática aliada a um perfeito equilíbrio da sonoridade, pode ser exemplificada pelas três

MUITO ALÉM DO *MELODRAMMA* 189

enfáticas indicações de dinâmica que Gomes antepõe à parte das violas: *pp, sotto voce* e *mormorio,* esta última referindo-se especialmente à linha superior do *divisi.*
Na segunda parte (exemplo 3), Carlos Gomes realiza sutis modificações na instrumentação:

Exemplo 3

O compositor elimina o *divisi* das violas, mas faz com que estas continuem responsáveis pela idéia temática 2. Introduz os violoncelos e substitui as trompas pelos segundos violinos, criando para esta parte uma sonoridade quase exclusivamente de cordas, já que os fagotes dobrando os violoncelos tendem naturalmente a ser absorvidos por estes. Piston (op. cit., p.199) considera que tal característica, de resto muito comum no repertório orquestral do século XVIII, permite aos fagotes dobrar as partes graves das cordas sem afetá-las consideravelmente quanto ao timbre.

Cabe ressaltar nesta parte a integração, operada pelo compositor, entre instrumentação, harmonia e dinâmica. Carlos Gomes faz coincidir a troca de instrumentos com a nova configuração harmônica na qual a alternância dos acordes de lá b maior e dó maior é enfatizada pelos *crescendi* e *decrescendi* indicados no manuscrito. Nota-se, também, que as alternâncias de harmonia e dinâmica coincidem com os movimentos cromáticos, ascendentes e descendentes, das colcheias escritas para as violas.

Na terceira parte (exemplo 4), ocorre outra transformação orquestral que coincide novamente com uma mudança harmônica:

Exemplo 4

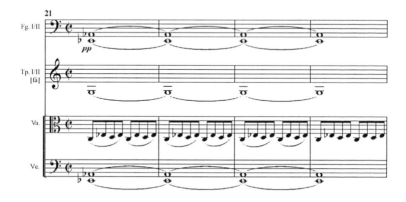

Para realizar um acorde sustentado (lá b maior), Carlos Gomes substitui os segundos violinos pelas trompas I e II que tocam juntas a terça do acorde, completado por fagotes e violoncelos em uníssono. Sobre este pedal denso e grave, o trêmulo (medido) dedilhado nas violas. Gomes demonstra estar atento às novas tendências da orquestração da segunda metade do século XIX, já que os trêmulos dedilhados tiveram um grande desenvolvimento a partir de Liszt e Wagner. Adan Carse, em seu trabalho de história da orquestração, associa a difusão desse tipo de trêmulo ao autor do *Lohengrin*, ao afirmar que esse efeito "tornou-se, nas mãos de Wagner, um recurso tão comum como era o trêmulo de arco para seus antecessores" (1964, p.273).

A sonoridade, obscura e estática, referida anteriormente, é alcançada neste ponto não só pelo uso de fagotes, violoncelos, trompas e violas em seus respectivos registros graves, como pelo posicionamento do acorde, que na sua segunda inversão deixa exposto, na região grave, o intervalo de quarta justa (mi b – lá b). Piston (op. cit., p.400), ao indicar uma situação inversa, refere-se ao mesmo problema, observando que "a harmonia aberta encontrada freqüentemente nos acordes suaves permite aos harmônicos dos instrumentos graves soarem". Quanto à passagem aqui analisada, trata-se, ao contrário, de espaço fechado em acorde áspero (harmonia fechada, grave), mas que é atenuada pela utilização do *pianissimo* constante evitando que sejam ouvidos com clareza os harmônicos, resultantes e incompatíveis entre si, das fundamentais que formam o referido intervalo de quarta justa. Com este recurso Gomes acentua a intenção sombria desse trecho.

A última das quatro partes (exemplo 5), apresenta a maior configuração orquestral dessa passagem:

Exemplo 5

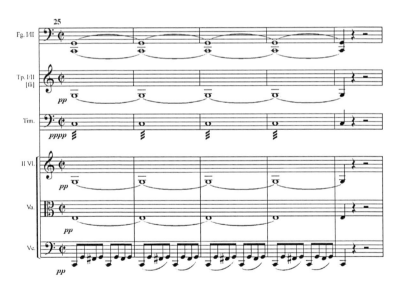

Os segundos violinos retornam e a figuração das violas passa agora para os violoncelos, confirmando a tendência para o registro grave desta passagem. Além disso, Gomes acrescenta o tímpano realizando um rufo sobre a tônica com uma rara indicação dinâmica: *pppp*. Essa maneira de utilizar o tímpano não está evidentemente relacionada à escrita convencional para o instrumento, ou seja, incremento da intensidade ou pontuação rítmica ou harmônica, mas sim a uma clara determinação tímbrica. Ao indicar para o tímpano os quatro *p*, Gomes busca fundi-lo com os demais instrumentos, principalmente a trompa, com a qual dobra o dó, que é o primeiro harmônico da fundamental emitida pelos violoncelos e segundo fagote, todos com indicação dinâmica *pp*. Esta diferenciação de intensidade evita que o tímpano se sobreponha aos demais instrumentos. O rufo de tímpano pode ser entendido também como um tipo de trêmulo que daria o toque final de coerência a esta passagem tão dominada por esse efeito.

Alguns pontos importantes devem ser ressaltados a título de resumo, a partir da análise desta pequena passagem, para fundamentar a essência do pensamento sinfônico desenvolvido por Gomes no prelúdio de *Fosca*: 1) associação precisa de instrumentação e harmonia, 2) controle rigoroso das indicações de intensidade e expressão na escrita de cada parte instrumental, 3) escolha das violas como veículo de expressão temática, 4) *divisi* a três nas violas, 5) trêmulo de tímpano com indicação dinâmica extrema (*pppp*) e 6) indicação de instrumentos que concorrem para criar sonoridade sombria e grave, como a viola em vez do violino (no único momento em que o utiliza, indica *pp*, *sotto voce* e *stricciando la corde*), fagotes e trompas nos registros médio e grave, clarinetes no registro *chalumeau*, violoncelos usando as duas cordas graves, além do já referido tímpano.

O exemplo 6 indica esquematicamente todo o trecho analisado acima (exemplos 2, 3, 4 e 5), com o posicionamento real dos acordes e os graus correspondentes:

Exemplo 6

São três as suas características:

1) mudança de instrumentação (indicada pela seqüência dos quatro colchetes) simetricamente associada à mudança da configuração harmônica, que ocorre em cada parte. A primeira parte define-se por uma progressão cromática descendente, a segunda como uma alternância entre o sexto grau (lá b maior) e o primeiro (dó maior), a terceira como sexto grau, agora sustentado por quatro compassos e, na última parte, o acorde de tônica, também sustentado, concluindo o trecho;

2) progressão harmônica na qual a presença reiterada da nota dó, no primeiro espaço da clave de fá, acrescenta a sensação de imobilidade à dramaticidade referida anteriormente. Esta espécie de pedal é instrumentada de formas diferentes: na primeira parte o compositor emprega fagotes e trompas, na segunda e na terceira, o pedal aparece como nota de apoio da figuração das violas e, na última parte, soa através do rufo de tímpano dobrado pelas trompas;

3) utilização apenas da região grave (do dó central até duas oitavas abaixo).

No compasso 30 (exemplo 7), Gomes retoma o tema dos corsários sem nenhuma alteração em relação ao início do prelúdio, a não ser pela indicação do *pianissimo*:

Exemplo 7

Mas, surpreendentemente, dois compassos antes de terminar esta repetição inicia-se também a transição (modulação para mi b maior), produzindo uma sobreposição, durante dois compassos, dos materiais temáticos 1 e 2 apresentados separadamente no começo do prelúdio. O procedimento evita o movimento cadencial e a banalidade que a simples repetição do tema sem alterações acarretaria em obra de tão pequena duração.[6]

No exemplo 8 aparece transcrito o início da transição que é realizada com o material temático 2 (figuração de colcheias), cuja linha principal passa do primeiro violino para a viola como assinalado pelo colchete *a*:

Exemplo 8

---

6 Senise (1996, p.43), ao referir-se às características do estilo de Gomes, destaca a "inconvencionalidade na concatenação das frases,... evitando as terminações de frases que possam insinuar 'repousos conclusivos', a sugerirem 'pontos finais' antes do término do trecho, e que possam assim tornar 'fragmentado' o fluxo do pensamento musical".

MUITO ALÉM DO *MELODRAMMA* **195**

Do ponto de vista da orquestração, a transição inclui, pela primeira vez nesse prelúdio, as cordas completas. No entanto, o mais característico de uma intenção verdadeiramente sinfônica é a maneira – nada convencional – como o flautim é utilizado (compasso 40, colchete *b*): 1) é solista, algo bastante incomum ao longo de todo o século XIX; 2) não age como auxiliar na duplicação (oitava acima) de outros instrumentos (flauta e violino, por exemplo), mas como instrumento autônomo; 3) não é usado para acrescentar brilho a um *tutti* orquestral reforçando os harmônicos agudos (Piston, op. cit., p.143), mas soa em *pianissimo*. Embora Berlioz (Berlioz & Strauss, 1904, p.242) já indicasse algumas dessas possibilidades no seu célebre tratado de orquestração, de 1844, outro tratado, bem posterior (Casela & Mortari, 1950, p.20), em pleno século XX, ainda se referia ao flautim como um instrumento auxiliar na duplicação, ressalvando, porém, que este havia crescido muito na estima dos compositores do início do século, passando a ter autonomia cada vez maior. De fato, nota-se nos tratados de Piston e Casela que exemplos de uma utilização mais autônoma do flautim (como no caso de Gomes) são extraídos de obras de autores do século XX apenas.

A minúcia de Gomes na orquestração do prelúdio também é patente em mais um detalhe da pequena intervenção do flautim: à primeira e última notas do seu desenho são adicionados o oboé e o *pizzicato* dos segundos violinos em uníssono, dobrados duas oitavas abaixo, assinalados pelo colchete *b* no exemplo 8. Essa mesma atenção ao detalhe quanto à orquestração foi apontada por Carse em Meyerbeer (op. cit., p.253), que notou a tendência do músico a um perfeccionismo detalhista, voltado principalmente ao agudo senso de "cor" orquestral, que o levava a seguidas revisões e versões alternativas de suas obras. Meyerbeer era um compositor cuja música não era desconhecida de Gomes, pois na correspondência já citada com Francisco Manuel, de 1865, faz duas referências diretas à obra do compositor alemão, que viveu a parte mais produtiva de sua carreira em Paris. É importante salientar a presença de Carlos Gomes na linha de influência da orquestração de Meyerbeer, na qual comparecem vários compositores importantes do século XIX, entre eles Berlioz, Liszt, Verdi e Wagner.

A transição iniciada no exemplo 8 prepara a volta do tema 1, agora na tonalidade de mi b maior. O reaparecimento desse tema, transcrito no exemplo 9, ocorre num contexto orquestral diferente do anterior:

Exemplo 9

Pela primeira vez nesse prelúdio, Gomes usa a dinâmica *forte*. O tema 1 retorna nas trompas e fagotes em uníssono e, oitava acima, com os trompetes e clarinetes, também em uníssono; ao fundo, um trêmulo de arco nos violinos, reforçado pela flauta e flautim. Esse trêmulo é, na verdade, um pedal em si b que mantém o tema numa suspensão de dominante e confirma a recusa de Gomes, indicada desde o início, em harmonizá-lo, preferindo mantê-lo sem uma cadência conclusiva.[7]

A instrumentação desse trecho, por sua vez, indica que, embora Gomes tenha definido uma sonoridade dominada pelos metais

---

7 Na verdade somente a nota final do tema é harmonizada (mi b maior na segunda inversão).

(trompas e trompetes), algo daquele ambiente sombrio que domina todo o início do prelúdio permanece, pois ao dobrar o trompete com o clarinete, retira daquele um pouco de seu brilho natural (Piston, op. cit., p.427). A fusão das trompas com os fagotes também confirma a tendência de privilegiar as misturas de timbres, evitando as cores primárias e a utilização completa dos naipes da orquestra. Sobre isto pode ser lembrado o comentário feito por Carse (op. cit., p.287) segundo o qual Verdi demonstra em seus trabalhos uma predileção pelas cores primárias da orquestra, ou seja, sem fusões. A análise do primeiro prelúdio de *Fosca* indica que Gomes, quanto a esse aspecto, trilhava um caminho oposto.

Na passagem seguinte, exemplo 10, pode-se observar como Gomes, ao tomar um fragmento do tema 1, trabalha de forma precisa a orquestração, fazendo-o percorrer repetidamente três registros e estabelecendo em cada um deles uma nova instrumentação, enquanto o pedal visto no exemplo anterior, agora com os II violinos e violas, acompanha rigorosamente as mudanças de registro que ocorrem com o fragmento temático:

Exemplo 10

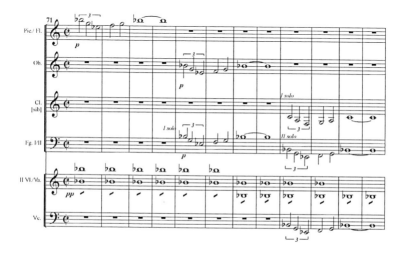

Gomes mais uma vez recorre a duplicações de oitavas para instrumentar cada uma das três aparições da melodia. Na primeira das aparições, flautim e flauta em *pp*; na segunda, oboé e I fagote em *p*; e na terceira, clarinete, fagote e violoncelo (sem indicação de dinâmica). Nesta última, com a inclusão do violoncelo, Gomes dá mais uma indicação de que busca desvincular-se de uma escrita orquestral determinada pelo respeito às divisões em naipe, preferindo a livre associação entre instrumentos isolados ou, como no exemplo anterior, criando grupos mistos (trompas/trompetes – fagotes/clarinetes).

A transcrição presente no exemplo 11.1 refere-se ao início da *codetta* que fecha a primeira seção do prelúdio. Gomes cria, mais uma vez, forte correspondência entre a estrutura harmônico-formal e a orquestração ao introduzir os trombones e a tuba, que em forma de coral e em *pianissimo* realizam o movimento cadencial [VI – I], estabelecendo a nova tonalidade de si b maior:

Exemplo 11.1

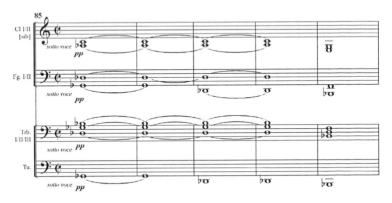

Como ocorrera também no exemplo 9 os metais são dobrados por clarinetes e fagotes, que parecem funcionar como suas sombras, indicando que Gomes procurava diluir a tinta forte do coral de trombones e tuba. O recurso é reforçado pela indicação *sotto voce* que o compositor antepõe às partes dos instrumentos desse trecho. A utilização de três trombones em harmonia fechada era uma prática comum na orquestração francesa e italiana daquele tempo. Ao preferi-los dobrados por madeiras Gomes, no entanto, distancia-se dessa tradição que privilegiava a limpidez dos trombones, pureza esta que se observa, por exemplo, no início da abertura da ópera *Nabuco*:

Exemplo 11.2

(Verdi, 1954, p.1)

Retornando ao prelúdio de *Fosca*, a tonalidade de si b que o coral de trombones e tuba prepara é, a seguir, confirmada por um recurso puramente orquestral: como transcrito no exemplo 12, Gomes simplesmente faz o si b soar num rufo de tímpano dobrado pelo bumbo, ambos em *ppp*, com um pequeno *crescendo* seguido de um *rallentando*:

Exemplo 12

Essa maneira de usar o tímpano remete-se àquela verificada no exemplo 5, mas com a dobragem do bumbo obtém-se uma sonoridade ainda mais sombria e grave. A eloqüência do efeito tímbrico desta fusão[8] preenche o vazio provocado pela ausência da cadência perfeita, fazendo com que a tonalidade de si b se imponha muito mais pelo efeito orquestral do que harmônico, e a grande pausa que se segue prepara a delicada seção *B*, escrita exclusivamente para cordas. A seção *B* apresenta-se como uma verdadeira seção contrastante. Mas ao escrevê-la em fá # maior, Gomes estabelece, enarmonicamente (sol b maior), a relação de terça maior com a tonalidade com que termina a seção *A* (si b maior). Esse tipo de relação tonal [I – VI] já havia sido usado na própria seção *A*, como mostra o exemplo 3 (a partir da alternância dos acordes de dó maior e lá b maior), e faz com que a seção *B* mantenha a unidade no encaminhamento das idéias temáticas.

Para a seção *B*, o compositor cria pela primeira vez no prelúdio uma textura de melodia acompanhada:

Exemplo 13

A melodia flui tocada pelos I violinos e acompanhada em *divisi* e trêmulo de arco por II violinos e violas, um tipo de textura orquestral, densa e aguda, bastante comum na segunda metade do século XIX e cujos exemplos mais influentes se encontram nos prelúdios de *La traviata*, de 1853, e principalmente nos prelúdios que Wagner

---

8 Berlioz, ao comentar seu *Réquiem*, refere-se a esta combinação instrumental naquela obra como portadora da idéia de estranheza e terror (Berlioz & Strauss, op. cit., p.392).

MUITO ALÉM DO *MELODRAMMA* 201

escreveu para o *Lohengrin*, de 1850, mas que estreou em Milão somente em 1873, mesmo ano que *Fosca*.

Se durante a seção *A* a música transcorreu quase o tempo todo na região grave, na seção *B* Gomes privilegia a região aguda, explorando a sonoridade das cordas com surdina em *ppp*. O tema contém o motivo que Mário de Andrade (op. cit.) associa, como motivo condutor, à clemência da personagem Fosca no desenvolvimento do libreto, e será analisado mais à frente tanto quanto à construção motívica quanto ao papel que desempenha no tecido temático da última versão.

A seção *A'* traz de volta o primeiro tema, agora na tonalidade de sol b maior. Nesse momento, exemplo 14, Gomes utiliza pela primeira e única vez os metais sem duplicações com instrumentos de outros naipes.

Exemplo 14

O tema aparece como das outras vezes em oitava e sem nenhum tipo de acompanhamento. Observa-se, porém, que nesta última seção o tema retorna metricamente contraído, ou seja, em um único compasso temos o equivalente a dois da seção inicial, pois as figuras foram trocadas de tal modo que a semibreve se tornou mínima, e assim sucessivamente.

O exemplo 15 indica a transcrição do primeiro dos dois únicos trechos do prelúdio em que Gomes utiliza a textura de *tutti* orquestral; o outro aparece como os quatro compassos finais:

Exemplo 15

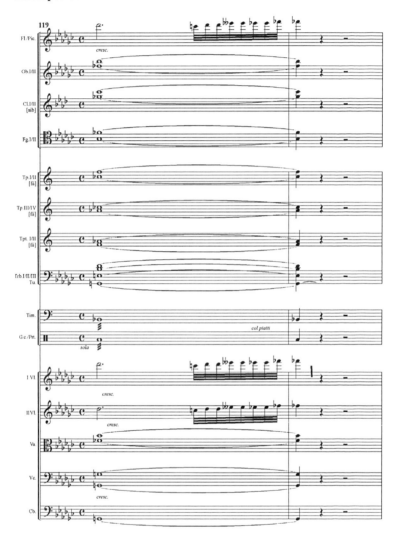

Nos dias que se seguiram à estréia da *Fosca*, em fevereiro de 1873, a imprensa de Milão publicou as críticas e resenhas relativas a esse trabalho de Gomes, cuja leitura e análise parecem indicar uma fria recepção tanto da parte dos próprios críticos quanto do público.

MUITO ALÉM DO *MELODRAMMA* 203

De fato, nos textos da imprensa milanesa consultados, os críticos constatam de forma quase unânime a frieza com que o público do *Scala* recebeu aquela nova produção do compositor campineiro. Alguns arriscam hipóteses sobre quais teriam sido as causas desse tipo de reação. Um deles, Filippo Filippi,[9] lamenta:

> ver um trabalho assim estudado, tão bem resolvido dramaticamente, que custou meses e meses de vigília, de cuidados, de preocupações ao pobre artista que o escreveu, ser tratado assim levianamente entre espectadores que se pretendem inteligentes e desejam ditar regras no teatro. (Carvalho, s.d.)[10]

Filippi não entende como uma obra, que visivelmente lhe pareceu tão bem elaborada, fosse mal compreendida. Outro comentarista, Rodolfo Paravicini,[11] embora reconhecendo o alto nível de labor artístico presente na obra, ensaia uma explicação. Para ele, foi exatamente o alto grau de elaboração da *Fosca* a causa do pouco apreço do público: "Um rápido exame da partitura da *Fosca*, entretanto, demonstrará quanta beleza escondida e quanto trabalho e reflexão deve ter custado ao egrégio maestro, nos dirá, talvez também, porque não conquistou o público e a razão da sua frieza" (Carvalho, s.d.).[12]

Nos dois fragmentos críticos transcritos acima os autores constatam a existência de um descompasso entre o grau de elaboração

---

9 Famoso crítico italiano, um dos admiradores da música de Gomes e que Vetro (op. cit., p.45) considera um wagneriano convicto.

10 No original: "vedere un lavoro cosi studiato, cosi bem riescito drammaticamente, che há costato mesi e mesi di veglie, di cure, di preoccupazioni al povero artista che l'há scritto, esser trattato cosi leggermente da quelli fra gli spettatori che la pretendono ad intelligenti, e vogliono dettar legge in teatro".

11 Futuro libretista de *Lo Schiavo*, de Carlos Gomes.

12 No original: "Un rapido esame dello spartito della Fosca, nel mentre dimonstrerà quante bellezze racchiuda e quanta fatica e quanti pensieri deve essere costata all'egregio maestro, ci dirà fors'anche il perchè non soggiogato il pubblico e il perchè della sua freddezza."

204 MARCOS PUPO NOGUEIRA

musical e o favor do público. A mesma dicotomia aparece, ainda mais eloqüente, em um fragmento de outra resenha publicada em abril de 1873, já citada anteriormente, em que o autor, sob o pseudônimo Dr. Verità, compara *Fosca* com *Il guarany*:

> será talvez mais bela, mas de uma beleza que se admira mais com a cabeça do que com o coração. [...] Talvez porque Gomes se preocupou mais em mostrar-se compositor distinto, valoroso contrapontista, *maestro*, enfim, no sentido científico da palavra e violentou sua natureza ardente, apaixonada, um pouco desenfreada, um pouco despreocupada de artista. (Carvalho, s.d.)[13]

Esse trecho crítico pode ser interpretado de várias maneiras. Numa delas, conclui-se que a imagem de Gomes após *Il guarany* passou a ser a de um compositor exótico, de *"natura ardente"*, e desapontava o crítico vê-lo às voltas com reflexões estéticas que poderiam prejudicar sua espontaneidade. Em outro trecho que reforça esta interpretação, o crítico arremata que, depois de *Fosca*, Gomes, "não será mais ele, terá perdido seu tipo característico, sem adquirir o nosso".[14]

No entanto, encontramos em outro trecho da crítica já citada de Fillipo de Filippi uma referência direta ao prelúdio, em que o articulista destaca especialmente a orquestração de Gomes por conter "fusões engenhosas" de sonoridade que indicariam um forte colorido orquestral:

> A *Fosca* possui um breve prelúdio, que alude ao verdadeiramente belo e original motivo característico dos piratas, que estabelece, podese dizer, quase a entonação geral de toda a partitura: já se sente na or-

---

13 No original: "sarà anche più bella, ma di quella bellezza che si ammira con la testa e non col il cuore.[...] Forse perchè il Gomes si preoccupó troppo di mostrare che sa essere compositore distinto, contrappuntista valente, *maestro*, insomma, nell'accetazione scientifica della parola, e fece violenza alla sua natura ardente, appassionata, un po'sbrigliata, un po'scapigliata, d'artista."

14 No original: "non sarà più lui, avrà perduto il suo tipo caratteristico, senza acquistare il nostro".

MUITO ALÉM DO *MELODRAMMA* 205

questra as fusões engenhosas de sonoridade que denotam um grande colorista. (Carvalho, s.d.)[15]

Para Fillipo de Fillippi, o motivo inicial do prelúdio cria uma forte coesão temática ao longo de toda a ópera. Essa característica poderá ser mais bem verificada na análise da última versão da peça de abertura de *Fosca*, presente na parte final deste capítulo.

Embora esta seja uma das poucas referências críticas explícitas ao prelúdio, é possível concluir, pela análise efetiva dessa partitura, que aquelas fusões tímbricas presentes na orquestração, por serem pouco usuais nos palcos Italianos daqueles tempos,[16] possam ter tido seu papel quanto à perplexidade da crítica e do público em relação a *Fosca*. A escrita, densa e de sonoridades sombrias meticulosamente construídas, pode ter levado a maioria dos críticos a considerar a obra como excessivamente "pensada" e sem espontaneidade. A questão da escrita orquestral fortemente matizada presente no prelúdio de *Fosca*, de 1872, representa uma das vertentes para compreender o afastamento de Gomes do estilo predominantemente vocal de seus contemporâneos italianos e indica sua busca por um papel mais preponderante para a orquestra na produção dramática.

O longo caminho do reescrever: a segunda versão do prelúdio e a Sinfonia da ópera *Fosca*

Em fevereiro de 1878, a revista *Gazzeta musicale* de Milão, referindo-se à nova encenação de *Fosca*, no Scala, informava: "A *Fosca*, que estes dias se interpreta em nosso Scala, pode-se dizer que é uma

---

15 No original: "La *Fosca* há un breve preludio, che accenna al veramente bello ed originale motivo caratteristico dei pirati, che stabilisce direi quasi l'intonazione generale di tutto lo spartito: gia si sente in orchestra delle fusione ingegnose di sonorità che dinotano un forte colorista".

16 Como já citado neste capítulo (p.195), Carse nota a preferência de Verdi por uma orquestração clara sem fusões tímbricas. (op. cit., p.287)

206 MARCOS PUPO NOGUEIRA

ópera quase toda nova. Lá, de tal modo está tudo mudado que podemos dizer que é uma produção original de fato''.[17]

A citação extraída da imprensa milanesa confirma o fato de Gomes ter modificado bastante sua *Fosca* desde a estréia, em fevereiro de 1873, no mesmo teatro, até essa nova realização.[18] Para essa apresentação o músico altera, entre outras seções, principalmente o prelúdio, do qual somente foi possível consultar apenas a redução para piano extraída da partitura vocal, editada pela Ricordi de Milão.

A nova versão do prelúdio mantém, em relação à primeira, a mesma estrutura geral (*ABA'*), mas altera, em *A*, a tonalidade inicial para mi b maior e modifica a escrita métrica, fazendo a mínima tomar o lugar que na primeira versão era da semibreve e, assim, respectivamente com os outros valores. Mais do que isso, a seção *A* (compassos 1 a 46, na 2ª versão) é quase inteiramente nova em relação à primeira (compassos 1 a 99). Quanto às demais seções (*B* e *A'*), são praticamente iguais às da primeira versão, inclusive no tocante à tonalidade, ao menos quando as comparamos em suas respectivas edições reduzidas, já que, como registrado acima, não foi possível encontrar o manuscrito orquestral da 2ª versão.

Para a última versão, a de 1890,[19] Gomes manteve as seções *A* e *B* exatamente iguais às da segunda versão, apenas a tonalidade foi transposta para ré maior e sol maior, respectivamente. No entanto, a seção *A'* foi inteiramente modificada e ampliada. Talvez em conseqüência das transformações, na edição vocal da Ricordi, correspon-

---

17 No original: "La *Fosca* di Gomes, che di questo giorni s'interpreta alla nostra Scala, si può dire un'opera quasi tutta nuova, che non da far nulla coll'antico melodrama dell'illustre maestro brasiliano. Vi è talmente mutato tutto, ed in special modo l'instrumentazione, da poterla dire una produzione affato originalle"

18 Antes desta nova montagem em La Scala, *Fosca* foi levada à cena no Teatro Colón de Buenos Aires em 7 de julho de 1877, encenação repetida no Rio de Janeiro no dia 15 do mesmo mês, como nos informa Vetro (op. cit., p.53). Não podemos afirmar, embora pareça provável, tratar-se da mesma versão à qual estamos nos referindo.

19 Esta última versão pode ter sido a mesma de uma encenação anterior que, como nos informa Vetro (op. cit., p.85), ocorreu em fevereiro de 1889 em Módena.

MUITO ALÉM DO *MELODRAMMA* 207

dente a essa última versão, apareça impressa pela primeira vez, no início da partitura, a expressão "sinfonia" e não mais prelúdio. E é com essa denominação que o jornal *Corriere della sera, de* 26 de outubro de 1890, refere-se à obra: "Os primeiros aplausos Gomes recebeu após a sinfonia composta recentemente para esta reprodução".[20] Outra publicação, *L'Italia*, na mesma data, usa também a expressão "sinfonia" ao relacionar as modificações que Gomes realizara em *Fosca*: "é necessário dizer [...] que as três novas peças da ópera: a sinfonia, a *romanza* do tenor no quarto ato e a cena final, são três belas páginas felizmente trabalhadas e felizmente escritas".[21]

A segunda versão, se comparada à primeira e à última, é um passo rigorosamente intermediário, por antecipar a seção *A* da última versão e manter iguais as seções *B* e *A'* da primeira.

A partitura[22] da sinfonia da ópera *Fosca* apresenta poucas diferenças de instrumentação em relação à primeira versão do prelúdio. As mais importantes são o acréscimo dos *cornette* e a utilização do recurso da fanfarra interna (trompetes e trombones separados da orquestra). A *cornetta* era um instrumento de origem francesa (*cornet à pistons*) criado provavelmente por volta de 1830. Gomes estava acompanhando, nesse caso, uma tendência iniciada na música orquestral francesa de agregar esses instrumentos aos tradicionais trompetes, tendência esta que fora também eventualmente incorporada por compositores italianos contemporâneos de Gomes, como Verdi, que usou-os em *Aida*, estreada em 1871. Quanto ao uso da fanfarra interna, deve ser notado que no mesmo período da estréia da última versão de *Fosca*, Gomes também se havia valido deste recurso no *intermezzo* (Alvorada) do III Ato da ópera *Lo Schiavo* (no

---

20 No original: *"I primi applausi il Gomes li ebbe dopo la sinfonia composta di recente per questa ripproducione"*.

21 No original: *"è necessario invece dire che i tre pezzi nuovi dell'opera: la sinfonia, la romanza del tenore al quart'atto e la scena finale, sono tre belle pagine felicemente compite e felicemente scritte"*

22 Nesta análise estamos nos valendo do manuscrito orquestral pertencente a Casa Editora Ricordi e para cotejamento, uma cópia manuscrita realizada por A. Torrini em agosto de 1910 no Rio de Janeiro.

208 MARCOS PUPO NOGUEIRA

qual se insere o famoso diálogo, com características descritivas, entre dois *cornette*), obra que estreou no Rio de Janeiro, em 27 de setembro de 1889.

Ao contrário da primeira versão, na qual as fusões instrumentais e a utilização inusitada de certos procedimentos orquestrais é o elemento mais notável da partitura, na *Sinfonia* a questão fundamental relativa ao pensamento sinfônico de Gomes refere-se ao desenvolvimento temático empregado em sua composição, principalmente quanto à coerência na composição dos temas a partir de motivos básicos.

Orquestração e estrutura formal não são, de forma alguma, elementos distintos numa composição sinfônica, mas sim complementares. Nesse sentido, pode-se concordar com o estudo de Giselher Schubert, publicado na revista americana *19 th Century music*, dedicado à análise do conceito de escrita sinfônica na obra de J. Brahms. No trecho em questão, o estudo põe em evidência exatamente o conceito de orquestração como inter-relacionado ao de estrutura formal, ao afirmar que "orquestrar é mais do que simplesmente escrever idiomaticamente para instrumentos", mas envolve uma intensa relação entre estrutura formal e escrita orquestral. Partituras de maior porte orquestral requerem "texturas mais polifônicas fundadas em contraponto ou em processos motívico-temáticos" (Schubert, 1994, p.13).

A correspondência apontada no estudo da revista americana, entre orquestração e processos motívico-temáticos, serve como um postulado para a análise da sinfonia da ópera *Fosca*. Na sinfonia, as relações temáticas mediadas por motivos básicos produzem desdobramentos temáticos que percorrem toda a partitura, desde as texturas orquestrais rarefeitas até as densas, conferindo-lhe coesão e diversidade. Embora não possamos afirmar aqui que a denominação "sinfonia" tenha sido dada pelo próprio compositor, pois o manuscrito da Ricordi não é autógrafo, podemos supor que ela significasse para Carlos Gomes uma obra de maior duração, na qual a organização formal era ainda mais necessária do que para um prelúdio. A suposição fortalece-se ao compararmos as denominações das peças de abertura das demais óperas de Gomes e suas respectivas durações aproximadas.

A noite do castelo	prelúdio	4'
Il guarany	prelúdio (original)	4'30"
Il guarany	sinfonia	8'30"
Salvador Rosa	sinfonia	7'
Maria Tudor	prelúdio	5'
Lo schiavo	prelúdio	4'30"
Côndor	prelúdio	4'

No caso de *Fosca*, o prelúdio de 1872 dura, como já vimos, aproximadamente 2'40"; o de 1878, cerca de 2'50"; e a última versão, denominada sinfonia, perto de 5'30". As peças com nome prelúdio têm, portanto, uma duração sempre menor do que aquelas chamadas sinfonia.

Na última versão de *Fosca*, o compositor campineiro aproveita na *Sinfonia* o mesmo tema com que iniciou os dois prelúdios anteriores:

Exemplo 16

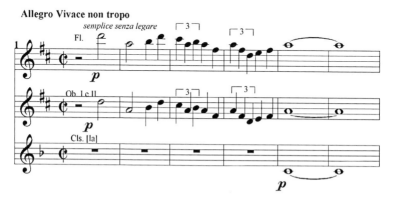

Observando esse tema mais detalhadamente nota-se que ele não constitui um período completo, ao menos no sentido de possuir um antecedente e um conseqüente. É um tema aberto, desde o início, a elaborações. Termina com uma nota longa, sem que nenhuma cadência determine claramente um repouso. Com seu quase pentatonismo (apenas a nota dó no terceiro compasso o evita), cria uma suave ambigüidade tonal com que Gomes busca sugerir imagens de um mundo de contorno um tanto lendário e aventuroso: o dos piratas da Istria, ao qual esse tema encontra-se associado na ópera. No entanto, possui uma estrutura bastante rigorosa. O tema, como mostra o esquema seguinte, constitui-se basicamente pela repetição de um motivo que chamaremos motivo *b*, cuja característica principal é o desenho melódico definido pelo intervalo de quarta descendente e outro de segunda ascendente. A primeira repetição é ornamentada e a segunda, uma repetição transposta. Há, ainda, outro motivo que chamaremos motivo *a*, definido pela alternância métrica ternário/binário e que surge normalmente imbricado, como na exposição, com o motivo *b*:

Exemplo 17

Em seguida, Gomes repete o mesmo tema, mas com nova instrumentação, na qual os fagotes são dobrados pelos violoncelos em *pizzicato*:

Exemplo 18

MUITO ALÉM DO *MELODRAMMA* 211

Na continuação o tema é repetido como no início, mas sem a parte do clarinete:

Exemplo 19

As duas repetições, no entanto, apresentam uma modificação importante: a substituição da nota longa final por uma pausa. O corte seco do último compasso cria uma interrupção repentina que difere do efeito suspensivo e estático da exposição inicial do tema, além de conferir concisão e agilidade a essa passagem que conduz à transição. A transição é o momento em que Gomes abre seu processo de transformações temáticas. Ela começa como se fosse outra repetição do tema, mas o músico, com uma simples modificação melódica, o dó natural, transforma a tônica de ré maior numa dominante com sétima que prepara a nova tonalidade, sol maior. Nota-se, ainda, o aparecimento de uma nova transposição do motivo *b* (compasso 17) em meio a uma seqüência descendente de quiálteras relacionada ao motivo *a*:

Exemplo 20

Contrariando a expectativa gerada pelas repetições anteriores de uma pausa ao fim desses quatro compassos, Gomes muda repentinamente o registro e a instrumentação, apresentando nos violoncelos e fagotes um material temático derivado dos dois motivos do tema inicial. Esta derivação (b^2) mantém a relação intervalar — assinalada no pentagrama auxiliar —, configurada pela quarta descendente e segunda ascendente do motivo b, e a combina com a fórmula métrica ternário/binário do motivo a. Ainda no material temático da transição, cujos quatro primeiros compassos aparecem transcritos no exemplo seguinte, é inserida uma pequena célula rítmica — assinalada com colchete c — nas trompas e trompetes que, como veremos adiante, antecipa o aparecimento de um novo motivo revelado plenamente apenas no segundo tema:

Exemplo 21

Na terminologia usada por Schoenberg, esse tipo de derivação, indicada acima (partes de violoncelo e de fagote), é chamada de "forma-motivo" por ser adaptável a novas funções formais (1991, p.36). De fato, esta derivação é usada em seguida como um dos motivos (b^2) do segundo tema, quando a tonalidade de sol maior é estabelecida com um grandioso *tutti* orquestral. Com a ajuda dos colchetes no esquema melódico dessa passagem pode-se observar como o compositor campineiro imbrica aquela forma-motivo da transição (b^2) — agora com valores métricos contraídos — com outro motivo (motivo c), cuja figura pontuada tinha sido antecipada na transição:

Exemplo 22

O motivo c, formado pela escala ascendente e o ritmo pontuado, como todos os demais, está presente também na trama da ópera. Mário de Andrade o definiu como a caracterização de "energia, coragem, força de decisão do pirata" (op. cit., p.257). O escritor e crítico modernista indica em seu estudo as várias formas (derivações) de que se reveste esse motivo, denominado por ele de "escala dos corsários", ao longo da ópera. Dos exemplos escolhidos por Andrade, transcrevemos abaixo o primeiro, no qual se observa a já citada interação entre a escala ascendente e a figura pontuada:

Exemplo 23

(Gomes,1986:15)

Mário de Andrade não indicou, porém, nenhuma das aparições desse motivo na sinfonia. No entanto, mais do que na ópera propriamente dita, é no pequeno espaço exclusivamente orquestral dessa peça (sinfonia) que o pensamento estrutural/sinfônico de Gomes mais se evidencia. Constata-se aí, com absoluta clareza, a existência de uma intrincada teia de motivos que se inter-relacionam, imbricam e geram novos temas.

Um bom exemplo desta afirmação é que, aliada à inegável espontaneidade melódica do segundo tema da sinfonia, Gomes articula a engenhosa combinação de motivos indicada no penúltimo exemplo. A cuidadosa fusão do motivo *b* e motivo *a* com o motivo *c*, no terceiro compasso desse tema, indica a intenção de Gomes de, mais do que simplesmente realizar uma colagem dos temas e motivos da ópera, compor, na sinfonia, uma trama temática, coerente e articulada.

Na seqüência, Gomes modula rapidamente para fá maior e faz reaparecer o primeiro tema em uma textura canônica a duas vozes (flauta/oboé). Em seguida, o processo é repetido meio tom acima (fá # maior) com a textura canônica por conta da flauta e clarinete:

Exemplo 24

* Na copia de A. Torrini esta parte é escrita para I oboé e o trecho assinalado não existe.

Nas gravações dessa obra, às quais tive acesso, esta última passagem é executada sempre a duas vozes (duas flautas ou flauta e clarinete). Ao suprimir a parte da segunda voz (segunda flauta ou primeiro oboé, conforme a cópia usada), os regentes que assinam tais gravações sacrificam o efeito das tríades paralelas, muito mais interessante do ponto de vista orquestral.

Como transcrito no trecho seguinte, a seção *A* termina com uma nova e sutil referência ao motivo *b*, explicitada de duas maneiras: primeiro por uma repetição em retrógrado (*r.*), ou seja, as três notas iniciais do solo de flauta, e pelo próprio jogo dos intervalos de quartas e quintas com que Gomes compõem o solo de flauta:

Exemplo 25

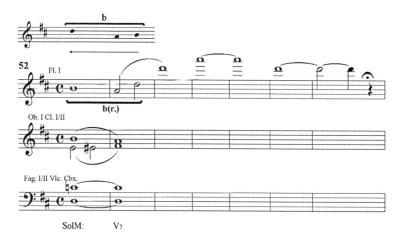

No início do II Ato de *Fosca* encontramos uma passagem orquestral semelhante à anterior (transcrita no próximo exemplo). No terceiro compasso surge o mesmo motivo em retrógrado seguido de uma resposta à quinta, que corresponde ao solo de flauta do exemplo anterior. Nota-se, por sua vez, nos dois primeiros compassos duas repetições ornamentadas do motivo *b*:

Exemplo 26

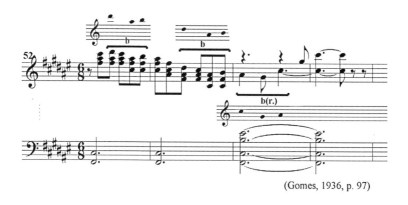

(Gomes, 1936, p. 97)

A seção *A* (da sinfonia) termina com aquele mesmo caráter suspensivo com que se iniciou, neste caso provocado pelo acorde de ré maior com sétima, do qual o solo de flauta é uma extensão. A nota si, dobrada pela flauta e oboé no exemplo10, pode também ser analisada como *uma suspensão* que se resolve na quinta do acorde de ré maior com sétima, fortalecendo ainda mais o efeito da suspensão. Tudo isso prepara o *andantino* de caráter lírico que caracteriza a seção *B* escrita na tonalidade de sol maior.

O tema da seção *B* apresenta também derivações dos motivos *a* e *b*, como elementos constitutivos da idéia melódica que caracteriza toda a passagem lírica confiada às cordas com surdina da qual foram transcritos os quatro compassos iniciais:

Exemplo 27

No primeiro compasso nota-se a sugestão do desenho melódico do motivo *b* (salto descendente e grau conjunto ascendente). No segundo compasso ocorre uma repetição, sem transposição, das três notas básicas do mesmo motivo em sua forma original; no terceiro a repetição ornamentada, e, no último compasso, o intervalo de quarta justa descendente aparece como uma reminiscência do motivo *b* — todas as referências a este motivo estão assinaladas com a letra indicativa. A relação métrica ternário/binário que caracteriza o motivo *a* surge, por sua vez, no terceiro e quarto compassos transformada numa relação quaternário/ternário. Tais características tornam o tema da seção *B* uma idéia inteiramente derivada do tema inicial.

Em seu estudo, Mário de Andrade relaciona esse "elemento melódico" à clemência da personagem Fosca, "quando aquela se resolve a conceder a vida a Paulo" (op. cit., p.257). O escritor situa a origem desse elemento melódico (motivo b) na "temática de Gaiolo, irmão de Fosca":

Exemplo 28

(Gomes, 1986, p.39)

A seção B termina com uma cadência perfeita sobre sol maior. Logo após esta cadência o primeiro tema reaparece, marcando o início da seção A'. Mais uma vez Gomes esboça com ele um cânone a duas vozes: a primeira, com a trompa e o fagote em uníssono, e a segunda, com violas e violoncelos também em uníssono:

Exemplo 29

A textura canônica estabelece, dessa forma, uma relação de simetria com as já citadas da seção A, provendo unidade formal à obra. Ainda no trecho anterior, podemos constatar a rapidez com que Gomes apresenta uma nova tonalidade: no último compasso, interrompendo o cânone em sol maior, o compositor campineiro escreve o acorde de mi b maior com sétima, que em seguida passa a sustentar, como pedal, o aparecimento de uma *variante do primeiro tema* tocada pela fanfarra interna em mi b maior, com valores dobrados.

A denominação desse tema como *variante do primeiro* tema deve-se ao fato de possuir, além da já citada modificação dos valores, uma disposição motívica ligeiramente distinta do primeiro tema, que oferece outro exemplo da grande flexibilidade com que Gomes trabalha seu material temático nessa sinfonia. O esquema seguinte indica, com ajuda dos colchetes, as novas disposições do motivo *b*: no pentagrama auxiliar superior a forma original (transposta); a forma contraída (*c*.); nos compassos 85 e 86 uma variante ornamentada. A configuração melódica deste tema é alterada em relação ao início da sinfonia de modo a possibilitar a inserção da forma invertida do motivo *b* (compassos 82 e 83):

Exemplo 30

Por um lado, ainda é importante notar que a configuração melódica desse tema, executado pela fanfarra interna, realiza plenamente a intenção pentafônica (si b – dó – mi b – fá – sol) apenas sugerida no início da obra. Por outro, uma vez mais, o compositor campineiro corta o compasso final, que no tema original era destinado à nota longa. Gomes, evitando a resolução harmônica, inicia com os violinos uma progressão, como a indicada no último compasso do exemplo anterior.

Ao fim dessa progressão, o compositor emprega outra *variante do tema inicial* para concluir com a cadência em sol maior. O resultado é uma passagem muito semelhante àquela do início da *transição* para o *segundo tema* na seção *A*, inclusive quanto à instrumentação:

MUITO ALÉM DO MELODRAMMA   219

Exemplo 31

Após a resolução em sol maior, Gomes apresenta pela primeira vez o *tema inicial* numa estrutura completa: o antecedente em sol maior e o conseqüente, que confirma uma nova modulação, desta vez para ré maior:

Exemplo 32

No início da seção final observa-se o modo como o compositor procura usar com flexibilidade o *primeiro tema*. Não se trata, ainda, de derivações como as que constatamos nas seções *A* e *B*, mas de adaptações a diferentes funções. O trecho transcrito em seguida é outro momento dessa maleabilidade. Gomes parte do tema como se fosse uma repetição e o transforma gradativamente numa nova progressão harmônica de caráter não temático:

Exemplo 33

Após essa progressão, a tonalidade de ré maior é alcançada definitivamente no compasso 155, a partir do qual Gomes expõe um novo e vibrante tema criado com derivações dos motivos anteriores como indicado no esquema a seguir (exemplo 34), no qual a configuração melódica do motivo assinalado nos dois primeiros compassos, transcrita no pentagrama auxiliar inferior, indica uma clara inversão ($i.$) do motivo b. O motivo assinalado no pentagrama auxiliar superior (b^2) indica, por sua vez, uma derivação (assinalada nos compassos 157-158) relacionada com o segundo tema da seção A (transcrito no exemplo 22):

Exemplo 34

Do modo como as derivações dos dois motivos iniciais foram trabalhadas por Gomes, o novo tema, portanto, pode ser considerado como a síntese dos dois temas da seção A. E é com esse mesmo material — repetindo-o num grande *tutti* orquestral (compasso 187) —

que a seguir Gomes alcança o ponto culminante da sinfonia. O esquema melódico do trecho indica como o compositor encontra oportunidade para a utilização também do motivo c como elo de ligação que prepara a volta do tema da fanfarra interna:

Exemplo 35

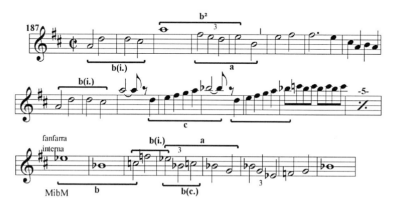

Após a fanfarra Carlos Gomes restabelece, com um gesto rápido, a tonalidade de ré maior e apresenta o último material temático, que prepara a conclusão da sinfonia de *Fosca*. Com a melodia a cargo dos sopros, o tema é composto por variantes de todos os três motivos, como mostra o esquema melódico:

Exemplo 36

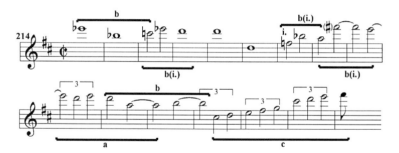

O tema final, portanto, condensa num único gesto — gesto especificamente orquestral — toda a beleza lógica com que o artista teceu os motivos da sinfonia: os colchetes com a letra *i* assinalam a presença de inversões do motivo *b*, a última delas (compassos 221-222) também uma referência à variante (salto de sexta) do motivo que Gomes utilizou para compor o tema da seção *B*. Colchetes assinalam também os motivos *a* e *c*.

Se a coesão temática da sinfonia de *Fosca* surge como conseqüência do desenvolvimento dramático da ópera como um todo — na qual os motivos condutores representam papel fundamental —, ao condensá-lo na peça de abertura Gomes o torna ainda mais evidente e bem sucedido. A forma geral da sinfonia de *Fosca*, embora seja bastante semelhante à da abertura italiana — movimentos rápido (seção *A*, com elementos da forma sonata), lento (seção *B*) e rápido (seção *A'*) —, difere do antigo modelo de sinfonia consagrado pela ópera napolitana exatamente pela unidade temática entre os movimentos. É, portanto, na coerência temática e no encadeamento lógico dos motivos que Gomes alcança a clareza de seu discurso sinfônico nessa sinfonia, tirando todo o proveito da plasticidade dos motivos do tema inicial, fazendo com que ele se desdobre em diferentes funções e novos temas sem obscurecer de nenhuma forma a exuberância exterior, tanto melódica como orquestral.

5
A SINFONIA DE *SALVATOR ROSA* (1874)

A ópera *Salvator Rosa*, que estreou no Teatro Carlo Felice, de Gênova, em 1874, foi o grande sucesso de Carlos Gomes na Itália, e muito mais amplo ainda do que o de *Il guarany*. Foi sua primeira partitura editada pela Ricordi, na época especialmente empenhada em conter o avanço dos dramas musicais de Wagner na Itália. Ao contrário da casa editora Lucca, que havia publicado as duas óperas anteriores de Gomes e que armara uma estratégia comercial apostando nas óperas de autores estrangeiros, principalmente Wagner, a Ricordi tinha como carro-chefe as óperas italianas, como as de Verdi e de um músico em ascensão, Ponchielli, que despontava como a grande promessa para a continuidade da hegemonia do teatro lírico italiano no cenário mundial.

Gomes teria sido cooptado pela poderosa empresa editorial da família Ricordi depois do relativo insucesso de *Fosca*, considerada por uma grande parte dos críticos como uma ópera wagneriana. A transferência para a nova editora e o rápido processo de composição da ópera *Salvator Rosa* indicariam, no entender de Marcos Góes, que o "novo rumo" que "convinha a Carlos Gomes "era justamente o da 'italianidade', da volta ao tradicional, do afastamento da pecha de wagneriano" (1996, p.183).

A associação a Wagner, com base no que dizia a crítica em relação a *Fosca*, deve-se, sobretudo, a dois fatores: o modo como Gomes

224   MARCOS PUPO NOGUEIRA

desenvolvera o material temático, interpretado como uma adesão do compositor brasileiro à técnica do *leitmotiv*, e o emprego de uma orquestração mais matizada e com freqüente uso de fusões instrumentais, na qual uma textura mais contrapontística predominava sobre o *cantabile espressivo*, aspecto característico da música lírica italiana, cuja invenção melódica não devia ser "perturbada" pelo acompanhamento. É reducionista, no entanto, a insistência quanto à "italianidade" ou à "wagnerianidade" da obra de Gomes — um falso dilema que limita a análise de seu discurso musical, ou seja, daquilo que realmente o compositor realizou em sua produção.

Em um ensaio de 1936, Mário de Andrade considerou o sucesso de *Salvator Rosa*, logo após a fraca recepção de *Fosca*, dois anos antes em Milão, como "quase um sarcasmo", pois significava para o crítico e escritor modernista um retorno de Gomes ao gosto popular depois do "único momento em que ele pretendeu se elevar acima de si mesmo, e avançar em arte um pouco além do ponto em que jazia a italianidade sonora do tempo". Para Mário de Andrade, Carlos Gomes mostrava-se um compositor não "animado daquele enceguecimento divino com que os criadores de orientações novas aceitam qualquer infelicidade exterior e se realizam apesar de tudo" (1936, p.252). Tal afirmativa, que por sua eloqüência se transformou num dos juízos de valor mais difundidos sobre o compositor campineiro, revela, no entanto, mais sobre o próprio Mário de Andrade do que sobre Gomes. Revela que o escritor modernista, ao menos em relação à música, partilhava de um vago ideal de inspiração romântica, segundo o qual a busca do sublime, movida por um "enceguecimento divino", é o objetivo máximo da arte, e para alcançá-lo são necessárias uma alta dose de heroísmo e de aceitação de "qualquer infelicidade". A expectativa de Mário de Andrade mostra-se condicionada a uma estética ainda romântica, segundo a qual a música "representa o contato mais direto com a Divindade" e seria portadora privilegiada de um "caráter sagrado, religioso, divino", definição cujas raízes, no dizer do pensador italiano Enrico Fubini, estariam nos escritos de Wackenroder, um dos precursores do movimento romântico (Fubini,1971, p.83). Mesmo que o fator heróico, ou seja, a con-

MUITO ALÉM DO *MELODRAMMA*   **225**

tinuidade do caminho definido por *Fosca*, apesar do fracasso de público e crítica, fosse realmente importante na avaliação da obra de Gomes — um compositor já um tanto afastado, geográfica e cronologicamente, do centro das idéias românticas —, escapou ao modernista o fato de que a versão de *Fosca* que lhe serve de apoio no ensaio é bem posterior à da ópera *Salvator Rosa* e refere-se à última edição da Ricordi, resultante das várias revisões realizadas durante os 18 anos entre a estréia da ópera, em 1873, e a montagem da versão definitiva, em 1890, no Teatro dal Verme de Milão. Embora Mário de Andrade não indique os dados da edição da partitura de que está se utilizando, vários fatores, entre eles a tonalidade e a numeração de página dos trechos da obra que transcreveu no ensaio, levam a concluir que se trata da edição para canto e piano correspondente à última versão da ópera publicada pela Ricordi.[1] Desse modo se estabelece uma contradição no julgamento do "heroísmo" de Gomes, pois as modificações que o compositor empreendeu na última versão, principalmente as que redundaram na substituição dos prelúdios pela sinfonia (analisada no capítulo anterior), mostram que o músico campineiro não renegou, mas aprofundou, ao final dos anos 80, suas idéias de 1873.

Seja como for, prosperou a fama "populista" e "revisionista" de *Salvator Rosa* em comparação com *Fosca*. Até Carlos Gomes teria colaborado com ela ao manifestar que compusera o *Il guarany* para os brasileiros, *Salvator Rosa* para os italianos (ou em "língua de público" na expressão de Mário de Andrade) e *Fosca* para os entendidos, configurando um certo endosso a uma posição restritiva quanto à filiação de sua própria obra. É uma frase de efeito sobre a qual não foi possível determinar a autenticidade, mas que tem sido repetida à exaustão por comentaristas da obra de Gomes, embora não possa ser considerada nem como verdade documental nem como verdade estética e é desprovida de importância em qualquer tipo de

---

1 Durante a pesquisa foram consultados o manuscrito orquestral autógrafo, que corresponde à primeira versão da ópera *Salvator Rosa*, e as edições correspondentes às duas últimas versões de *Fosca*, publicadas separadamente pela Ricordi.

226 MARCOS PUPO NOGUEIRA

análise objetiva de sua música, que deve ser considerada como a única fonte segura a indicar suas referências estilísticas e seu modo de dialogar com as tendências técnicas e estéticas das últimas décadas do século XIX.

A sinfonia de *Salvator Rosa*, embora não apresente o mesmo grau de coesão motívica de peças anteriores, compõe junto às sinfonias de *Il guarany* e *Fosca* o conjunto das três únicas obras de Gomes com essa denominação e as de maior duração (acrescente-se também o prelúdio do IV Ato de *Lo schiavo*) entre todas as composições orquestrais de Gomes para suas óperas.

A estrutura temática da sinfonia de *Salvator Rosa* sustenta-se sobre três materiais de contornos bem delineados, que serão denominados aqui como tema *a*, tema *b* e tema *c*, respectivamente. Esses três temas encontram-se distribuídos por sua vez em duas seções, seguidas por uma coda, formando um conjunto de proporções bastante equilibrado. Na primeira seção, Gomes expõe os dois primeiros temas de modo semelhante a uma forma ternária (*a* – *b* - *a*) com o tema *a* em ré b maior, o tema *b* em si b maior e a volta do tema *a* em ré b maior. A segunda seção apresenta uma variante do tema *b* (tema *b¹*) que por duas vezes se alterna como novo material (tema *c*), configurando um esquema *b¹*- *c* - *b¹*- *c*. Algumas características dessa seção fazem-na semelhante a uma seção central de um *allegro* de sonata. São elas: a expansão tonal que nela se verifica (dó # menor – sol maior – mi menor – mi maior) e a estrutura entrecortada por duas passagens de transição, que assumem, cada uma delas, aspectos de um pequeno desenvolvimento. Na coda, Gomes concilia conclusivamente as duas seções citando brevemente o tema *a* da primeira e o tema *c* da segunda.

O tema inicial da sinfonia (tema *a*) de *Salvator Rosa* é absolutamente rítmico e idiomaticamente instrumental. É uma fanfarra desprovida de qualquer interesse melódico, na qual podem ser notados dois elementos motívicos: as semicolcheias repetidas (indicadas pelo colchete *a*) e uma figura melódica ascendente (assinalada pelo colchete *b*):

Exemplo 1

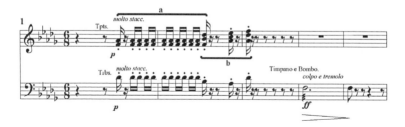

Na ópera, esse tema compõe a cena do II Ato em que Gennariello, o jovem amigo do pintor e poeta napolitano Salvator Rosa (um dos heróis da revolta contra o domínio espanhol de Nápoles durante o século XVII), narra ao povo reunido numa praça de Nápoles os combates entre os revolucionários e os defensores do vice-rei espanhol — assunto central da trama de fundo histórico (século XVII) que o libretista Antonio Ghislanzoni adaptou de um romance do escritor francês Eugène de Mirécourt. Com as semicolcheias repetidas, Gomes quer descrever os tiros de mosquete, enquanto o rufo de tímpanos e bombo representa o tiro de um canhão, sons que Gennariello, com vivo entusiasmo, tenta imitar para impressionar seus ouvintes. Trazido para abrir a sinfonia, esse tema, com suas notas repetidas em *stacatto* e a configuração fragmentada, propicia nos compassos seguintes uma elaboração intrinsecamente sinfônica, na qual o motivo básico se expande não melodicamente, mas timbricamente, passando por diferentes registros — aspecto inerente ao seu genuíno caráter orquestral —, como atestam os dois exemplos seguintes. O trecho transcrito no exemplo 2 indica três repetições de uma variante do elemento motívico do tema *a* (assinalado com colchete *a* no exemplo 1) em registros cada vez mais graves, cada um deles instrumentado de modo diferente.

A seguir (exemplo 3), num processo semelhante ao indicado no exemplo 2, a imitação do motivo inicial é realizada também pela percussão (tímpanos e bombo):

Exemplo 2

Exemplo 3

Ao contrário das sinfonias de *Il guarany* e *Fosca* não há nesta seção qualquer identidade motívica e nenhum processo de transição temática entre o tema *a* e o tema *b*, apenas uma passagem em *ritardando* em que o motivo das semicolcheias repetidas é utilizado novamente numa seqüência harmônica que termina no acorde de fá maior com sétima, dominante de si b maior, a tonalidade do novo tema.

Diversamente do tema anterior, o tema *b* é um idéia essencialmente melódica e *cantabile* e na ópera está associado à personagem de Salvador Rosa, já comentada:

Exemplo 4

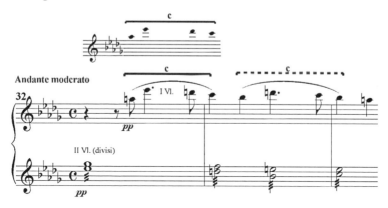

O motivo assinalado com o colchete *c* no exemplo 4 tem sua configuração diastemática (destacada na pauta auxiliar) definida pelo salto ascendente, compensado em seguida pelos graus conjuntos descendentes. O colchete pontilhado refere-se às pequenas alterações com que esse motivo é seqüenciado para completar o tema — modificações que alteram apenas o intervalo do salto ascendente inicial.

A exposição do tema *b* termina com um corte seco (compasso 40) por meio de uma cadência interrompida sobre o acorde de fá maior com sétima (V de si b maior) e, após uma grande pausa, o tema *a* retorna na tonalidade original de ré b maior:

Exemplo 5

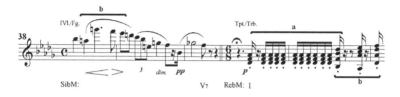

Nesse ponto, além da alteração do compasso, Gomes enfatiza ainda mais o contraste temático. No compasso 40, o acorde de fá maior com sétima pede a resolução em si b maior, mas em vez disso o compositor ataca, após a pausa, o tema em ré b maior (uma relação distante entre tonalidades maiores em relação de terça). No início da segunda seção, surge o tema claramente derivado do tema b, que é indicado como tema b^1:

Exemplo 6

No fragmento anterior (exemplo 6) o motivo tem uma configuração diastemática bastante semelhante à presente no tema b e o mesmo caráter *cantabile*, embora, em vista do andamento mais rápido e das variações de contorno melódico, o tema b^1 adquira um sentido mais agitado e mais aberto a transformações motívicas do que o seu correspondente na seção inicial (tema b).

A transição que se segue ao tema b^1 apresenta, pela primeira vez na sinfonia, um processo de transformação motívica que confere a essa passagem uma característica típica de desenvolvimento sinfônico:

Exemplo 7

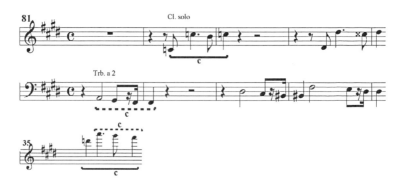

MUITO ALÉM DO *MELODRAMMA* 231

O motivo assinalado com o colchete *c* pontilhado na parte dos trombones deriva do tema *b*, como indicado na pauta auxiliar, enquanto na clarineta Gomes apresenta outra derivação, esta mais próxima do motivo do tema b^1. A passagem de transição chega a um ponto culminante no compasso 90, quando a variante desenvolvida na parte do trombone, no exemplo anterior, se apresenta num grande *tutti* orquestral:

Exemplo 8

A idéia que domina as transições do tema b^1 para o tema *c* da sinfonia está associada a uma passagem coral, localizada no final do I Ato da ópera, passagem em que o povo napolitano clama por sua liberdade. No entanto, somente na sinfonia o desenvolvimento dessa idéia se apresenta detalhado e estabelece uma relação coerente com o tema *b* e o tema b^1 a partir de transformações de seu motivo básico comum (motivo *c*).

Ao final da transição, Gomes alcança a tonalidade de sol maior e apresenta a idéia central dessa seção, o tema *c*:

Exemplo 9

O eixo diastemático do motivo desse tema (colchete c) está relacionado ao motivo básico do tema b^1, como indica a pauta auxiliar. A relação motívica é estabelecida pela presença no tema c do mesmo salto ascendente compensado pelo grau conjunto (ver exemplo 6).

Para completar a segunda seção, Gomes repete o mesmo processo, ou seja, repete o temas b^1 e o tema c, mas realizando modificações harmônicas que levam ao estabelecimento da tonalidade definitiva da sinfonia, mi maior. No entanto, na retomada dos dois temas a relação motívica entre eles torna-se ainda mais forte, principalmente se for considerado o manuscrito orquestral autógrafo, que contém uma passagem de seis compassos, omitida na edição para canto e piano e também em algumas gravações da sinfonia:

Exemplo 10

Essa passagem é um tipo de extensão do tema c e nela a relação entre o motivo do tema b^1 e do tema c (assinalada pelo colchete c) fica ainda mais clara, pois Gomes retira as notas cromáticas presentes em meio ao salto melódico ascendente, deixando apenas as notas principais do contorno melódico, exatamente como no tema b e b^1.

Quanto à nova transição, entre o tema b^1 e o tema c, o processo de desenvolvimento sinfônico verificado na primeira (ver exemplos 7 e 8) amplia-se, permitindo a Gomes estabelecer um tenso diálogo, notadamente a partir do compasso 160, entre dois grupos da orquestra por meio de variantes do motivo do tema b^1 (exemplo 11).

A coda é o ponto no qual se restabelece uma conexão com o tema inicial (tema a) da sinfonia e ao mesmo tempo ele é integrado ao tema c por meio de uma engenhosa transformação motívica já notada por Leo Laner em seu estudo analítico da ópera *Salvator Rosa* (Laner, 1936, p.8) (exemplo 12).

Exemplo 11

Exemplo 12

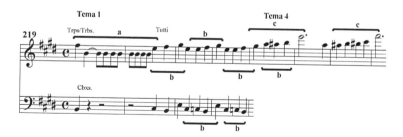

A passagem transcrita no exemplo anterior indica como Gomes transforma o motivo assinalado pelo colchete *b* do tema *a* para que se encadeie progressivamente ao motivo do tema *c*, de modo que os dois temas, aparentemente tão diferentes, estabeleçam entre si um vínculo temático que transforma a coda numa síntese de todas as idéias temáticas da sinfonia.

6
O PRELÚDIO DE *MARIA TUDOR* (1876): DIFERENÇAS DE CONSTRUÇÃO TEMÁTICA ENTRE GOMES E VERDI (SINFONIA DE *LA FORZA DEL DESTINO*)

Carlos Gomes morou na Itália durante a maior parte da segunda metade do século XIX (1864-1896), período em que concluiu seus estudos musicais e estreou a maioria de suas óperas, convivendo e competindo profissionalmente com os principais criadores da cena lírica italiana, entre eles Ponchielli, Boito, Catalani, o jovem Puccini e especialmente Verdi, a quem devotava grande admiração. No entanto, à parte a inegável influência musical exercida por Verdi tanto sobre o brasileiro (notadamente em suas primeiras óperas) quanto sobre os demais compositores líricos italianos da época, Gomes desenvolveu, em vários aspectos da arte da composição musical, um estilo próprio. Nesse sentido, a análise de seu estilo de construção temática conduz à revelação de sua singularidade em relação a outros compositores italianos, incluindo o próprio Verdi.

Procedimentos muito peculiares de construção temática podem ser observados com maior nitidez nas obras sinfônicas de Gomes, ou seja, naquelas criadas pelo músico brasileiro como peças de abertura para algumas de suas óperas, como *Il guarany, Fosca, Maria Tudor* e *Lo schiavo*. Nestas, Carlos Gomes condensa na escrita sinfônica da abertura, e de forma ainda mais evidente e bem sucedida do que na própria ópera, a coesão temática do drama. Algumas das características relativas ao estilo temático e seus desdobramentos podem ser notadas ao comparar duas obras em vários aspectos tão semelhantes entre si e nas quais seus autores fizeram uso, na peça de abertura, de temas recorrentes extraídos da ópera. São elas o prelúdio da ópera *Maria Tudor*, de Gomes, concluído em 1878, e a sinfonia que Verdi criou para *La forza del destino*, quando a revisou para a estréia no Teatro alla Scala, em 1869, sua última grande produção no gênero.[1]

Os temas que dão início a cada uma dessas obras sinfônicas apresentam semelhanças quanto à configuração de seus respectivos motivos. A transcrição do primeiro tema da sinfonia da ópera *La forza del destino*[2] (exemplo 1) — tema que na ópera está associado ao motivo do "destino" — indica que a idéia de Verdi, de extraordinária tensão e ansiedade, constrói-se com dois motivos *a* e *b* assinalados pelos respectivos colchetes, repetidos obstinadamente:

Exemplo 1

Esses motivos guardam, por sua vez, certa semelhança melódica e rítmica com os dois que compõem o primeiro tema do prelúdio da ópera *Maria Tudor*,[3] de Carlos Gomes. A idéia é retirada do *concertato* do final do III Ato, no qual se expressa a vontade de vingança da protagonista Maria Tudor, rainha da Inglaterra:

---

1 Após a abertura para *La forza del destino* Verdi compôs apenas o curto prelúdio para a ópera *Aida* e abandonou definitivamente a prática de escrever obras de porte exclusivamente orquestral para suas últimas produções líricas.
2 *La forza del destino*: ouverture to the opera.
3 Para a análise desta obra foram usadas a partitura orquestral autografada, pertencente ao setor de Música da Biblioteca Nacional, do Rio de Janeiro, e a redução para piano publicada pela Editora Ricordi, em co-edição com a Funarte, em 1986.

Exemplo 2

Os motivos assinalados com o colchete *a*, nas duas obras, possuem uma conformação similar de semicolcheias que resulta num impulso em anacruse, de grande tensão. Os motivos indicados pelo colchete *b*, por sua vez, configuram-se de modo análogo a uma *appoggiatura* em segunda menor, superior e inferior respectivamente, que cada compositor procura ressaltar — Verdi por meio de um *crescendo* e Gomes pelo acento na primeira nota. No exemplo relativo ao prelúdio de *Maria Tudor* (exemplo 2), o motivo assinalado pelo colchete b^1 é uma variante do motivo *b* e terá papel importante na composição do segundo tema, como se notará mais à frente.

Na terceira parte da abertura de Gomes, um novo tema (motivo identificado pela letra *c*) também apresenta certo parentesco quanto ao desenho melódico e rítmico com outro tema da peça de Verdi. Trata-se de uma referência à melodia da marcha dos condenados presente no IV Ato de *Maria Tudor*:

Exemplo 3

O desenho em arco da melodia e o arpejo ascendente em semínimas, presentes nesse tema do prelúdio de *Maria Tudor*, também podem ser identificados em outra melodia da abertura *La forza del destino*, que tem sua origem na frase "Deh, non m'abbandonar" da protagonista Leonora, no II Ato da ópera de Verdi:

Exemplo 4

As semelhanças entre as duas obras, no entanto, terminam aí. Na composição da sinfonia para *La forza del destino* Verdi prefere criar o conflito dramático por meio da confrontação entre os temas contrastantes e manter seus motivos inativos quanto ao potencial gerador de relações temáticas. Principalmente, Verdi opta na sinfonia de *La forza del destino* pelo recurso da sobreposição de temas, método de que se utiliza sem recorrer à interação entre os motivos. Assim ocorre no *andantino*, no qual a melodia (a mesma cantada pela personagem Álvaro no IV Ato, cena I), tocada por flauta, oboé e clarinete em uníssono, surge sobreposta ao tema do "destino":

Exemplo 5

As duas melodias, imperturbáveis, seguem paralelamente durante os dezesseis compassos dessa seção sem que nenhuma relação, a não ser a tonal, se estabeleça entre elas. Os temas são de tal modo diversos que a sobreposição acaba por apresentar um interessante efeito de simultaneidade de tempos diferentes.

No *andantino mosso* da mesma abertura nota-se, também, o mesmo procedimento:

MUITO ALÉM DO *MELODRAMMA* 239

Exemplo 6

Nesta seção os temas do "destino" (exemplo 1) e aquele originado pela frase de Leonora (exemplo 4) caminham rigorosamente sobrepostos. A Verdi parece interessar apenas o contraste de tintas fortes criado pela sobreposição.

Ao contrário de Verdi nessa obra, Gomes, no prelúdio de *Maria Tudor*, recorre ao processo de transformações temáticas[4] para alcançar a coerência do discurso sinfônico a partir de motivos presentes nos temas. Cria, desse modo, uma rede mais densa e coesa de relações temáticas, algo que pode ser observado já no início do prelúdio, durante a transição para o segundo tema, transcrita abaixo:

Exemplo 7

---

4 O conceito de transformações temáticas é usado aqui no sentido que lhe deu Rudolf Reti, segundo o qual processos de variação relacionados à estrutura e formato de motivo (estrutura intervalar, padrão métrico ou posicionamento das notas) dão origem a temas novos que unificam diferentes movimentos ou seções de uma obra (1951).

Gomes elabora aí uma cuidadosa transformação do motivo b do tema inicial que resulta numa variante b' e que se define pela inversão do desenho melódico. Essa transformação já se havia esboçado no tema inicial (ver exemplo 2).

É importante notar que a transformação do motivo b é deflagrada em meio a uma trama contrapontística a duas vozes, na qual o diálogo entre as partes é destacado por sutis variações tímbricas representadas pelos três grupos de instrumentos indicados no exemplo acima. Os motivos assinalados pelos colchetes a, b, e b' surgem configurados por meio de uma escrita claramente imitativa que favorece ainda mais as relações entre eles, já que eles se comportam de modo semelhante a sujeitos e contra-sujeitos numa composição tipicamente fugada. Desse modo, a transição, matizada e coerente, prepara o novo tema que surge com brilho diferenciado, obtido pela fusão dos primeiros violinos, oboé e flautim.

O novo tema é construído, então, pela repetição seqüenciada do motivo b do tema inicial e sua variante b' que neste caso irrompem deslocados no compasso — como já insinuado na exposição do primeiro tema (exemplo 2) —, recurso que incrementa o tom exasperante dessa primeira parte do prelúdio:

Exemplo 8

O segundo tema, portanto, é composto inteiramente a partir do motivo b do tema inicial. A conexão entre o primeiro e segundo temas, mediada pela transição, estabelece o sentido de continuidade e coerência temática no prelúdio da ópera *Maria Tudor*. Essa coerência, por sua vez, está presente até mesmo em materiais temáticos secundários que compõem a conclusão da primeira seção do prelúdio, como o que está transcrito no exemplo 9, no qual uma progressão do motivo a conduz aos fortes acentos relacionados ao motivo b':

Exemplo 9

Outras configurações do motivo b e b' podem ainda ser observadas no tenso diálogo entre os metais, que prepara a volta de um fragmento do segundo tema (compasso 69):

Exemplo 10

No início da segunda seção (*largo molto lento*), com um solo de trombone, Gomes faz uma breve, mas importante, citação de outro tema também extraído da ópera, correspondente à salmodia, oração cantada pelos frades que acompanham o condenado no IV Ato. O motivo da salmodia está relacionado ao motivo b' e é cuidadosamente preparado (seis primeiros compassos) por uma idéia diretamente relacionada ao primeiro tema:

Exemplo 11

O motivo da salmodia é aqui definido como uma derivação, pois mantém o mesmo eixo melódico do motivo b', definido pelo intervalo de segunda como uma apojatura superior (ver exemplo 2). Desse modo, a seção central do prelúdio é de fato uma passagem que expõe a identidade entre esses dois temas da ópera, o tema da vingança (motivo a) e o da oração para o condenado (motivo b^1), presságio da trágica resolução do drama que será condensada na terceira e última parte do prelúdio de *Maria Tudor*, o *largo cantabile espressivo*.

Uma marcha, originada na cena do cortejo dos condenados presente no IV Ato, abre a última seção do prelúdio. A análise da idéia completa desse tema — já parcialmente assinalado no exemplo 3 — indica um grande contraste interno. Enquanto seu antecedente é construído com uma nova idéia, motivo c, que expressa a solenidade trágica do cortejo dos condenados, o conseqüente abriga os dois motivos oriundos do primeiro tema (a e b'), alusão aos duros acentos associados à idéia de vingança da protagonista, que dominaram toda a primeira parte:

Exemplo 12

O motivo b' com seu acento e apojatura inaugura o contraste, e o motivo a, embora apareça adaptado como quiáltera ao compasso quaternário, não perde aquela impulsividade do início mas, ao contrário, provoca neste novo contexto temático uma interferência angulosa, causada pelo desenho melódico irregular das semicolcheias acentuadas sobre a monótona simetria da marcha.

O emprego dos chamados motivos condutores também em aberturas ou prelúdios era bastante comum nas óperas compostas no

MUITO ALÉM DO *MELODRAMMA* 243

período. Objetivava preparar ou resumir a ação dramática. Tanto a sinfonia de Verdi para *La forza del destino* quanto o prelúdio de Gomes para *Maria Tudor* encaixam-se nesse modelo. No entanto, a concepção que os dois compositores tinham do processo, observada nas obras aqui analisadas, não era a mesma. Enquanto Verdi evita as transformações temáticas e a continuidade dramática que se configuraria nos enlaces entre motivos — algo que poderia ser considerado como uma aproximação com o *leitmotiv* wagneriano —, Gomes descarta a compartimentação temática, evitando que o prelúdio se transforme num mero encadeamento mais ou menos eficaz de melodias retiradas da ópera.

No prelúdio de *Maria Tudor* o compositor paulista abre mão da invenção melódica diversificada que caracteriza a sinfonia de Verdi, preferindo estabelecer muitos nexos entre poucas idéias, como o que se observa na construção do tema da terceira parte (exemplo 12). A "invasão" de motivos do tema inicial na terceira parte é um exemplo do modo programático com que Gomes trabalha os motivos condutores nessa obra. Ao inserir motivos relacionados à protagonista Maria Tudor na marcha do condenado rumo ao cadafalso — ou seja, na música que acompanha os passos de Fabiani, o amante e traidor da rainha —, Gomes quer fundir num só tema conteúdos conflitantes como vingança, amor e perdão. Para tanto, utiliza motivos flexíveis e dinâmicos que representam as intensas variações emocionais de Maria Tudor diante da proximidade da execução do amado.

Além da já aludida opção de Verdi na abertura de *La forza del destino* de sobrepor os temas sem relacioná-los por meio de nexos entre motivos, o compositor italiano cria idéias tão claramente desenhadas, tão individuais, estáticas e singulares quanto ao contorno melódico, que não permitem e nem pretendem enlaces temáticos. Nesse sentido, a criação de cada um dos temas da abertura é intrinsecamente "melódica" e desinteressada na interação entre os motivos. Assim, pode-se observar nas principais idéias temáticas da abertura de Verdi: 1) a singularidade quanto à expressão melódica e rítmica de cada uma delas, 2) simetria entre suas frases, e 3) a cadência final sempre sobre a tônica, que fecha harmonicamente em si mesma cada uma das idéias. É o que se pode notar no *andantino* cuja melodia tem origem na música cantada pelo personagem Álvaro, durante a cena I do IV Ato:

Exemplo 13

ou com o tema relacionado à protagonista Leonora:

Exemplo 14

ou ainda nesta melodia que abre a última seção da abertura de Verdi:

Exemplo 15

MUITO ALÉM DO *MELODRAMMA* **245**

Todos esses exemplos mantêm na abertura o mesmo *cantabile* das melodias originais da ópera. Verdi não abre mão, mesmo na forma sinfônica, da vocalidade de origem dos temas de *La forza del destino*. E a singularidade, somada a certa dose de previsibilidade melódica desses materiais, é transferida à abertura sem nenhuma perda. O modo como são encadeadas estas melodias, acrescentado ao fato de terem sido originadas da ópera, acaba por configurar essa abertura como do tipo *pot-pourri*. O conceito de *pot-pourri* foi usado por Richard Wagner[5] para definir — sempre preocupado com o significado dramático de qualquer parte da ópera — as aberturas nas quais o compositor retirava as principais melodias do drama como se separasse "imagens isoladas da ópera" para inseri-las na *ouverture*, "mais preocupado com o efeito do que com sua importância e alinhando-as uma ao lado da outra" (1912, p.9). Vale lembrar que Charles Osborne, em seu estudo sobre as óperas de Verdi, também admite a mesma classificação ao definir a abertura para *La forza del destino* como "um compêndio de algumas das melhores melodias da ópera unidas pelo motivo do destino..." que, após sua completa exposição, "continua a ser ouvido ameaçadoramente sob o *pot-pourri* de melodias que se segue" (1970, p.342).

O tema a que se refere Osborne como "motivo do destino" (já assinalado no exemplo 1), embora mantenha quase todas as características dos demais, destaca-se por sua recorrência ao longo da abertura. Torna-se desse modo um elemento unificador, ou seja, o único elo entre os diferentes materiais favorecendo aquele processo já referido de sobrepor a esse tema as demais idéias.

A conduta de Verdi toma, assim, o lugar da continuidade temática praticada por Gomes no prelúdio da *Maria Tudor*, continuidade esta centrada no forte vínculo entre motivos. O "motivo do destino", em Verdi, é o único a sofrer variações, sendo a mais notória a indicada no exemplo seguinte, no qual o motivo inicial (motivo *a* no

---

5 Este conceito é definido por Richard Wagner em seu estudo *Über die Ouverture* e é comentado no capítulo 2.

exemplo 1) torna-se sujeito de um pequeno fugato iniciado no compasso 143:

Exemplo 16

Esse tipo de variação, no entanto, fica restrito à elaboração de desdobramentos do "motivo do destino", nada realizando quanto aos nexos entre as demais idéias melódicas e motivos.

Os temas do prelúdio de Gomes, ao contrário, apresentam uma configuração aberta às transformações temáticas, como a que se observa no tema da "vingança", cujos motivos geram todas as demais idéias presentes na primeira e segunda partes e também se acham associados ao tema da marcha dos condenados na terceira:

Exemplo 17

Esse tema já denota uma ansiedade por desdobramentos futuros representada pelas várias configurações de seus motivos. A figuração sinuosa do motivo *a* parece querer expandir-se para além de qualquer delimitação tonal ou fraseológica e o acento sobre a sensível presente no motivo b fornece o impulso explosivo para essa expansão. Ao final basta um trilo sobre a nota si, seguido da cadência suspensiva, e o tema encadeia-se imediatamente através da transição (dois primeiros compassos do exemplo seguinte), que prepara o segundo tema (já analisado no exemplo 8) que se extingue nas oitavas, também em suspensão:

Exemplo 18

Na segunda parte, o tema da salmodia já indicado no exemplo 7 termina sobre a dominante, evitando na seção central uma cadência sobre a tônica:

Exemplo 19

Do início ao final da segunda parte, Gomes evita a cadência completa sobre a tônica (lá menor), criando o ambiente harmônico ideal para a expressão da continuidade dramática e favorecendo a livre movimentação dos motivos.

O prelúdio de *Maria Tudor* concentra-se nos dois últimos atos do drama histórico originado da peça homônima de Victor Hugo. Os 160 compassos do prelúdio procuram resumir de forma puramente sinfônica o drama complexo criado por Hugo. O método empregado por Gomes para tanto é calcado nas transformações que se passam com os motivos, e estes, por sua vez, encontram-se associados a determinados sentimentos e situações. Assim, surgem os temas da vingança, da oração dos frades e da marcha do sentenciado rumo à execução, que abre a última parte do prelúdio. Após a exposição desse tema (transcrito no exemplo 8), Gomes realiza a síntese sinfônica final, que remete à tentativa frustrada de Maria Tudor para evitar, no último momento, a morte de seu amante Fabiani, por ela mesma condenado. Combinando os mesmos elementos temáticos do início do prelúdio com o tema da marcha do condenado, o compositor paulista transfigura os sentimentos de Maria Tudor, que se convertem de ira e desespero em resignação e calma diante do fato consumado. Os meios utilizados para isso são puramente musicais:

Exemplo 20

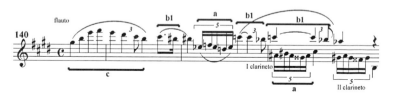

Nesta passagem, o motivo *a* do tema inicial ressurge agora na forma de um suave grupeto em quiáltera de cinco semicolcheias, nada mais restando da impulsividade que o caracterizava na primeira parte do prelúdio. Após rápida referência ao tema da marcha do condenado (motivo *c*), Gomes sobrepõe polifonicamente os motivos da vingança (indicados pelos colchetes *a* e *b'*). A própria leveza da instrumentação — madeiras agudas em *piano* — concorre para a conciliação entre materiais originados de temas contrastantes, temas que na verdade são representações de sentimentos contraditórios. A coda do prelúdio confirmará esta solução dramática.

Na última seção do prelúdio, em meio a uma textura levemente polifônica, enquanto Gomes articula os motivos principais de forma a desfazer a ansiedade, a impulsividade e os acentos do tema da vingança, a marcha do condenado, hesitante de início, transmuda numa grande frase ascensional. E o prelúdio finaliza com uma última evocação do motivo das semicolcheias (motivo *a*). Sob a indicação de *pianissimo* e *rallentando* o motivo da vingança despede-se transfigurado:

Exemplo 21

Embora Gomes também recorra à sobreposição temática em vários momentos dessa obra, ele o faz, como se observa claramente neste último exemplo, de modo bastante diverso de Verdi (ver exemplos 5 e 6). No prelúdio de *Maria Tudor* os motivos interagem entre si e, em função do tratamento contrapontístico, o estilo imitativo sobressai. Nunca os temas são sobrepostos na sua íntegra, como em Verdi, mas em fragmentos tratados por Gomes com muita flexibilidade por meio de variações e de transformações temáticas. Em função da escrita freqüentemente polifônica, a música flui por registros muito diversificados, nos quais a orquestração ajuda a pontuar os motivos que se distribuem por toda a paleta sinfônica.

A sinfonia para a ópera *La forza del destino* é uma das obras-primas de Verdi no gênero, e sobre o prelúdio para *Maria Tudor* pode-se afirmar que o compositor brasileiro atinge um de seus melhores momentos nesta forma orquestral. Mas ao contrário de Gomes, o músico italiano prefere a pincelada vigorosa e as cores bem definidas e contrastantes representadas por melodias simples e de corte simétrico. Gomes, por sua vez, trabalha seu prelúdio objetivando a continuidade temática e distancia-se, nessa obra, da abertura como *pot-pourri*. Em termos estritamente musicais, alcança enfim a essência do drama escrito por Vitor Hugo e adaptado para ópera pelo poeta e libretista *scapigliato* Emilio Praga.

7
OS PRELÚDIOS ORQUESTRAIS DE
LO SCHIAVO (1889)

Após quase treze anos, desde o espetacular fracasso de sua ópera *Maria Tudor* no Teatro alla Scala em Milão, Gomes fazia estrear em 1889 uma ópera nova, *Lo schiavo*. Durante o longo período de mais de uma década vários libretos foram avaliados, mas nenhuma ópera finalizada e boa parte do tempo de aparente silêncio foi tomado por revisões de *Fosca*, que acabaram proporcionando outras duas versões, a que estreou em Milão, em 1878, e outra, que pode ser considerada contemporânea de *Lo schiavo*, cuja sinfonia foi objeto de estudo no capítulo 4, levada à cena em 1889 no Teatro Municipale de Módena e, em 1890, no Teatro dal Verme, em Milão.

A história da criação e produção da ópera *Lo schiavo* foi a mais conturbada entre todas as do compositor paulista, e o libreto, escrito por Rodolfo Paravicini, baseado em várias fontes. Primeiro houve o esboço original de Alfredo D'Escragnolle Taunay, o eclético engenheiro militar de ascendência francesa, poeta e romancista que, ao lado de André Rebouças — outro célebre engenheiro do Segundo Reinado —, foi o mais fiel dos amigos de Gomes. No texto original de Taunay, fortemente engajado na luta abolicionista, a ação passava-se no Rio de Janeiro no início do século XIX e o protagonista era um negro liberto. O autor de *Inocência* inspirara-se numa peça de Alexandre Dumas (filho), *Les Danicheff*, editada em 1876. Segundo o escritor e biógrafo de Carlos Gomes, Marcus Góes, em razão de sucessivas modificações levadas a efeito por Gomes e seu libretista, a ação foi transportada para o ano de 1567, época da ocupação francesa do Rio de Janeiro, e o tema da escravidão negra no Brasil mudou para um assunto indígena à época da invasão francesa no Rio de Janeiro e inspirado no poema de Domingos José Gonçalves de Magalhães, "A confederação dos tamoios" (Góes, 1996, p.325-331). Em vista de outros conflitos entre Gomes e Paravicini, a produção teve de ser encenada pela primeira vez não em Milão ou Bolonha, para onde vinha sendo preparada a estréia, mas no Rio de Janeiro, tendo como palco o Teatro Imperial D. Pedro II, em 27 de setembro de 1889. Dedicada à princesa Isabel, a obra tornou-se simbolicamente um marco do fim do período monárquico brasileiro.

Prelúdio do I Ato

O prelúdio da ópera *Lo schiavo* possui apenas 44 compassos e duração aproximada de cinco minutos. Formalmente não pode ser classificado como abertura clássica, relacionada à forma sonata, ou a uma variante da abertura francesa. Nem ao menos pode ser relacionado ao modelo italiano de abertura (a *sinfonia avanti l'opera*) como ocorre com o prelúdio, ainda mais curto que este, criado por Gomes para a primeira versão de sua ópera *Fosca*, estudada no capítulo 4. O plano tonal, por sua vez, é bastante restrito, estruturado como está por poucas tonalidades e, assim mesmo, apenas esboçadas — lá menor – dó maior – mi maior – lá menor – lá maior – lá menor. Mesmo a tonalidade principal (lá menor) não está plenamente estabelecida, já que o prelúdio não conclui sobre ela, mas sim, e sem nenhuma preparação, sobre o III grau (dó maior), mantendo a ambigüidade tonal entre estas duas tonalidades, o que permeia quase toda a peça. Além dessa ambigüidade tonal, o ritmo das mudanças harmônicas é lento, uma vez que a maior parte das tonalidades do plano tonal do prelúdio se apresenta apoiada em longos pedais que reduzem a velocidade das mudanças harmônicas. Em função disso, o resultado geral é quase estático do ponto de vista harmônico, com as melodias flutuando livremente sobre os grandes espaços abertos pelos pedais.

Uma obra descrita dessa forma, e por seu frágil efeito conclusivo, poderia ser facilmente classificada apenas como um tipo de introdução à primeira cena da ópera e, desse modo, dispensada de autonomia musical ou de qualquer compromisso mais profundo com a especificidade formal e orquestral requerida de uma peça sinfônica plenamente realizada. No entanto, a aparente fragilidade não impede que se investigue mais detalhadamente o prelúdio, começando por sua estrutura formal geral, que servirá como guia para o estudo das transformações dos temas e motivos mais à frente. As linhas melódicas dos temas do prelúdio progridem alternando configurações modais e tonais.

A estrutura geral da peça é composta por três seções. A inicial, seção *A*, configurada na forma ternária, compreende três períodos. O primeiro, que chamaremos de *a* (lá menor), está transcrito no exemplo seguinte:

Exemplo 1

A primeira frase possui uma clara configuração modal — assinalada na pauta auxiliar — em que a nota si bemol, descendo para a nota lá, indica o modo frígio. O conseqüente do período termina sobre dó maior, terceiro grau de lá menor, indício da primeira manifestação de ambigüidade tonal que irá caracterizar todo o prelúdio, como mencionado anteriormente.

O segundo período (*b*), também em lá menor, é uma variante do primeiro, mas desta feita a melodia, mais uma vez com o oboé, surge apoiada por um pedal sobre a dominante, que é realizado por violoncelos e contrabaixos. A pauta auxiliar resume a configuração melódica desta passagem também no modo frígio:

Exemplo 2

Denominaremos a^1 o período final da seção A, pois nada mais é do que a repetição do primeiro período *a*, mas desta vez com uma pequena diferença: há um pedal sobre a tônica realizado pelos fagotes, em apoio a todo o trecho:

Exemplo 3

A seguir Gomes compõem uma seção central que pode ser denominada *pequeno desenvolvimento*. Duas variantes do material temático da seção A constituem esta passagem. A primeira, em dó maior, é sustentada inteiramente por um pedal sobre dó:

Exemplo 4

Após repentina mudança de tonalidade surge a segunda parte, em mi maior, apoiada por um pedal sobre a sua dominante:

Exemplo 5

A seguir há uma ponte, cuja função é retomar a tonalidade principal (lá menor) e preparar a seção B, função que torna essa ponte mais exatamente um tipo de retransição.[1] No exemplo seguinte, a passagem cromática que enfatiza a dominante de lá menor aparece assinalada por linha pontilhada:

Exemplo 6

A seção B, também em lá menor, é o ponto culminante de todo o prelúdio e apresenta um novo tema. Seu desenho melódico simples e repetitivo não passa de um giro melódico no âmbito de uma quarta, tomando a nota mi por eixo. A pauta auxiliar indica uma configuração melódica mais uma vez no modo frígio:

---

1 Esta terminologia encontra-se definida por Arnold Schoenberg, que entende o termo como auxiliar para a compreensão das passagens de preparação para o retorno de um tema, ou uma tonalidade (1991, p.219).

Exemplo 7

A última parte do prelúdio pode ser denominada seção A', por estar dividida em duas partes (c e a'), ambas diretamente relacionadas à seção inicial. A primeira, em lá maior, apresenta a configuração harmônica mais diversificada de todo o prelúdio. Novamente surge certa ambigüidade tonal quando Gomes, a partir do compasso 37, prepara uma pequena digressão para fá # menor, que é interrompida no compasso 39 com a retomada da dominante:

Exemplo 8

O último acorde do exemplo anterior (mi maior com sétima) prepara a última parte da seção final do prelúdio, uma repetição do a' da seção A, com o pedal desta vez a cargo das cordas:

Exemplo 9

MUITO ALÉM DO *MELODRAMMA* 257

Todo esse material temático apresentado no prelúdio advém da ópera. Assim como ocorrera com o prelúdio de *Maria Tudor*, também no prelúdio de *Lo schiavo* Gomes procura expor com a orquestra o cerne dramático ou poético da ópera. Busca a coerência temática nos desdobramentos e imbricações dos dois motivos principais, associados, na ópera, à protagonista Ilara.

O prelúdio expõe o lamento de Ilara, a índia dividida entre o amor a Américo — o português que simboliza a escravidão de seu povo — e a fidelidade ao heróico e rebelde Iberê, com quem teve de se casar forçada pelo pai de Américo, o conde feudatário português Rodrigo, como estratégia para afastá-la de seu filho. Carlos Gomes fixa no prelúdio a essência do drama vivido por Ilara. Na composição da peça orquestral nada diverge ou contrasta com o lamento de Ilara, a escrava que se vê impedida de consumar seu amor. Todo os temas e seus desdobramentos concorrem para dar forma sinfônica ao lamento.[2]

O ponto de partida de Gomes para construir o prelúdio está no *andante pastoral*, presente no começo do III Ato da ópera, após a ária de Ilara, *Ciel de Parahiba*. Toda a seção *A* do prelúdio é, exceção feita a pequenas mas importantes modificações que serão destacadas mais à frente, praticamente uma cópia transposta (fá menor na ópera e lá menor no prelúdio) da introdução orquestral para o dueto de Ilara e Iberê. Mesmo as demais seções do prelúdio, salvo algumas compostas especialmente para ele, também estão diretamente relacionadas àquele material.

Quanto à consistência, ou escopo estrutural, requerida de uma forma sinfônica, é possível concordar com o crítico João Itiberê da Cunha, que notou em um dos primeiros estudos sobre a ópera *Lo schiavo* (1936, p.295) a ausência de "maior desenvolvimento" no prelúdio. No entanto, não deixa de ser igualmente notável o modo com que Gomes traz para essa breve página orquestral o drama de

---

2 Lamento não é aqui uma expressão usada apenas no sentido psicológico do termo, mas no sentido formal, como uma referência estilística aos *lamenti* muito em voga na música lírica italiana do século XVII. Basta lembrar do *Lamento de Ariana*, de Monteverdi, e do *Lamento de Mustafá*, de Luigi Rossi.

Ilara, delineando suas linhas fundamentais em linguagem puramente sinfônica. Essa característica da peça de abertura de *Lo schiavo* assemelha-se à que Wagner apontou em algumas aberturas do repertório clássico em seu estudo sobre a abertura, comentado no capítulo 2 deste trabalho. O compositor alemão faz uma referência à abertura de *Les deux journées*, de Cherubini, considerando-a uma peça sinfônica composta tal qual um "esboço poético da idéia central do drama" (Wagner, 1912, p.7). A escolha de Gomes de escrever o prelúdio concentrando-o em um aspecto destacado do drama ("a idéia central do drama") evita que a peça de abertura de *Lo schiavo* se transforme numa colcha de retalhos temáticos, na qual a linha geral do drama, ou sua substância mesma, se dispersaria.

A primeira alteração apresentada no prelúdio em relação ao *andante pastorale* do III Ato da ópera é o corte dos cinco compassos iniciais daquela cena — uma passagem em dó maior em que as flautas e clarinetes pontuam e ajudam a descrever a cena bucólica de Ilara colhendo flores e que Gomes reservará para a seção final (seção A'). O prelúdio começa, portanto, pela passagem seguinte, na qual o oboé solo representa o lamento de Ilara em meio à paisagem descrita nas informações cênicas no início do III Ato como uma selva "inculta", em que "tufos de flores" espalham-se misturados a "troncos gigantescos de árvores abandonadas ao chão" (Gomes, 1986d, p.197). Mas, ao contrário da cena da ópera, o tema surge inicialmente sem nenhum tipo de acompanhamento, como se Gomes preferisse destacar no prelúdio a solidão de Ilara:

Exemplo 10

O motivo principal do tema inicial está assinalado pelo colchete *a*, sendo as três últimas notas graus conjuntos descendentes (colcheia pontuada com apojatura, semicolcheia e mínima), o que compõe seu elemento mais característico. No compasso 3 esse elemento apresenta sua primeira transformação: uma expansão em direção à dominante, indicada melodicamente no final da primeira frase com as notas sol # – si – mi. O elemento assinalado passa a ser denominado neste trabalho como motivo do lamento de Ilara em função dos versos que ela canta na passagem correspondente na ópera: "A estrela do amor iluminou o cavaleiro... depois do crepúsculo... brilhou como se fosse o sol e guiou o cavaleiro", trecho que se refere à partida de Américo, razão do lamento de Ilara.

No próximo exemplo, correspondente ao segundo período (b) da mesma seção, nota-se uma variante do tema anterior em que o salto de quarta aparece invertido e ligeiras modificações em seu desenho melódico enfatizam o sentido sempre descendente:

Exemplo 11

Ainda no período acima (o segundo da seção A), a segunda frase revela um novo motivo (assinalado pelo colchete b) — motivo recorrente em toda a ópera e associado ao amor conflituoso de Ilara por Américo, já que na cena correspondente na ópera, enquanto a orquestra expõe o tema acima, Ilara canta o seguinte verso em estilo declamatório: "Volta a empalidecer ao pôr do sol, ó flor incerta... tua dor é igual ao meu sofrer: a ti falta a luz... a mim falta o amor". É importante destacar que Gomes introduz esse novo motivo em meio à expansão em colcheias do primeiro (indicada no exemplo pelo colchete pontilhado), recurso que representa a intenção do compositor de estabelecer um vínculo bastante forte com o primeiro motivo. Na ópera, no ponto exato em que surge esse novo motivo em quiáltera, Gomes faz coincidir em uníssono o canto e a orquestra, reforçando a associação do motivo com o sentimento de Ilara. Embora esse tema e o anterior sejam uma transposição exata de uma passagem do *andante pastoral* do III Ato, ao antecipá-los no prelúdio Gomes estabelece entre os dois motivos uma relação temática que favorece a coesão de toda a obra.

A necessidade de coesão interna por meio de relacionamento entre motivos ou transformações temáticas fica ainda mais evidente na seção correspondente ao pequeno desenvolvimento — seção exclusivamente composta para o prelúdio e dividida em duas partes, como indicou a análise morfológica anterior. Na primeira delas — outra variante do primeiro tema — o novo material temático, o *motivo do amor de Ilara* (motivo b), desponta no compasso 16 inserido melodicamente na primeira frase, num tipo de fusão com o motivo inicial (assinalado com o colchete b), como indicado no exemplo seguinte:

Exemplo 12

Na segunda parte (mi maior) do pequeno desenvolvimento encontra-se, ademais, uma terceira referência ainda mais explícita ao motivo relacionado ao conflito amoroso de Ilara. Gomes sobrepõe à outra variante do tema inicial (agora em mi maior), uma linha construída com o desenho melódico correspondente ao motivo b. Tal procedimento ajuda a integrar de forma polifônica os dois motivos do prelúdio. Estabelece dessa maneira um diálogo contrapontístico que se intensifica ainda mais quando, no último compasso, incorpora também a quiáltera à configuração melódica do motivo do amor de Ilara, parte integrante deste na ópera:

MUITO ALÉM DO *MELODRAMMA* 261

Exemplo 13

Assim, Gomes mais uma vez faz, e literalmente, o segundo motivo "despontar" do primeiro e com isso prepara gradualmente a exposição do novo tema. Mas antes, compõe inteiramente a passagem seguinte (ponte) com o motivo do amor de Ilara desvinculado agora de qualquer interação com o motivo do lamento. Sobre uma base cromática sua repetição insistente prepara a volta para a tonalidade principal de lá menor:

Exemplo 14

A passagem citada, evidentemente, não tem apenas a função de restabelecer a tonalidade de lá menor, mas principalmente a de antecipar o novo tema, inteiramente composto por repetições do motivo do amor de Ilara e envolvido pelo contexto melódico do modo frígio. A progressão cromática transcrita no exemplo anterior prepara o ponto culminante do prelúdio, em que o motivo do amor de Ilara alcança sua mais forte intensidade dramática para compor o tema da seção *B* exposto pelos metais da orquestra:

Exemplo 15

Na seção B, Gomes encerra o processo gradativo de transformação temática do motivo relacionado ao amor de Ilara, elemento que na ópera tem papel central no desenvolvimento da ação dramática. No entanto, somente no prelúdio o processo acha-se completo e seus desdobramentos articulados numa seqüência lógica. No exemplo 16 estão as cinco conformações assumidas pelo motivo de amor de Ilara. A de número 1 corresponde a uma fração do tema b da seção A; a número 2 refere-se à primeira parte do pequeno desenvolvimento; a variante número 3 desponta polifonicamente na segunda parte do pequeno desenvolvimento; a número 4 aparece isolada na ponte que leva à seção B, e, finalmente, a número 5 constrói o próprio tema da seção B:

Exemplo 16

Na última seção (seção A^1), Gomes praticamente transcreve os dez compassos iniciais do *andante pastoral* do III Ato, correspondentes aos dois períodos c e a^1 do prelúdio. Mas deve ser assinalada, além da transposição já referida, uma importante modificação de ordem

MUITO ALÉM DO *MELODRAMMA*   263

harmônica realizada na seção A^1 do prelúdio. Na ópera, o encadeamento harmônico correspondente ao período c (uma variante de a) do prelúdio configura um caminho tonal mais tradicional (lá b maior – dó maior), no qual o terceiro grau alterado se transforma na dominante da tonalidade do período seguinte, a^1 (fá menor). Como esse último período termina também sobre o terceiro grau, toda a seção fica unificada pela tonalidade de lá b maior. No prelúdio, por sua vez, o período c está em lá maior, mas quando alcança o terceiro grau (dó # maior) Gomes cria uma extensão, acrescentando mais um compasso no qual irrompe, repentinamente, o acorde de mi maior com sétima em lugar do fá # menor esperado, preparando a volta da tonalidade de lá menor. Este procedimento possibilita um novo sentido ao contraste entre os dois períodos da seção final do prelúdio, permitindo que o efeito "climático" da mudança de modo (lá maior – lá menor) desempenhe com maior eficácia o seu papel, pois mantém a nota lá como eixo tonal em ambas as partes.

O primeiro período em lá maior é uma referência à cena, muito mais poética do que dramática, de Ilara contemplando solitária as flores selvagens. A instrumentação com flautas e clarinetes sugere leveza, enquanto a textura polifônica e a maior riqueza harmônica dessa passagem trazem movimento ao ambiente bucólico. Depois da súbita mudança de modo, Gomes expõe o período final do prelúdio criando o clima sombrio com que Ilara recobra a consciência quanto ao seu destino.

O contexto harmônico da seção A^1 serve de apoio para outros desdobramentos e inter-relações dos motivos principais do prelúdio, tornando esta última seção uma espécie de síntese entre eles. Gomes, ao reservar a primeira parte do *andante pastoral* da ópera para iniciar a seção final do prelúdio e não a inicial, buscou assinalar o sentimento nostálgico e contemplativo de Ilara, representado pelo motivo do lamento (assinalado pelo colchete a) e contrapô-lo contrapontisticamente ao motivo do amor (colchete b) que, com seu desenho reiterado e circular sobre uma única nota, é a representação do amor impossível da escrava Ilara por Américo. A primeira parte da seção A^1

apresenta, portanto, uma textura polifônica em que a linha da primeira flauta expõe uma variante do primeiro tema, enquanto a linha da segunda flauta progride com motivos originados tanto do primeiro tema quanto do motivo do amor de Ilara. Gomes, ao compor polifonicamente a simultaneidade de motivos, cria a ilusão de conciliação dos sentimentos de Ilara:

Exemplo 17

Nota-se, no exemplo acima, que a parte da segunda flauta (resumida na pauta auxiliar com o colchete *b*) realiza tanto o mesmo giro melódico — limitado pelo intervalo de terça — quanto a configuração métrica da quiáltera, ambas características marcantes do motivo do amor e que estão combinadas a elementos do motivo do lamento. Na voz superior, a primeira flauta realiza uma variação do motivo do lamento, na qual a figuração em saltos de colcheias e semicolcheias (compasso 37) constitui um elemento levemente descritivo, sugerindo o vôo de pássaros e ajudando a compor o cenário bucólico a que esse tema se refere.

O último período, a^1, é praticamente idêntico à seção inicial (A). A única exceção diz respeito à instrumentação do pedal, antes indicada para fagotes e agora escrita para cordas. Gomes, após a preparação harmônica observada nos dois últimos compassos do exemplo anterior, restabelece o tom de lamento e solidão de Ilara e conclui o prelúdio sem mais nenhuma referência ao motivo do amor:

Exemplo 18

O prelúdio para *Lo schiavo*, apesar de breve e extremamente sintético, com muitas de suas linhas recortadas de uma única cena da ópera, sem mudanças, reúne vários aspectos que podem ser considerados exemplos de eficiência na tradução do cerne dramático, ou poético, da ópera. Ilara, com seu lamento, solidão e amor impossível, domina inteiramente o prelúdio. Os motivos a ela associados articulam-se, dialogam e fundem-se no tecido sinfônico buscando coesão e sentido dramático e poético. O modalismo, ao configurar a maior parte dos temas, busca evocar, ainda que sem nenhum critério etnomusicológico mais aprofundado, o povo tamoio. Os pedais, que diminuem o ritmo harmônico, criam o "espaço" adequado para o lamento de Ilara com suas apojaturas melódicas quase sempre descendentes, compostas de modo semelhante aos processos de representação poético-sonora do madrigal italiano conhecidos como "pintura de palavra".[3] Acima de tudo, Gomes quer definir a essência do drama de sua ópera por meio da articulação precisa dos dois motivos relacionados a Ilara. Mais do que na sinfonia de *Fosca*, ou mes-

---

3 A expressão "pintura de palavra" é bastante utilizada com referência principalmente ao madrigal italiano do final do século XVI e início do século XVII. O musicólogo alemão Manfred Bukofzer referiu-se a este aspecto dizendo que a princípio a *musica reservata* havia sido circunscrita à órbita dos Países Baixos, mas "os compositores italianos também desenvolveram a refinada técnica de representação pictórica no madrigal italiano." (1948, p.5)

mo no prelúdio de Maria Tudor, sob vários aspectos muito mais consistente musicalmente do que este pequeno prelúdio, Gomes alcança a síntese sinfônica da ópera.

Prelúdio do IV Ato (*Alvorada*)

O prelúdio orquestral, conhecido como *Alvorada brasileira*, está inserido no final da passagem coral dos tamoios, passagem que se segue à ária de Iberê, *Sogno d'amore, speranze di pace*. O contexto em que surge o prelúdio em meio ao último Ato (cenas 3 e 4) é uma das passagens mais complexas da ópera por combinar de modo contínuo vários elementos cênicos, como uma ária lírica, um coro de guerreiros e o próprio prelúdio orquestral. É uma passagem noturna que representa o temor da tribo dos tamoios que seu mais valoroso guerreiro, o antes rebelde Iberê, desista de fazer a guerra aos portugueses por amor a Ilara. Como pano de fundo, a iminência do ataque da armada portuguesa.

A famosa página sinfônica é a peça em que Carlos Gomes mais se aproximou do gênero desenvolvido por Liszt — o poema sinfônico —, já prefigurado nas sinfonias programáticas de Berlioz. Desde meados do século XIX o poema sinfônico tornara-se a forma orquestral mais difundida e também a mais apreciada por criadores que buscavam um tipo de música sinfônica de cunho menos abstrato do que a sinfonia clássica e que fosse mais permeável às influências musicais regionais e populares, além de possibilitar toda uma gama de referências literárias. O gênero programático prosperou ainda mais rapidamente em países do Leste Europeu, ou junto a povos que se sentiam à margem da tradição musical européia, cujos compositores se mostravam ávidos por afirmar uma identidade cultural própria. O prelúdio orquestral do IV Ato de *Lo schiavo* é o nosso *Rio Moldavia*. Como na obra do tcheco Smetana, Gomes se propôs a descrever musicalmente quadros da natureza urdidos por um verdadeiro programa poético. Entreteceu, em território puramente sinfônico, geografia e história: a baía da Guanabara —

emoldurada pela Serra dos Órgãos — e a luta dos portugueses para retomar aos franceses o sítio em que já começava a se instalar a cidade do Rio de Janeiro.

Na partitura vocal de *Lo schiavo* (op. cit.), cuja redução para canto e piano foi realizada pelo próprio Carlos Gomes que, utilizando como artifício um anagrama de seu nome, assinou sob o pseudônimo de G. Loscar, pode-se encontrar junto às pautas do prelúdio pequenas legendas indicativas do significado programático de cada uma de suas seções. Por ser uma obra francamente descritiva e programática, no processo de análise foram mantidas as legendas em cada um dos exemplos correspondentes. A estrutura formal desse prelúdio corresponde integralmente à estrutura cênica e literária imaginada para esse trecho da ópera, que consiste na representação da passagem do tempo pontuada pela aurora. O prelúdio começa exatamente pela representação da noite à beira-mar:

Exemplo 19

"No silêncio profundo da noite ouve-se o abafado murmúrio do mar que bate nas rochas vizinhas à tenda de Iberê"

(Gomes, op. cit., p. 308)

Gomes escolheu as cordas (mais à frente acrescidas de sopros) para representar o "profundo silêncio da noite". Em andamento lentíssimo (*molto largo*) determinou para a seqüência inicial do prelúdio apenas acordes em posição fechada, cuja densa sonoridade contribui para descrever a escuridão, assim como a indicação da dinâmica pianíssimo corresponde à inalcançável metáfora do silêncio. O bater das ondas nas rochas, por sua vez, é articulado pelo *sforzando*

e reforçado por um impulso dado pelas fusas tocadas nos violoncelos e contrabaixos. O monótono ir e vir das ondas do mar revela-se tanto nos crescendos e decrescendos quanto pelo próprio tipo de encadeamento dos acordes (todos maiores, com exceção do de II grau que prepara a cadência em ré maior, concluindo a seção como indicado no exemplo 20). Tais acordes possuem pouca direcionalidade tonal (ré maior – fá # maior – dó maior – ré maior), girando livremente em torno da tônica. Apenas nos dois últimos compassos dessa seção a tonalidade de ré maior é claramente confirmada para indicar os primeiros sinais, ainda tênues, do fim da noite:

Exemplo 20

"A cena ilumina-se gradativamente"

(idem, ibid.)

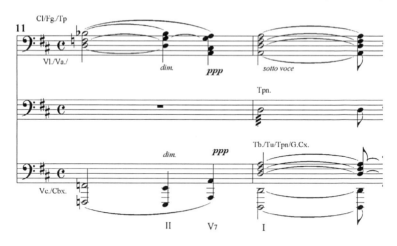

A primeira seção do prelúdio apresenta um modo de utilização dos acordes com objetivo muito mais descritivo do que exatamente tonal. Uma certa desconexão harmônica pareceu a Gomes mais adequada à representação do fenômeno natural das marés, assim como o clima de tensa expectativa que ronda essa cena. A seguir aparece uma seção em que a escrita orquestral se mostra mais polifônica e com maior diversidade de timbres para descrever os primeiros indícios do novo dia:

Exemplo 21

"A orquestra, preludiando, descreve o despontar da aurora brasileira e vai intensificando-se sempre com variedades de sons"

(idem, ibid.)

As frases ascensionais da seção, transcritas no exemplo anterior, são a representação da primeira aurora. Em relação à primeira frase (compassos 13 a 16) a segunda possui uma textura ainda mais matizada e diversificada, cumprindo assim o papel de símile das primeiras cores sob o fundo negro da noite. Essa seção contrasta com a anterior por sua maior direcionalidade harmônica (a primeira frase é definida por uma cadência plagal e a segunda, por uma autêntica). Para indicar com maior clareza que o dia começa a despontar, Gomes conclui a passagem não em ré maior como a anterior, mas numa terça maior acima, fá # maior. Apesar de empregar recursos obviamente descritivos para abrir o prelúdio, Gomes não quer fazer da peça orquestral algo exclusivamente "ambientista", ou sem conexão com o drama, e em razão disso o motivo principal dessa seção, assinalado com o colchete *a* no exemplo anterior (exemplo 21), é uma variação do tema da ária de Iberê — *Sogno d'amore, speranza di pace* — que precede o prelúdio, procedimento que permite manter o fluxo contínuo e coerente do drama. Para tanto, basta observar o trecho inicial da ária lírica do guerreiro tamoio:

Exemplo 22

Na seção seguinte surge, junto aos primeiros raios de sol, o som da inúbia, mais exatamente o membitarará, instrumento de sopro de som grave semelhante ao da trompa — a trompa guerreira dos tamoios. Na partitura, Gomes reproduz a sonoridade abafada do instrumento com um acorde diminuto com sétima menor em 2ª inversão instrumentado com a tuba, e as trompas posicionadas fora do palco para enfatizar a idéia de sons distantes. O acorde escolhido não possui função tonal, sendo aqui usado para "reconstruir" a sonoridade da inúbia que, ao surgir em meio à paisagem bucólica da manhã, confere à cena um caráter de preparação bélica:

Exemplo 23

"De tempos em tempos ouve-se ao longe o som rouco da inúbia guerreira no campo dos tamoios"

(idem, p.309)

As partes correspondentes ao I e II violinos reverberam (enarmonicamente) como ecos distantes as notas do acorde das trompas e tuba, completando a configuração dos sons guerreiros dos tamoios irrompendo ao mesmo tempo que o novo dia.

Gomes compõe o prelúdio com seções interligadas. Um fluxo contínuo é mantido enquanto fragmentos descritivos ou evocativos "narram" a história. Um exemplo são os primeiros cinco compassos (*largo*) da passagem seguinte na qual, a partir do acorde/timbre da trompa guerreira (compasso 28), as alterações cromáticas iniciam um processo harmônico, cuja função é criar uma retransição para retomar a tonalidade de ré maior, na qual se inicia a seção seguinte (*andantino animato*):

Exemplo 24

"No mar, à distância, vê-se a frota portuguesa perfilada em posição de ataque.

Do navio-almirante ouvem-se os toques da corneta que chamam a alvorada."

(idem, ibidem)

A seguir, a fanfarra surge no *andantino animato* e anuncia ao mesmo tempo o novo dia e a presença da armada portuguesa. Essa "imagem" sonora dos toques da alvorada antepõe-se ao som da inúbia guerreira dos tamoios e configura o contexto bélico da cena. Na continuação, Gomes acrescenta ainda um novo elemento, o canto dos pássaros, que se mistura à reverberação longínqua da inúbia simbolizada agora por outro acorde diminuto com sétima menor também em 2ª inversão (dó - mi - fá # - lá) tocado pelas trompas:

Exemplo 25

"Bandos de pequenos pássaros, esvoaçando em todas as direções, alegram com seus variados cantos a chegada da aurora".

(idem, ibidem)

Mais à frente, ainda nessa seção, Gomes faz a fanfarra da armada portuguesa calar a inúbia dos tamoios. Na manhã que progressivamente se abre são os sons cada vez mais próximos dos trompetes que agora se fundem ao canto dos pássaros, completando a representação da vitória portuguesa contra os tamoios, aliados dos franceses. Para isso, Gomes vale-se de três elementos musicais de forte caráter denotativo: o acorde diminuto nas trompas (a reprodução do timbre da inúbia), as imitações dos cantos de pássaros, desenvolvidas nas partes das flautas e violinos, e os toques militares dos metais. O acorde diminuto dá lugar a um acorde de ré maior com sétima e as trompas silenciam nesse momento para abrir espaço aos sons enfáticos dos trompetes (exemplo 26).

Após essa passagem ressurge, na seção seguinte, outra variante do tema da ária lírica de Iberê, com seu desenho melódico sóbrio, mas inexorável como a força da natureza que marca o nascimento do dia. O sonho de Iberê, definido na ária pelas palavras "amor" e "paz" de seu canto (ver exemplo 22), manifesta-se agora na passagem calma e bucólica transcrita no exemplo 27.

Exemplo 26

Exemplo 27

"Entre as palmeiras à beira-mar esconde-se e gorjeia docemente o amável sabiá."

(idem)

Gomes volta ao tema lírico de Iberê, não somente para evocar o transcorrer do tempo, mas acima de tudo para antecipar o desfecho do drama e reafirmar que o centro do prelúdio é o conflito vivido por Iberê. Conflito cujo motivo e fluxo melódico com o qual se manifesta costuram todas as demais referências naturais e históricas presentes no prelúdio. O motivo de Iberê, ressurgindo depois da fanfarra que anuncia a aurora e a presença da armada portuguesa, evoca a dupla renúncia do guerreiro tamoio: seu amor por Ilara e a luta contra os portugueses, desfecho da ópera. Enquanto o prelúdio do I Ato foi todo de Ilara, o do IV Ato é de Iberê. Mas as duas páginas sinfônicas, como se verá a seguir, estão de tal modo interligadas tematicamente que acabam por formar o grande arco estrutural da ópera.

O motivo que caracteriza a ária lírica de Iberê, trazida para o prelúdio do IV Ato, é na verdade uma derivação do motivo que ao longo da ópera caracteriza o guerreiro tamoio e seu povo. Sua primeira aparição na cena 3 do I Ato tem a seguinte configuração:

Exemplo 28

Comparando-a com o motivo presente na ária de Iberê (*Sogno d'amore, speranze di pace*) nota-se uma clara relação motívica explicitada pelos colchetes:

Exemplo 29

Esse nexo temático entre os dois motivos é, na verdade, apenas um dos vários elos que se multiplicam por quase toda a ópera, sendo responsáveis pela continuidade dramática que Gomes desenvolve em *Lo schiavo* — processo favorecido pela forte identidade motívica entre seus dois principais materiais temáticos. Desse modo, o tema do guerreiro Iberê (exemplo 28) está diretamente relacionado ao motivo do amor de Ilara com o qual Gomes trabalha no prelúdio do I Ato (ver exemplo 15).

MUITO ALÉM DO *MELODRAMMA* 275

A transcrição, no exemplo 30, dos dois motivos principais, respectivamente o motivo do amor de Ilara e o motivo de Iberê, que percorrem praticamente toda a ópera *Lo schiavo*, indica a relação entre eles:

Exemplo 30

Como a pauta auxiliar de cada um dos motivos destaca, a configuração melódica do motivo de Iberê é composta como um retrógrado quase integral da configuração melódica do motivo de Ilara. O procedimento estabelece a sutil identidade temática que unifica todo o drama e cujo desdobramento, como já assinalado, também se manifesta na *Alvorada*.

Para finalizar o prelúdio e completar o ciclo da aurora, Gomes aciona toda a orquestra para evocar a paisagem da Baía da Guanabara e da Serra dos Órgãos em plena luz do sol:

Exemplo 31

"Aos primeiros raios de sol um imenso panorama manifesta-se em todo o seu esplendor.
Da imensa baia vê-se a imponente cadeia de montanhas da Serra dos Órgãos."

(idem, p.314)

O tema que surge nesse grande *tutti* orquestral (motivo principal assinalado pelo colchete) é o mesmo cantado por Américo no primeiro ato da ópera quando, ao dirigir-se aos escravos indígenas, prevê que logo estes estarão libertos. Ao utilizar esse mesmo tema no final do prelúdio, Gomes não quer apenas exaltar as belas paisagens naturais do Rio de Janeiro, mas principalmente compor um hino abolicionista, um hino à liberdade, à qual aquela melodia fora associada ainda no I Ato:

Exemplo 32

(idem, p. 67-68)

8
PRELÚDIO E NOTURNO DE CONDOR

A ópera *Côndor* (ou *Odalea*, como queria Carlos Gomes[1]) que estreou em Milão, no Teatro alla Scala, no dia 21 de fevereiro de 1891, é a última produção dramática do músico, uma vez que *Colombo*, de 1894, foi por ele mesmo denominado poema vocal-sinfônico, embora sua estrutura geral não seja muito diversa de uma composição para ser encenada. A ópera *Côndor*, entre todas as óperas de Carlos Gomes, à exceção de *Maria Tudor*, foi uma das menos encenadas na Itália. Foram apenas duas montagens, a da estréia com doze récitas, e dois anos depois a de Gênova, no Teatro Carlo Felice, em janeiro de 1893. Mesmo as duas peças sinfônicas da ópera *Côndor* — o prelúdio do I Ato e o noturno que abre o III — são peças hoje raramente presentes em programas de concerto e gravações. No entanto, Gomes deixou im-

---

1 Provavelmente em razão de um cacófato de conotações pornográficas que a palavra "condor" possui quando ouvida no idioma francês, Gomes tentou alterar o nome de sua ópera para *Odalea*, a protagonista da ópera. Segundo Marcus Góes, não se sabe "quem teve a funesta idéia de dar à nova ópera o nome de *Côndor*, assim mesmo, com acento circunflexo no primeiro 'o', para assinalar que a pronúncia em italiano não devia cair na última sílaba". Em francês, continua Góes, "a palavra 'condor' ouvida assim, de repente, quer dizer '*com*', ou '*conne*', órgão genital feminino, '*d'or*', *de ouro*" (1996, p.385). Assim, por mais "funesta" que seja, a coerência musicológica nos obriga a continuar denominando essa ópera de *Côndor*, com o acento com que o nome aparece no manuscrito autógrafo.

278 MARCOS PUPO NOGUEIRA

portantes demonstrações de apreço por essa ópera que valem como uma razão a mais no sentido do aprofundamento analítico dessa criação. Acima de tudo, as referências de Gomes à sua última produção para o palco também são de especial interesse por incluírem citações dos dois trechos orquestrais, objeto central da presente pesquisa.

A mais direta das referências de Gomes sobre sua preferência pela ópera *Côndor* é encontrada em uma das cartas da numerosa correspondência que manteve nos últimos anos de sua vida com o amigo baiano Theodoro Teixeira Gomes. Datada de 4 de janeiro de 1894 e endereçada de Milão, nessa carta Gomes comenta sua participação no *Brazilian day*, evento que ocorreu em Chicago, em 1893, em comemoração ao 71º aniversário da independência brasileira e que fazia parte dos preparativos para a participação do Brasil na Exposição Universal Colombiana de Chicago.[2] Assim escreveu Gomes: "O concerto do dia 7 de setembro teve, com effeito, grande successo; mas não bastou para eu fazer conhecidas as minhas óperas, e foi tão pouca coisa, do lado moral, que não consegui vender um só exemplar da minha ópera favorita: o *Côndor*" (1894, p.3).

Mesmo que se objete que na carta Gomes tenha exagerado ao dizer "minha ópera favorita", pois como a obra havia sido dedicada ao missivista, a quem devia favores, talvez estivesse apenas tentando ser elegante e agradecido ao amigo,[3] sua preferência não pode ser julgada

---

2 Gomes participou como um dos membros da comissão brasileira, nomeada pelo governo republicano, para a Exposição Universal Colombiana de Chicago em comemoração ao Quarto Centenário do Descobrimento da América. Como membro da comissão, Gomes imaginava poder encenar nos Estados Unidos algumas de suas óperas, fato que não ocorreu. Esse episódio da vida de Carlos Gomes vem relatado em detalhes na biografia escrita por sua filha, Ítala Gomes Vaz de Carvalho (1946, p.203-223).

3 Theodoro Teixeira Gomes, para quem Carlos Gomes dedicou a ópera *Côndor*, era o amigo com o qual manteve intensa correspondência nos últimos anos de sua vida. Gomes, em carta datada de 15 de abril de 1891 e endereçada a seu irmão Santana, dá sua explicação do porquê da dedicatória do *Côndor*: "Em 1880 fui recebido com estrondosas e públicas festas na Bahia; [...] O promotor d'aquellas manifestações foi o amigo Theodoro Teixeira Gomes, pessoa muito influente e venerada na antiga capital do Brazil [...] Eis o poderozo motivo que o *Côndor* foi dedicado ao amigo Theodoro Teixeira Gomes" (Fernandes, 1994, p.161).

MUITO ALÉM DO *MELODRAMMA*   **279**

somente como oportunista, uma vez que é reforçada por outras manifestações semelhantes do compositor. Entre elas há uma relacionada à escolha de nada menos que quatro trechos de Côndor exatamente para o concerto já referido, e que se realizou sob sua própria direção em Chicago, cujo programa constava inteiramente de peças extraídas de suas óperas. Há sem dúvida destaque para sua última ópera, já que os trechos de Côndor, entre os quais se incluíam as duas peças orquestrais, o prelúdio e o noturno, estavam em pé de igualdade com os do *Il guarany* (quatro peças) e em maior número que os de *Salvator Rosa, Fosca* e *Lo schiavo* (Carvalho, 1946, p.214-215).

Outra mostra de interesse especial pelo *Côndor* ainda pode ser notada em 1896, o último ano de vida de Carlos Gomes, quando prepara uma suíte dessa ópera, agora sob o nome de *Odalea*, para um concerto que o compositor carioca Francisco Braga, estabelecido àquela época na França, dirigiria em Paris em fevereiro desse mesmo ano[4]. Não foi possível determinar exatamente o conteúdo dessa suíte, mas pode-se deduzir que incluía as duas páginas orquestrais e certamente a *Serenata de Adin*, retirada do III Ato. Oferece pistas positivas nesse sentido uma carta de Gomes a Francisco Braga (Heitor, 1936, p.378), datada de 5 de dezembro de 1895, tratando dos preparativos para o concerto citado:

> Não tendo idéa do teu programa, quizera, antes de tudo conhece-lo, para depois ver o collocamento de alguma peça minha. [...] Em todo o caso lembro-te das seguintes, — velhas para o mundo e, novas para Paris:
>
> Prelúdio-Intermezzo do Escravo (4º atto) Orch.
>
> Romance (Américo) tenor, Escravo (Atto 2do.)
>
> Suíte da opera *Odalea* (não mais Côndor). Orch. e canto de soprano (interno)
>
> Ballata do Guarany (atto 2º) soprano com orch.

---

4 Segundo a biógrafa de Francisco Braga, Isa Queiroz Santos, o concerto organizado por ele realizou-se de fato em 4 de fevereiro de 1896 na Galerie des Champs-Élisées, "com a colaboração de uma orquestra de 60 figuras". A autora apóia essa informação com uma ilustração que reproduz o cartaz de divulgação desse concerto (1952, p.23).

Quando Gomes escreve "canto de soprano (interno)" na linha correspondente à ópera *Côndor* (*Suíte Odalea*) está referindo-se certamente à serenata presente no último ato em que o pajem Adin, personagem interpretado por uma soprano, canta fora de cena (interno) o tema do noturno. É a única cena de toda a ópera cantada por uma soprano fora do palco. A indicação da abreviatura "orch." na mesma linha aponta para a inclusão na suíte dos dois trechos orquestrais da mesma ópera. Ainda pode-se notar na terceira linha da sugestão de obras feita por Gomes que a carta indica claramente não só a presença de segmentos de *Côndor* como também a alteração para o nome *Odalea*.

Prelúdio do I Ato

O prelúdio da ópera *Côndor* tem a duração aproximada de 4'30", isto se a sua execução se der em conformidade com o manuscrito autógrafo, hoje pertencente ao acervo do arquivo do Museu Histórico Nacional, no Rio de Janeiro. Outra cópia manuscrita que pudemos consultar, esta pertencente ao arquivo do Museu Carlos Gomes, do Centro de Ciências, Letras e Artes em Campinas, apresenta uma modificação no final do prelúdio que se resume ao corte da coda. A alteração pode ter sido uma indicação do próprio compositor, mas isso não fica muito claro no manuscrito autógrafo. Fosse ou não do autor, o corte objetivava, ao que parece, criar uma conclusão mais eloqüente, um *tutti* sinfônico *fortissimo*, evitando toda a seção final de treze compassos prevista originalmente, que leva o prelúdio a uma conclusão em *pianissimo* de extrema sutileza orquestral. A versão original, no entanto, é bem mais interessante, pois esses treze compassos finais apresentam uma reminiscência da introdução, procedimento que completa o arco de coerência formal da obra, e que foi preservado também na edição da partitura vocal. É, portanto, em sua forma completa e conforme o manuscrito autógrafo que o prelúdio será analisado a seguir.

MUITO ALÉM DO *MELODRAMMA* 281

Os materiais que compõem o prelúdio da ópera *Côndor* — do mesmo modo como em todos os prelúdios e sinfonias escritos para as óperas anteriores — são adaptados do drama e relacionados aos protagonistas ou situações que os envolvem. É o caso da seqüência de acordes realizada por duas harpas, apoiadas em duas trompas em uníssono, que abre a breve introdução do prelúdio da qual transcrevemos os três compassos finais:

Exemplo 1

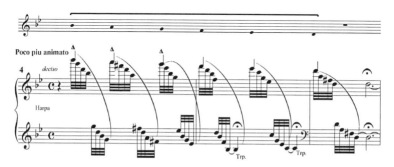

Essa figuração das harpas, em que desponta uma escala diatônica descendente (destacada na pauta auxiliar), é uma adaptação da passagem para harpa e canto presente na cena final da ópera que envolve os dois protagonistas: Odalea, rainha de Samarcanda[5] (por volta do século XVII), mulher que tem de permanecer em sagrado retiro, afastada de qualquer envolvimento amoroso, e Côndor, chefe das temíveis hordas negras, inimigas de Samarcanda, homem que ousou se apaixonar pela bela rainha. A passagem na ópera marca o momento em que Côndor exprime sua alegria e a transformação operada em seu coração por ouvir a confissão de amor de Odalea. Os acordes da harpa acompanham Côndor que canta: "Ah!... em ti me é dado contemplar a aurora de um novo dia para mim".[6] Entretanto, fora do

---
5 Samarcanda atualmente é uma importante cidade da República do Uzbequistão, uma das ex-repúblicas soviéticas, localizada na região centro-oeste da Ásia.
6 *"Ah!.contemplar m'è dato in te l'aurora del giorno mio novel!"* (Gomes, 1986(e), p.228-229)

palácio o clima é inquietante, já que o povo em revolta pede a morte da rainha por ter rompido com a tradição e desafiado o seu destino ao apaixonar-se pelo temido estrangeiro. Ao final da ópera, para conter a revolta popular, Côndor oferece sua própria vida a fim de salvar Odalea. Desse modo, a passagem que abre o prelúdio antecipa os dois sentidos da cena: a felicidade do amor correspondido e a nobreza do sacrifício de Côndor.

Em seguida, ainda na introdução, surge uma passagem sombria em que os graves da orquestra realizam, contra um pedal sobre a nota ré, uma escala descendente claramente dividida em dois momentos: o primeiro constituído por uma completa escala de tons inteiros e o segundo, por uma escala cromática:

Exemplo 2

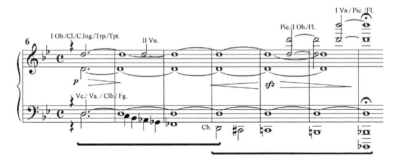

A progressão da escala de tons inteiros está relacionada à nômade Zuleida, mãe de Côndor, que teme por seu filho nas mãos dos súditos da rainha. A associação da escala de tons inteiros com Zuleida pode ser observada em seu monólogo, presente na cena 2 do II Ato cujos compassos iniciais estão transcritos no exemplo 3.

Provavelmente Gomes associasse a escala, assinalada no exemplo 3, a um mundo exótico e oriental, usando-a para caracterizar Zuleida, uma estrangeira no mundo de Samarcanda. Mas não deve ser descartada também a possibilidade de que Gomes estivesse, ao mesmo tempo, buscando uma renovação harmônica e melódica a

Exemplo 3

(Gomes, 1985, p.88)

partir de escalas não diatônicas, como vários compositores de sua geração, principalmente aqueles menos comprometidos culturalmente com a tradição européia. Seja como for, é um fato que os primeiros compositores a fazer uso mais corrente da escala de tons inteiros na história da música ocidental foram os russos, quando começaram a desenvolver, na primeira metade do século XIX, uma estética musical mais próxima das manifestações musicais populares que objetivavam afastar a música russa das tradições alemã, francesa e italiana que desde as reformas ocidentalizantes de Pedro I, o grande, no início do século XVIII, tinham estabelecido raízes em seu país. Um dos exemplos mais notórios aparece na ópera *Ruslan e Ludmila*, escrita por Glinka (1804-1857) em 1842, em que uma escala completa de tons inteiros é encontrada na abertura. O compositor procurou, nesse caso, harmonizar diatonicamente uma escala hexafônica descendente nos graves da orquestra. Dargomizhsky (1813-1869), outro compositor bastante importante para o desenvolvimento da ópera russa, faz uso menos tonal da escala de tons inteiros em sua última ópera, *O convidado de pedra* (encenada postumamente em 1872). Sobre esta produção de Dargomizhsky o musicólogo H.K. Andrews observou uma aproximação maior quanto ao "uso da escala de tons inteiros como um sistema autônomo" (Grove, VII, p.441), o que equivale a dizer que o músico se valeu da escala de tons inteiros dentro de uma perspectiva tanto melódica quanto harmônica, e não apenas como uma escala. Não é o que acontece com o exemplo citado de Gomes, no qual o uso da escala de tons inteiros é exclusivamente escalar, sem nenhuma implicação harmônica. No entanto, a presença de uma passagem em tons inteiros no prelúdio de *Côndor* (e na citada cena da ópera) por si só indica um interesse mais amplo do compositor em busca de novas sonoridades e do enriquecimento de seu vocabulário melódico e harmônico.[7]

Toda a introdução (12 compassos), como indica esquematicamente o exemplo seguinte, apresenta uma configuração escalar bastante diversificada — a diatônica, a hexafônica e a cromática — que faz com que a música progrida desde as leves efusões líricas observadas nas figurações diatônicas das harpas, passando pelo estranhamento da descida em tons inteiros, até alcançar as cores sombrias e graves do cromatismo final. Gomes, em gestos simples e econômicos, acrescidos do efeito sonoro propiciado pelo contraste entre as escalas e do controle preciso da dinâmica e da instrumentação, antecipa todo o drama que se desenvolverá:

Exemplo 4

---

7 O compositor baiano Sylvio Deolindo Fróes chega a afirmar, em depoimento para a importante edição comemorativa do centenário de Carlos Gomes da *Revista brasileira de música*, que Gomes conhecia bem as inovações que se processavam naquela época quanto à escrita harmônica e que, instado por ele durante uma entrevista quanto às idéias musicais de Widor, de Rimsky-Korsakov e de Debussy, o compositor campineiro provou estar completamente à vontade para citar passagens desses autores (1936, p.98).

A seguir, alcançado pela progressão cromática da introdução, um pedal forma-se a partir do si b que sustenta, desde o compasso 13, a exposição do tema A do prelúdio:

Exemplo 5

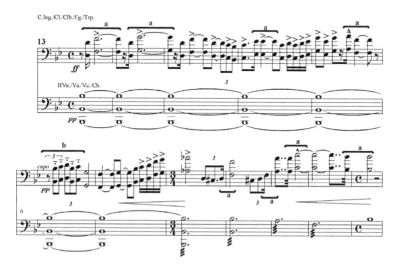

O tema A corresponde na ópera à ária de Côndor na cena 2 do II Ato. Para utilizá-lo no prelúdio, Gomes apenas o transpôs para si b maior, realizando algumas modificações rítmicas. Sua estrutura básica organiza-se a partir de dois motivos, assinalados respectivamente pelo colchete a e b no exemplo 5. No entanto, a origem dessa idéia na ópera surge muito antes, exatamente no recitativo da cena 3 do I Ato, quando Gomes faz o protagonista Côndor apresentar-se pela primeira vez na ópera (exemplo 6).

Os motivos que aparecem separados na ária de Côndor e no tema do prelúdio surgem agora conjugados, indicando sua origem. Observa-se no recitativo de Côndor que o motivo b assinalado no exemplo 5 já apresenta sua configuração diastemática fundamental, que se torna a partir desse momento o motivo recorrente de Côndor durante toda a ação dramática. Por sua vez, o motivo a também apre-

Exemplo 6

senta sua característica básica: o impulso de semicolcheia. Deve ser observado, ainda, um importante aspecto indicativo do constante interesse de Gomes pelo desenvolvimento sinfônico de seus motivos: nos dois últimos compassos do exemplo 6, após o recitativo, o músico transfere o motivo de Côndor da parte vocal para a orquestral (solo de oboé), algo que denota sua tendência, mencionada anteriormente (sobretudo na *Fosca*, *Maria Tudor* e *Lo schiavo*), por um tipo de desenvolvimento no qual a condução temática da ópera se dá tanto nas partes vocais quanto nas orquestrais. Tal processo objetivava evitar a dicotomia canto/acompanhamento orquestral, que tanto permeou as óperas italianas produzidas durante o século XIX. A esse respeito, o crítico Andrade Muricy, referindo-se diretamente ao desenvolvimento sinfônico dos motivos em *Côndor*, estabelece uma aproximação de Gomes com o verismo, ao dizer que "o emprego variado e multiforme de fragmentos expressivos de frases", que caracteriza o processo de desenvolvimento de *Côndor*, aproxima-o especialmente do verismo de Puccini. Segundo Muricy (1936, p.304), em algumas obras Puccini entretece a sua ação vocal e a sua base orquestral com fragmentos variados, riqueza de harmonização e de forma. A comparação das últimas óperas de Gomes com o verismo, principalmente *Lo schiavo* e *Côndor*, tem sido bastante lembrada e é uma vertente sempre promissora se futuros desdobramentos analíticos concentrarem-se em apontar e definir mais detalhadamente os pontos de antecipação verista na obra do compositor brasileiro. De qualquer modo, a busca de Carlos Gomes por coerência temática é muito anterior e encontra um lugar privilegiado em suas sinfonias e prelúdios, já que a concepção fundamentalmente sinfônica de suas óperas fica ainda mais evidente nos espaços concentrados e sintéticos dessas formas orquestrais. Os motivos, ou "fragmentos expressivos de frases", como a eles se referiu Muricy, são moldados com um tipo de flexibilidade rítmica e diastemática que favorece sua adaptação tanto a frases vocais quanto instrumentais.

Voltando ao prelúdio, após uma cadência completa sobre si b maior, encerrando a exposição do tema de Côndor, Gomes elabora uma transição que, embora aparentemente não temática, apresenta-se toda construída em seqüências formadas por uma escala cromática descendente apoiada sobre um pedal, mesmo processo empregado no final da introdução (ver exemplo 2). O exemplo 7 reproduz os primeiros compassos da transição:

Exemplo 7

Depois de preparada pela transição, a nova tonalidade, mi menor, estabelece-se plenamente na seção *B* do prelúdio, cujo material temático remete à cena inicial da ópera — longa passagem caracterizada pelo humor e leveza relacionados ao pajem Adin (soprano) e às favoritas de Odalea. O primeiro desses materiais trazidos para o prelúdio (início da seção *B*) é uma passagem inteiramente orquestral e de caráter levemente descritivo em que o primeiro plano está nos primeiros violinos, principalmente a partir do compasso 39 com a sucessão de tríades em primeira inversão, resultando num paralelismo de acordes que aponta para uma forma de orquestrar identificada com as sonoridades orquestrais presentes na música francesa do final do século XIX, especialmente Debussy:

Exemplo 8

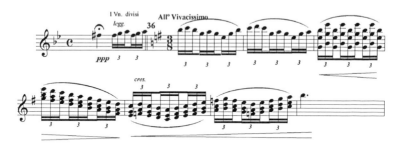

Especificamente sobre essa passagem do prelúdio temos uma das raras manifestações do compositor de como interpretar um trecho de sua obra e que se encontra em meio à correspondência entre Gomes e seus intérpretes. Aparece em carta dirigida a Francisco Braga, datada de 19 de janeiro de 1896, na qual o compositor campineiro, respondendo a uma dúvida sobre o andamento do trecho anterior (exemplo 8), assim se manifesta:

> Nada te recomendo, a não ser alguns movimentos marcados pelo metrônomo. Ex: o ponto em 3/8 do nº 3 (a) *Suíte Odalea*.
> Nesse ponto (com surdini) o *metronomo* não marca a rapidez que eu desejo...Fá-lo tu o mais rápido que for possível. Com a máxima velocidade e com o *sordini* alem do pianíssimo, deve resultar o mormório da situação.
>
> (Heitor, op. cit., p.380)[8]

A indicação do uso de *sordini* (surdinas) pelos violinos não aparece no manuscrito orquestral autógrafo, mas ao ser mencionado na

---

8 Essa carta esclarece melhor a presença do prelúdio na referida *Suíte Odalea*, já que Gomes alude à fórmula de compasso (3/8) e ao andamento (o mais rápido possível), dados que se referem de modo preciso a essa página sinfônica.

MUITO ALÉM DO *MELODRAMMA*   **289**

carta reforça ainda mais o caráter *leggero* requerido por Gomes nessa passagem. Quanto ao andamento, o manuscrito orquestral da ópera, provavelmente não o mesmo enviado a Braga, assinala *allegro vivacíssimo*, expressão que não deixa dúvidas quanto ao andamento "mais rápido possível" sugerido por Gomes ao amigo.

Na mesma carta, um pouco mais à frente, Gomes faz um rápido comentário bastante esclarecedor quanto ao caráter descritivo dessa seção, comentário em que procura articular com muita simplicidade e precisão o conteúdo de suas idéias sobre a função descritiva da música: "A música descritiva é como os brinquedos de creanças; como o soldadinho de páo ou de chumbo. É o tambor do Nenê que toca a rebate...*pour rire*" (idem, ibid).

A definição de Gomes da música descritiva, embora sucinta, quase um aforismo — um chiste —, deixa entrever que o descritivo em música significava para ele algo como uma espécie de substituição precária, embora consentida, do real. Um brincar de imitar, como o que as crianças costumam combinar entre si. O comentário de Gomes traz no seu bojo um certo grau de identificação com a tendência da estética da música que, na segunda metade do século XIX, batia-se pela pureza do belo em música, rejeitando toda representação de sentimentos e imagens, por considerá-la apenas como impulsos poéticos, mas sem significado musical. O nome mais destacado dessa tendência foi o crítico Eduard Hanslick, que a respeito do elemento descritivo em música escreveu: "As vozes naturais da terra não conseguem, no seu conjunto, produzir um tema, justamente porque não são música" (1994, p.97). Ainda no mesmo texto cita, entre outros, os famosos exemplos do canto do galo em *As estações*, de Haydn, e o canto do cuco, do rouxinol e da codorniz na *Sinfonia Pastoral*, de Beethoven, e pondera: "embora escutemos estas imitações, e as escutemos numa obra de arte, não há nelas significado musical, mas apenas poético", e completa afirmando que o "canto do galo não se apresenta como música bela, ou em geral como música, mas apenas desperta a impressão que está ligada a esse fenômeno natural". Gomes, com a imagem feliz dos brinquedos, finalizada pela expressão *pour rire*, parece sintetizar o eloqüente raciocínio de Hanslick, a quem provavelmente não conhecia, embora fossem contemporâneos. No entanto, ao menos por essa sua definição, Gomes demonstra não desprezar completamente a possibilidade de o descritivo ter seu lugar garantido nos complexos e amplos domínios da composição musical e que sua função se impõe mais intensamente quando se estabelece uma espécie de pacto consensual de representação da realidade entre compositor, intérprete e ouvinte.

De fato, a passagem em questão (seção B do prelúdio) representa na ópera um dos elementos que concorrem para compor uma das cenas mais bem humoradas de todas as óperas de Gomes. Adin, de frente ao terraço dos aposentos de Odalea, lamenta não poder mais continuar a cantar seus versos depois que uma corda de sua cítara se partiu (acontecimento que Gomes pontua com um golpe seco e curto da orquestra). Quando as jovens favoritas da rainha entram no jardim real, surpreendem furtivamente Adin distraído com seus pensamentos. Riem de suas vestes e de seu ar de gente importante e resolvem divertir-se, bulindo com ele. O tema procura descrever o alegre esvoaçar das jovens em volta de Adin (representado pelas ondulações melódicas de semicolcheias), enquanto o pajem, incomodado, protesta:

Exemplo 9

(Gomes, 1986e, p.20)

A seção *B* do prelúdio completa-se com outros dois temas. O primeiro é apenas uma variante do tema inicial dessa seção, mantendo e reforçando o seu caráter ligeiro:

Exemplo 10

Nos dois últimos compassos, a passagem anterior acaba por realizar uma transição para si maior, tonalidade em que é exposto o segundo tema da seção. Na composição do prelúdio, Gomes inverteu a ordem com que os temas aparecem na ópera. O último tema da seção *B* aparece na seção lírica antes de todos os demais. Com ele, Adin canta: "Vibra a corda, a nota belisca"[9]. Trata-se de uma passagem de claro interesse descritivo, já que as notas curtas e acentuadas dos quatro primeiros compassos procuram reproduzir o som das cordas da cítara de Adin:

Exemplo 11

---

9 "Vibra la corda, la nota pizzica" (Gomes, op. cit., p.15)

Os quatro últimos compassos cumprem o papel de uma retransição na qual a tonalidade de mi menor é recuperada, preparando a volta do tema inicial da seção B. No entanto, a função desse retorno ao tema inicial da seção B é agora de transição para a tonalidade final do prelúdio, sol maior, tonalidade com que Gomes reexpõe o tema de Côndor, seção culminante de todo o prelúdio.

Na reexposição do tema de Côndor, como já acontecera no prelúdio e na sinfonia escritos para *Il guarany* (ver exemplos 10 e 31 no capítulo 3), Gomes vale-se, em parte, do recurso da sobreposição temática:

Exemplo 12

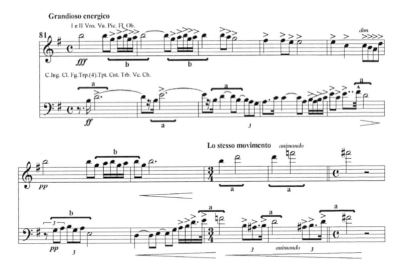

Nesse caso, acontece algo mais sutil e, na verdade, mais próximo do processo empregado no prelúdio de *Maria Tudor* (ver exemplos 20 e 21 no capítulo 6). Na seção final de *Côndor* não se trata mais de sobrepor dois temas distintos e claramente delineados, como no prelúdio e na sinfonia de *Il guarany*, mas sim de contrapor ao tema inicial uma idéia derivada de um dos motivos do mesmo tema, exatamente o motivo recorrente de Côndor (assinalado com o colchete *b*

MUITO ALÉM DO *MELODRAMMA* 293

no exemplo anterior, assim como nos exemplos 5 e 6). O processo resultante é bastante similar a uma paráfrase contrapontística sobre o tema preexistente, como se a voz mais aguda fosse um eco, como se uma sombra do tema se sobrepusesse a ele em um movimento quase canônico. Assim, Gomes constrói um grandioso *tutti* no qual a orquestra se divide em dois grupos: o primeiro com os instrumentos da região média para a aguda, encarregados da voz superior; e o segundo com os instrumentos da região media para a grave, executando o tema inicial agora em sol maior. Mas depois de indicar o caminho para uma triunfal resolução em *fortissimo*, o compositor evita a cadência final em sol maior, preferindo a nota fá natural em *pianisssimo*, que estabelece um pedal para que a escala de tons inteiros e um fragmento cromático da introdução ressurjam lembrando todo o caráter sombrio do início. Finaliza o prelúdio uma variante do tema inicial, o tema de Côndor, tocado por um solo de trompa sobre um pedal de sol:

Exemplo 13

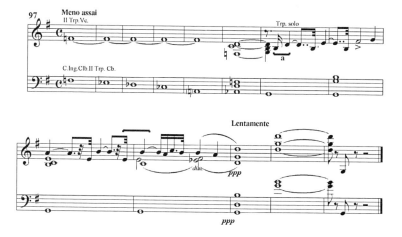

Eis aí os compassos que se costuma suprimir na execução do prelúdio da ópera *Côndor*, prática lamentável, porque essa coda, ao mesmo tempo em que traz de volta o caráter sombrio do início, acrescenta o motivo do guerreiro Côndor no solo de trompa. O caráter é ascensional, mas destituído de tensão, a simbolizar o desprendimento com que o herói, agora elevado pelo amor, entrega-se ao sacrifício para salvar a amada.

Noturno do III Ato

A peça que abre o último ato da ópera *Côndor*, chamada "noturno" por Carlos Gomes por antecipar uma cena noturna lírica, nada mais é formalmente do que um prelúdio. Trata-se da última peça no gênero escrita por Carlos Gomes. Em resenha crítica dessa produção, publicada no dia seguinte à estréia da ópera em Milão, em 1891, o jornal *Il secolo* diz que nenhum compositor naquela época ousaria "renunciar à prática de antepor um prelúdio ao último ato de uma ópera, e Gomes foi verdadeiramente inspirado neste que precede o III Ato do *Condor*" (In: Carvalho, s.d.). O crítico que assina sua resenha apenas com as iniciais A. G. refere-se ao grande número de óperas compostas na Itália, a partir de meados do século XIX, que possuem um pequena peça orquestral preparando o ato conclusivo, geralmente já com as cortinas abertas (como no prelúdio do IV Ato de *Lo schiavo*, analisado no capítulo anterior, e nesse para o III Ato de *Côndor*).

A maioria dos exemplos desse tipo de prelúdio, compostos à época de *Côndor*, tem características intimistas representadas por andamentos lentos ou moderados, orquestra reduzida e uma certa tendência para melodias em *legato*, desenvolvidas em frases longas que descrevem grandes arcos. Outro ponto em comum é o desejo de criar com essas peças orquestrais um ambiente adequado para o que se seguiria na cena dramática, algo que entre os críticos italianos ficou conhecido como *ambientismo*, uma palavra que quase sempre se refere às obras consideradas veristas. O historiador da música David Kimbell define esse termo e sua conotação como um "desejo de compor o *décor* em música; de evocar o ambiente no qual o drama era desenvolvido e que se tornou uma das tarefas mais estimulantes para

MUITO ALÉM DO *MELODRAMMA* 295

os compositores" (1991, p.627). Kimbell vê no *ambientismo* algo análogo ao que os escritores do verismo procuravam criar também em suas produções: "um quadro vívido das cenas de suas histórias por meio da precisa descrição documental dos mais simples detalhes". Nesse sentido, um dos exemplos mais contemporâneos de *Côndor* pode ser encontrado na ópera *La Wally*, de Catalani, que estreou um ano depois da ópera de Gomes, também no Teatro alla Scala, em Milão. A ópera possui um prelúdio escrito para o IV Ato que descreve uma cena sombria na qual a protagonista contempla uma paisagem devastada pela nevasca. O autor, para descrever a paisagem representada no prelúdio, indica entre as linhas das pautas da própria partitura orquestral exatamente que cenário imagina para a cena, ou seja, um lugar que se "assemelha, no triste e lívido dezembro, a um cemitério com seus túmulos de neve":

Exemplo 14

(Catalani, s.d, p.2-3)

A imensidão branca do gelo é representada pelo pedal nos contrabaixos, harpa e trompas, enquanto a paisagem lúgubre é caracterizada pelas dissonâncias que o arrastado movimento melódico de violoncelos, corne-inglês, flauta e *piccolo* produzem contra o pedal sobre a nota fá. O forte caráter descritivo dessa passagem orquestral completa-se com a representação da morte sugerida pelo compasso e pelo andamento de marcha fúnebre, cuja função é prenunciar a morte próxima da protagonista.

Outros exemplos de formas orquestrais desse tipo, presentes em obras contemporâneas a *Côndor*, são os *intermezzi* da *Cavaleria rusticana*, de Piero Mascagni, que estreou em Roma em 1890, e de *Manon Lescaut*, de Giacomo Puccini, cuja primeira montagem ocorreu em Turim, em 1893. A ópera de Mascagni é muitas vezes considerada como o marco inicial do verismo e, mesmo sendo uma produção em ato único, tem no célebre *intermezzo* uma peça orquestral com função semelhante ao tipo de prelúdio a que estamos nos referindo, já que sua pungente melodia não tem uma função claramente descritiva como a da peça de Catalani, mas sugere o desenlace trágico que concluirá a ópera. No entanto, diversamente do prelúdio de Gomes, o *intermezzo* de Mascagni não é construído por recorrências de motivos ou de transformações temáticas, e toda sua força dramática é melódica e harmônica, não possuindo relação temática com o restante da obra. Também o *intermezzo* entre o II e III Atos de *Manon Lescaut* tem uma função de cunho teatral, representando o transcurso do tempo da viagem de Manon até o porto de Havre, de onde partirá rumo ao degredo. Ao contrário da peça de Mascagni, o material temático utilizado por Puccini antecipa o tema da cena inicial do III Ato de *Manon Lescaut*, algo que ocorre também com o noturno de *Côndor*.

O incremento da tendência, nos últimos anos do século XIX na Itália, de preceder a parte final de uma ópera por um prelúdio orquestral pode ser devido, como já vimos no capítulo 1, à intensa repercussão em vários centros musicais da Europa dos prelúdios que Wagner escreveu para o I e último Ato de *Lohengrin*. Essa obra estreou em Weimar em 1850 e só foi produzida pela primeira vez na Itália em 1871, graças aos esforços do regente Angelo Mariani, que a conduziu em Bologna[10]. Entretanto, mesmo considerando o grande porte

---

10 Segundo Andrade Muricy, Gomes teria assistido a outra estréia dessa ópera em Milão, no ano de 1873, e "indignou-se com a pateada sofrida no Scala pelo drama wagneriano" (1936, p.302).

MUITO ALÉM DO *MELODRAMMA* 297

orquestral e duração do prelúdio do último Ato do *Lohengrin*, ele não possui originalmente uma conclusão (quando executado em concerto, alterações tem de ser realizadas para sua finalização), ligando-se sem interrupção à passagem vocal seguinte. O prelúdio de Wagner descreve as festividades do casamento de Elsa e Lohengrin, e desse modo também pode ser considerado como uma grande introdução ao ato final da ópera.

Contudo, não se pode esquecer que, mesmo na Itália, muito antes de Gomes, Catalani, Mascagni e Puccini, Verdi havia escrito para a *Traviata* — ópera que estreou em Veneza em 1853, três anos após o *Lohengrin* — o famoso prelúdio para o I e o último Ato, cujo tema da seção inicial (Verdi, s.d, p.207) é o mesmo do prelúdio do primeiro (idem, p.1). No início da cena citada, Violeta, em seu leito de morte, pede a sua criada Anina um pouco de água e que abra a janela de seu quarto para que entre um pouco de luz. É exatamente nesse ponto que reaparecem, entrecortando o desolado contexto do diálogo entre Violeta e Anina, fragmentos separados do tema principal do prelúdio. Assim, ao antecipar só com a orquestra essa cena, o prelúdio torna-se parte integrante e decisiva de um processo que resulta em uma das cenas de maior eficácia dramática entre todas as óperas do compositor italiano.

As citadas óperas de Wagner e Verdi são rigorosamente da mesma época e os seus respectivos prelúdios devem ser entendidos como modelos para os que se seguiram. Esse fato confere uma perspectiva menos maniqueísta a esse período da história da ópera na Itália — perspectiva esta que se opõe àquela que muito influiu sobre os críticos ligados ao nacionalismo modernista brasileiro, que procurava colocar os compositores mais inovadores do final do século XIX, entre eles Carlos Gomes, na fantasiosa posição de optar ou pelo melodismo *cantabile* de Verdi ou pelo "sinfonismo" de Wagner, expressão que ao ser associada a este último quase sempre possuía um significado pejorativo. Nesse sentido, vale lembrar que Charles Osborne assinalou semelhanças entre os prelúdios orquestrais presentes nas óperas citadas de Wagner e de Verdi, principalmente em relação à utilização do "*divisi* a quatro" dos violinos nos sete primeiros compassos do prelúdio para o I Ato da *Traviata* (quase idênticos aos do prelúdio do II Ato), que evidentemente se assemelham ao encontrado no prelúdio para o I Ato de *Lohengrin*, embora ressalve que "ao tempo em que estava compondo a *Traviata*, Verdi não havia ouvido um compasso sequer da música de Wagner" (1970, p.272). Essa ressalva de Osborbe favorece um tipo de análise mais profunda e que leve em consideração os complexos processos técnicos e estéticos que predominavam na ópera italiana na segunda metade do século XIX, e que não se restringiam apenas a esses dois compositores.

Em todos os exemplos citados, no entanto, os respectivos prelúdios possuem, ao contrário do de Gomes, pouca autonomia enquanto forma sinfônica, pois há interesse em desenvolver sua estrutura interna além daquele destinado a preparar ou ambientar a cena à qual servem de introdução. Para o prelúdio para o III Ato de *Condor*, Gomes, embora também prepare e antecipe tematicamente a cena seguinte, cria uma sólida estrutura temática interna conferindo-lhe uma conformação sinfônica autônoma, como veremos a seguir na análise temática e motívica dessa peça orquestral.

O caráter de preparação para a cena inicial do último ato do prelúdio *Côndor* foi reconhecido pela crítica já citada do jornal *Il secolo*, que o definiu como "uma página verdadeiramente gentil, apaixonada, de rara elegância instrumental e que prepara muito bem as peripécias que concluem a ópera" (Carvalho, op. cit.). Evidentemente, o crítico italiano está referindo-se às largas frases melódicas presentes nessa pequena peça orquestral que sugerem o lamento apaixonado de Odalea, enquanto espera seu amado Côndor, e o comentário de seu pajem Adin em forma de serenata.

A intenção de criar o ambiente em que se desenvolverá a cena também se encontra claramente determinada e pode ser observada na indicação cênica para o início desse ato final de *Côndor*, na qual se lê: "Jardins — terraço — A pouca distância, para além do lago, a cidade. Noite e o clarão da lua" (Gomes,op. cit., p.181).

Essa indicação e o caráter contemplativo do prelúdio sugerem a outra denominação pela qual essa página sinfônica também é conhecida: Noturno. O breve prelúdio escrito em sol b maior começa com o tema executado pelo oboé, extraído por Gomes da *Serenata de Adin*:

Exemplo 15

[Obs.: Os colchetes pontilhados indicam variantes mais distantes da configuração inicial dos motivos.]

A idéia musical transcrita no exemplo anterior possui duas configurações motívicas (indicadas pelas letras *a* e *b*) cujos desdobramentos ou transformações levam à construção dos demais temas do prelúdio. Assim, a configuração indicada por *a* define-se diastematicamente pelo salto ascendente compensado pela descida de segunda, enquanto a configuração indicada por *b* caracteriza-se por três notas em graus conjuntos, ora ascendentes ora descendentes (intervalo de terça), sendo que a primeira é sempre uma nota mais longa (—) seguida por uma curta (∪), características motívicas que conferem forte unidade temática ao Noturno.

Outro exemplo da unidade temática do prelúdio pode ser observado na seção seguinte, que possui características semelhantes a um pequeno desenvolvimento. Gomes, depois da cadência sobre a tônica (Sol b maior) da seção anterior, muda repentinamente para ré maior até alcançar, por meio de uma passagem enarmônica, a semicadência na tonalidade de ré b maior (V de ré b maior). A nova idéia temática deriva, no entanto, das mesmas configurações dos motivos do tema inicial:

Exemplo 16

Nota-se nos quatro compassos iniciais da passagem transcrita no exemplo 16 a nova idéia construída pela alternância das duas configurações dos motivos, e a indicada por *b* está presente em sua derivação ascendente. Nos compassos finais, uma descida melódica toda composta por repetições seqüenciadas do motivo *a*, que leva à cadência suspensiva, não deixa dúvidas quanto à relação desse material com o tema inicial do prelúdio.

Antes de voltar definitivamente para a tonalidade principal, uma pequena ponte faz o papel de retransição e prepara o retorno, a partir do ré b maior da seção anterior, para a tonalidade principal do prelúdio, sol b maior. Uma sutil variante do tema inicial (motivo *b*) dá um caráter temático a essa passagem:

Exemplo 17

Na seqüência, um novo tema confirma o restabelecimento da tonalidade principal. Na cena da ópera essa idéia é exposta pela orquestra para, em seguida, passar para o canto com que Odalea define toda a força de seu amor impossível por Côndor: "Febre fatal, sonho cruel de louca embriaguês" (Gomes, op. cit., p.184). No prelúdio, constitui a terceira seção em que é notável a presença de uma das características mais recorrentes do estilo temático de Gomes, ou seja, a flexibilidade com que os motivos, com pequenas modificações, resultam em idéias sempre novas, nas quais o nexo temático é ao mesmo tempo sutil, claramente definido e sem prejuízo de uma vocalidade bastante eloqüente:

Um exemplo da mencionada flexibilidade motívica ocorre nos compassos 24 e 25, nos quais o motivo *a* do tema inicial surge agora em sua inversão, compondo uma seqüência que prepara o ponto culminante de todo o prelúdio, e que se realiza no compasso 27.

Exemplo 18

Nesse ponto, Gomes apresenta uma derivação do motivo inicial no qual mais uma vez estão imbricadas as duas configurações *a* e *b*. A absoluta unidade temática do prelúdio é completada pela coda. Ao trazer de volta o tema inicial (solo de oboé), Gomes quebra a monotonia de uma simples repetição ao acrescentar, após a primeira frase, uma breve citação do tema anterior a cargo das cordas:

Exemplo 19

A colagem observada apresenta ainda outra característica, que é a justaposição de cunho contrapontístico de duas variantes de configuração do motivo *b*, em que uma é a inversão da outra. Ao interpor o fragmento do tema anterior no tema inicial, Gomes deixa explícito o nexo temático entre essas duas idéias e fecha o prelúdio completando um ciclo em que todos os temas se relacionam por meio de um único motivo em suas duas configurações. Essa particularidade do Noturno indica que Gomes prefere criar um forte nexo temático entre as melodias do que simplesmente criá-lo com a função de puro *ambientismo*, aspecto característico das obras citadas de seus contemporâneos italianos.

Coda

O conjunto de prelúdios e sinfonias das óperas de Carlos Gomes rompe com uma das principais marcas das formas sinfônicas relacionadas à ópera italiana ao longo do século XIX: a vocalidade das melodias, ou o apelo constante ao *cantabile* expressivo. Não se quer negar aqui a presença de melodias bem delineadas e transcritas de passagens vocais da ópera nas peças sinfônicas do compositor paulista, mas sim evidenciar o fato de que seu foco está, antes de tudo, na coerência temática e na integração entre os diferentes materiais que compõem suas aberturas. Exatamente por isso, Gomes evita que a vocalidade assuma o primeiro plano. Em função da opção pelo desenvolvimento de uma escrita essencialmente orquestral, suas melodias não são mais melodias, mas temas que articulam transformações de longo espectro, partindo de motivos básicos para criar novos temas. Para isso, o *cantabile* expressivo geralmente é substituído por idéias de contornos adequados ao desenvolvimento sinfônico, principalmente em relação ao tema inicial de cada peça, aquele que em geral tem a função de expor o potencial temático do todo da obra.

Todas as obras sinfônicas de Gomes, analisadas anteriormente, apresentam temas retirados das respectivas óperas. No entanto, ao contrário de simplesmente extrair das cenas dramáticas as melodias vocais mais importantes e inseri-las de modo mais ou menos hábil nos prelúdios e sinfonias, Gomes quer explicitar na forma sinfônica a integração motívica entre os temas, integração que de alguma forma já possuem na ópera. Não quer que esses temas apenas antecipem esta ou aquela cena em particular, ou uma determinada situação dramática, mas que interajam musicalmente dentro de uma estrutura orquestral autônoma e coesa. Desse modo, antes que a ópera se inicie (ou uma cena, no caso dos prelúdios internos), Gomes estabelece o nexo do desenvolvimento temático de forma inteiramente sinfônica, na qual a unidade da obra está fundada em sutis relações motívicas, algumas não imediatamente reconhecíveis na superfície melódica de suas criações. Muito mais do que *leitmotiv*, tema condutor, motivo recorrente ou de reminiscência, o músico campineiro buscou nas peças sinfônicas de suas óperas uma unidade temática por meio de transformações dos motivos ou de um único motivo básico.

Ao contrário das aproximações que uma boa parte de críticos e historiadores têm realizado, o tipo de sinfonismo que Gomes desenvolve em suas sinfonias e prelúdios está bem distante daquele encontrado nas aberturas das produções lírico-dramáticas relacionadas direta ou indiretamente à *grand* opéra, formas de introdução orquestral ao drama que foram pejorativamente denominadas "abertura *pot-pourri*" por Wagner. Ao contrário dessas, o perfil das obras sinfônicas de Gomes, notadamente as sinfonias para *Il guarany*, *Fosca* e o prelúdio para *Maria Tudor*, assemelha-se ao defendido por Wagner para a abertura dramática e apresenta tanto uma relação efetiva com o drama quanto um elevado grau de integridade temática interna. Gomes constrói um bem fundamentado edifício orquestral sem blocos compartimentados, pois as seções de cada peça são encadeadas umas às outras por transições nas quais os motivos da seção anterior se imbricam com os da nova seção ou, ainda, por transições cuja função estrutural objetivam realizar as transformações temáticas. No entanto, quanto a dois dos fatores que as qualificam — a continuidade do tecido sinfônico e a integração temática dos materiais —, Gomes está também atento aos ensinamentos da sinfonia clássica, principalmente aqueles relacionados à tendência desenvolvida por

MUITO ALÉM DO *MELODRAMMA*   305

compositores como Gasmann (capítulo 2, exemplos 10.1 e 10.2) e Haydn (capítulo 2, exemplos 11.1,11.2 e 11.3), que muito freqüentemente buscavam a relação de identidade temática entre o primeiro e segundo temas no movimento inicial de várias de suas sinfonias. Mesmo que essa identificação de Gomes com a sinfonia do final do século XVIII e início do século XIX se manifeste em obras de pequena duração, atreladas ao drama lírico, um certo viés clássico das aberturas escritas para *Il guarany, Fosca, Salvator Rosa* e *Maria Tudor* indica claramente sua filiação a algumas tendências presentes ao final do século XIX, entre elas um certo retorno às formas do classicismo, tendência esta que desenvolveu um tipo de sinfonismo oposto ao preconizado pelo poema sinfônico e que se definia por construções mais sóbrias e "abstratas", inspiradas nas formas clássicas. As obras mais representativas são as serenatas para cordas de Dvorak e Tchaikovsky e a *Suíte Holberg*, de Grieg, além das sinfonias de Brahms, Bruckner e Cesar Frank. Carlos Gomes compreendeu melhor, ou mais cedo do que seus contemporâneos italianos, o fato de que a composição sinfônica não se sustenta contando apenas com a mera vocalidade exterior das melodias (em geral estáticas e completas em si mesmas), mas exige um tipo de organização temática mais dinâmica e íntegra, na qual os temas se formam por pequenos fragmentos de contornos tão incisivos que produzem variedade, contraste e transformações. É interessante lembrar que o tipo de transformação temática esboçada por Verdi no prelúdio da ópera *Aida*, citada no final do capítulo 2 (exemplos 16.1, 16.2 e 16.3), era uma prática já fortemente presente e amadurecida na sinfonia que Gomes escreveu para *Il guarany*, composta dois anos antes da ópera de Verdi.

A inclinação orquestral do compositor paulista acabou por transformar os poucos minutos de duração de seus prelúdios e sinfonias operísticos em momentos privilegiados para que entrassem em ação variações de conformação rítmica, de contorno melódico e de estrutura diastemática a partir de um ou mais motivos básicos — processos que representam a base de sustentação de todo o seu discurso sinfônico, especialmente nas sinfonias para *Il guarany, Fosca* e *Salvator Rosa* e no prelúdio de *Maria Tudor*. Ainda assim, o discurso de Gomes não é "difícil", enigmático ou pedante, e comporta também um inegável apelo melódico. A aprovação duradoura desse repertório pelo gosto popular, facilmente comprovada quando de suas execuções em programas de concerto e mesmo por sua presença no imaginário coletivo, deve-se, sobretudo, ao fato desse mesmo apelo melódico não se esgotar em si mesmo, mas representar a porta de entrada que conduz a uma textura mais densa e matizada. Nesse sentido, a obra orquestral de Gomes apresenta um intenso diálogo entre superfície e profundidade, entre espontaneidade melódica exterior de seus materiais temáticos — em geral com forte poder de sedução — e, num plano mais profundo, complexidade na rede de relações motívicas que percorre toda a obra.

Os prelúdios e sinfonias de Gomes possuem algumas das características fundamentais que contrastam com os rótulos que foram associados a seu autor ao longo do tempo — ora um compositor romântico e um melodista "inspirado", ora um compositor acadêmico, conservador e datado que realizou "transplantações para o nosso mundo dinâmico de melodias mofinas e lânguidas, marcadas pelo metro de outras gentes", como o definiu, numa velada referência, o romancista José Pereira da Graça Aranha (1868-1931) durante a conferência inaugural da Semana de 22, citada por José Miguel Wisnick (1983, p.82). Ao contrário do que fazem supor os ecos do longínquo furor iconoclasta de Graça Aranha, o modo de compor de Gomes nos prelúdios e sinfonias é extremamente conciso e objetivo. Estão quase sempre ausentes de seu estilo reiterações e redundâncias de efeito alienante, ou seja, que não se justifiquem por algum tipo de função estrutural. Gomes prefere compor por fragmentos, por blocos articulados uns aos outros, em que os vínculos são mais temáticos do que tonais – algo que denota o não alheamento do compositor à tendência que ao fim do século buscava dissociar a forma do rigor da tonalidade. Tais características do discurso musical de Gomes estabelecem um grande contraste com a estética romântica e sentimental e estão muito distantes da retórica lírica do melodrama italiano, à qual muito apressadamente a crítica nacionalista e modernista as quis associar.

MUITO ALÉM DO *MELODRAMMA* **307**

O exame dos temas nas aberturas de Gomes mostra que a maior parte deles possui uma grande especificidade sinfônica, ou seja, são temas que se apresentam como idéias abertas ao desenvolvimento sinfônico. Essa afirmação é exemplificada pelo fato de alguns temas só poderem ser verdadeiramente compreendidos se analisados em sua configuração original para orquestra. É o caso do tema inicial da sinfonia de *Salvator Rosa*, que possui pouco sentido sem as diversas e rápidas trocas de conformações instrumentais com que os seus fragmentos se articulam, ou, ainda, dos dois temas do prelúdio inicial de *Lo schiavo*, no qual boa parte da dramaticidade advém do fato de os temas principais serem expostos em situações opostas de orquestração: o primeiro com seu lirismo monofônico representado pelo solo de oboé desacompanhado e o segundo com a força dramática dos acordes tocados homofonicamente pelos metais (capítulo 7, exemplos 1 e 15). Outros, como os da sinfonia de *Fosca* e dos prelúdios de *Maria Tudor* e mais uma vez o primeiro tema do prelúdio inicial de *Lo schiavo*, ao dispensarem inclusive o acompanhamento, tornam-se exemplos de afirmações peremptórias e despojadas de tudo que possa desviar a atenção de seu potencial de desenvolvimento e transformações. Em geral, Gomes evita, mesmo quando os temas não são monofônicos, o tipo de textura em que a melodia e o acompanhamento se transformem em entidades estanques. As únicas exceções encontram-se nos prelúdios das primeiras produções líricas — *A noite do castelo* e *Joana de Flandres* —, cujas principais idéias estão ainda muito relacionadas ao estilo estereotipado do ritornelo e da cavatina da ária da ópera romântica italiana, muito presentes em produções de Rossini, Donizetti, Bellini e mesmo em boa parte das aberturas de Verdi.

O estilo de orquestração de Gomes nas obras analisadas apresenta texturas instrumentais bastante diversificadas e evoluiu das combinações — densas e ineficazes quanto ao equilíbrio sonoro, encontradas no prelúdio de *A noite do castelo* e ainda muito presentes na sinfonia do *Il guarany* — para um tipo de textura mais contrapontística e matizada, cujo exemplo mais completo está, além da sinfonia da *Fosca*, no prelúdio de *Maria Tudor*. Neste, os motivos tecem uma intricada rede de processos imitativos nos quais a "cor" de cada parte instrumental contribui decisivamente para clarificar a complexa estrutura temática da obra, aspectos que fazem desse prelúdio, entre todos os prelúdios e sinfonias de Gomes, a peça mais próxima às idéias de Wagner quanto à forma da abertura.

Nas formas sinfônicas escritas para suas duas últimas óperas, *Lo Schiavo* e *Côndor*, Gomes apresenta uma acentuada adesão ao desenvolvimento do elemento descritivo. O exemplo máximo dessa tendência é o prelúdio inserido no IV Ato de *Lo schiavo* (prelúdio orquestral conhecido como "Alvorada"), que com suas reproduções de impressões auditivas (imitações instrumentais de cantos de pássaros e ondas do mar), ou representações simbólico-musicais (toques militares da fanfarra), o fez aproximar-se da corrente programática que desde Berlioz e Liszt delineava o novo gênero do poema sinfônico, mas que possui também fortes precedentes nas aberturas francesas da *opéra comique* do século XVIII.

Ao aventurar-se pelo universo da música programática, também bastante presente no prelúdio inicial de *Côndor*, Gomes distancia-se do sinfonismo que praticara até então, um sinfonismo de certa inclinação clássica e que, embora inteiramente relacionado ao drama, apoiava-se apenas em elementos puramente musicais como combinações de timbres, progressões harmônicas e inter-relações temáticas. No entanto, essa adesão programática possuía outros aspectos como o que se nota no prelúdio inicial de *Lo schiavo*, peça na qual Gomes desenvolve um modo de orquestrar que se baseia em mudanças de textura instrumental coordenadas a mudanças harmônicas de caráter modal, cujas disposições de acordes possuem valor mais tímbrico do que harmônico. São complexos sonoros de sentido mais poético e evocativo do que descritivo e testemunham os diálogos do compositor paulista com as estéticas, também muito relacionadas ao pós-romantismo, que apontavam tanto para o verismo quanto para o impressionismo.

As avaliações críticas realizadas pelos modernistas nacionalistas criaram um conjunto de juízos de valor que acabaram por desencorajar durante muito tempo uma avaliação mais profunda da obra de

MUITO ALÉM DO *MELODRAMMA* **309**

Gomes. Com sua insistência quanto à italianidade de sua obra e a fé inabalável no critério ideológico de um projeto cultural nacionalista para o Brasil, os críticos modernistas não perceberam que a extensão e diversidade dos diálogos do compositor paulista com as estéticas musicais dos anos 70, 80 e início dos 90 do século XIX eram muito mais amplas e abarcavam as questões cruciais daquelas décadas, entre elas a maior objetividade da forma, renovação tonal e o valor mais autônomo do timbre como elemento composicional.

Ao compor suas peças de abertura, independentemente de suas qualidades e defeitos, Gomes também passa a ser um agente da história da música sinfônica e suas idéias para o gênero orquestral devem ser entendidas como contribuições ao processo das contínuas transformações pelas quais têm passado essas formas sinfônicas desde o seu surgimento no século XVII.

BIBLIOGRAFIA

ABRAHAM, G. *Cien años de música*. Madrid: Alianza, 1985. 261p.

ABERT, A. A. Italian Opera. In: WELLESZ, E., STERNFELD, F. (Ed.). *The age of enlightenment:* 1745-1790. Londres: Oxford University Press, 1973. 724p.

ALENCAR, H. José de Alencar e a ficção romântica. In: COUTINHO, A. (Coord.). *A literatura no Brasil*. Rio de Janeiro: Sul-americana, 1969. v.II, 334p.

ALMEIDA, R. *Compêndio de história da música brasileira*. Rio de Janeiro: Briguiet, 1948. 183p.

ANDRADE, A. *Francisco Manuel da Silva e seu tempo*. Rio de Janeiro: Tempo Brasileiro, 1967.v.1, 272p.

————— *Francisco Manuel da Silva e seu Tempo*. Rio de Janeiro: Tempo Brasileiro, 1967.v.2, 261p.

ANDRADE, M. Fosca, *Revista brasileira de música*. (Rio de Janeiro), v.3, fasc. 2, p.251-263, 1936.

BEETHOVEN, L. V. FÉTIS, F. G. ROSSI, L. F. *Studi ossia trattato di armonia e di composizione*. Milão: Ricordi, s.d., 207p.

BERLIOZ, H., STRAUSS, R. *Treatise on instrumentation*. s.l: Kalmus, 1902. 424p.

BERLIOZ, H., PANIZZA, E. *Grande trattato di instrumentazione e d'orchestrazione moderne* . Milão: Ricordi, 1912. 3v.

BERLIOZ, H. Rossini's William Tell. In: STRUNK, O (Ed.). *Source readings in music history* . Nova Iorque: Norton, 1998. 1552p.

BOAVENTURA, A. *Boito e sua arte requintada.* São Paulo: Cultura Moderna, s.d. 172p.

BOSI, A. *História concisa da literatura brasileira.* São Paulo: Cultrix, 1977. 571p.

BROMBERG, C. La verdianittà delle ouvertures di Carlos Gomes. In: VETRO, G. N. *Carteggi Italiani III.* Parma: s.n., 2002. 95p.

BUDDEN, J. Italy. In: ABRAHAM, G. *Romanticism:* 1830-1890. Oxford: s.n., 1990. 935p.

_____ *The operas of Verdi,* 3v. Oxford: Clarendon, 1992.

BUKOFZER, M. *Music in the Baroque era: from Monteverdi to Bach.* Londres: Dent, 1948. 489p.

CARPEAUX, O. M. *História da literatura ocidental.* In: *O cruzeiro.* Rio de Janeiro. 1963. v.4 e 5.

CARSE, A. *The history of orchestration.* Nova Iorque: Dover, 1964. 348p.

CARVALHO, Í. G. V. *Vida de Carlos Gomes.* In: *A noite.* Rio de Janeiro: s.n., 3.ed. 1935. 246p.

CARVALHO, Í. G. V. *Álbum de recortes.* Rio de Janeiro, s.n: s.d. Setor de Música, Biblioteca Nacional.

CASELA, A. MORTARI, V. *La tecnica della orchestra moderna.* Milão: Ricordi, 1950. 260p.

COELHO, L. M. *A ópera na França.* São Paulo: Perspectiva, 1999. 406p.

COLI, J. A Pintura e o Olhar sobre Si: Victor Meirelles e a Invenção de uma História Visual no Século XIX Brasileiro. In: FREITAS, M.C. (Org). *Historiografia brasileira em perspectiva.* São Paulo: Contexto, 1998. p.375-404.

CONATI, M. Formazione e afirmazione di Gomes nell panorama dell'opera italiana. In: VETRO, G. N. et. al. *Antonio Carlos Gomes: Carteggi Italiane.* Milão: Nuove edizioni, 1977. p.33-77.

CONTIER, A. D. Sinfonia brasileira. In: *Anais do Museu Paulista.* Tomo XXXIV (separata), São Paulo: USP, 1985a, p.21-33.

_____ Música e História. In: *Revista de história.* São Paulo: D.H. / FFLCH – USP jul. de 1985b a dez. de 1988, n.119, p. 69-89.

MUITO ALÉM DO *MELODRAMMA* **313**

———— Música brasileira no século XIX: a construção do mito da nacionalidade. In: *Artes no Brasil do século XIX*, São Paulo: Secretaria da Cultura, Ciência e Tecnologia, 1977. p.13-18.

COOPER, M. Opera in France. In: WELLESZ, E. e STERNFELD, F.(Ed.) *The age of enlightenment: 1745-1790*. Londres: Oxford University Press, 1973. 724p.

DUNSBY, J. and WHITTALL, A. *Musical analysis in theory and practice*. New Haven: Yale University Press, 1988. 250p.

FERNANDES, J. *Carlos Gomes*: do sonho à conquista. São Paulo: Imesp, 1994. 253.

FICARELLI, M. *As sete sinfonias de Jean Sibelius*: um estudo sobre as formas e a fraseologia. São Paulo, 1995. Tese (Doutoramento em Música) – Escola de Comunicações e Artes, Universidade de São Paulo.

FRÓES, S. D. Carlos Gomes. *Revista brasileira de música*. Rio de Janeiro. vol.3, fasc.2, p.96-103, 1936.

FUBINI, E. *La estética musical del siglo XVIII a nuestros días*. Barcelona: Barral, 1970. 311p.

GEVAERT, F. *Cours methodique d'orchestration*. Paris: Lemoine, 1890. 187p.

GLUCK, C.W. *Dedication for Alceste*. In: STRUNK, O. *Source readings in music history*. Nova Iorque: Norton, 1998. 1552p.

GOÉS, M. Carlos Gomes. *A força indômita*. Belém: Secult. 1996. 432p.i

GUIMARÃES JUNIOR, L. A. *Carlos Gomes:* perfil biográfico. Rio de Janeiro: Perseverança, 1870. 71p.

HANSLICK, E. *Do belo musical*. Lisboa: Edições 70, 1994. 107p.

HARNONCOURT, N. *O diálogo musical:* Monteverdi, Bach e Mozart. Rio de Janeiro: J. Zahar,1993. 259p.

HEITOR, L. *150 anos de música no Brasil (1800-1950)*. Rio de Janeiro: J. Olympio, 1956. 423p.

HEITOR, L. Carlos Gomes e Francisco Manuel: correspondência inédita. In: *Revista brasileira de música* (Rio de Janeiro), v.3, fasc.2, p.323-338, 1936.

HEITOR, L. As primeiras óperas. In: *Revista brasileira de música* (Rio de Janeiro), v. 3, fasc.2, p.204-205, 1936.

314 MARCOS PUPO NOGUEIRA

HOLANDA, S. B. DE. (Org.) O Brasil monárquico. In: *História geral da civilização brasileira*. São Paulo: Difusão Européia do Livro, 1969. tomo II, v.3. 498p.

KERMAN, J. *Musicologia*. São Paulo: Martins Fontes, 1987. 331p.

_____ *Opera as drama*. Los Angeles: University of California Press, 1988.

_____ *Write All These Down*. Berkeley: University of California Press. 1994. 359.

KIMBELL, D. *Italian opera*. Cambridge: Cambridge Press, 1991. 684p.

KUNZE, S. *Las óperas de Mozart*. Madri: Alianza, 1990. 714p.

LANER, LEO. Salvator Rosa. In: *Revista brasileira de música*. Rio de Janeiro. v.3, fasc.2, p.264-269, 1936.

LONGYEAR, R. M. *Nineteenth-century Romanticism in music*. Englewood Cliffs: Prentice Hall, 1988. 367p.

MELLERS, W. *The Masks of Orpheus:* seven stages in the story of european music. Manchester: Manchester University Press. 1989. 174p.

MENDES, G. *Uma Odisséia Musical:* dos mares do sul à elegância pop/art déco. São Paulo: Edusp, Giordano, 1994.

MURICY, A. Côndor. In: *Revista brasileira de música*. Rio de Janeiro. v.3, fasc.2, p.300- 307, 1936.

NICOLAISEN, J. *Italian opera in transition:* 1871-1893. Ann Arbor, Mich.: UMI Research Press, 1980.

NOGUEIRA, L. W. M. *Maneco Músico: pai e mestre de Carlos Gomes*. São Paulo: Arte&Ciência, 1997. 108p.

NOGUEIRA, M. P. *A superação da menoridade:* a escrita sinfônica de Carlos Gomes nas três versões para a peça de abertura da ópera *Fosca*. São Paulo, 1998. 111p. Dissertação (Mestrado em Música) – Instituto de Artes, Universidade Estadual Paulista.

OSBORNE, C. *The complete operas of Verdi*. Nova Iorque: Knopf, 1970. 472.

PALISCA, C. *Baroque Music*. Englewood Cliffs: Prentice Halll, 1991. 337p.

PENALVA, J. *Carlos Gomes o compositor*. Campinas: Papirus,1986. 151p.

MUITO ALÉM DO *MELODRAMMA* **315**

_____ Carlos Gomes e seus Horizontes. In: *Boletim informativo da Casa Romário Martins.* v.23, n.109, jan.1996.

PISTON, W. *Orchestration.* Nova Iorque: Norton, 1955. 477p.

_____ *Principles of harmonic analysis.* Boston: Schirmer, 1933. 90p.

RETI, R. *The thematic process in music.* Nova Iorque: Macmilian, 1951. 362p.

RIBEIRO, R. J. Iracema ou a fundação do Brasil. In: FREITAS, M. C. (Org). *Historiografia brasileira em perspectiva.* São Paulo: Contexto, 1998. 405-413.

ROBINSON, M. F. *Naples and neapolitan opera.* Oxford: Clarendon, 1972. 281p.

ROSEN, C. *Las formas de sonata.* Barcelona: Labor,1987. 376p.

ROSSELLI, J. "Italy, the decline of tradition". In: SANSON, J. *The late Romantic Era.* New Jersey: Prentice Hall, 1991, p.127-150.

RUWET, N. Teoria e método nos estudos musicais: algumas notas retrospectivas e preliminares. In: SEIXO, M. A. (Org.). *Semiologia da Música.* Lisboa: Vega. s.d.

SANTOS, I. Q. *Francisco Braga.* Rio de Janeiro: Ministério das Relações Exteriores, 1952. 102p.

SCHÖNBERG, A. *Fundamentos da composição musical.* São Paulo: Edusp, 1991. 272p.

_____ *Tratado de Armonia.* Madrid: Real Musical, 1974. 501p.

_____ *Structural functions of harmony.* Nova Iorque: Norton, 1969. 203p.

SCHUBERT, G. Themes and double themes: the problem of the symphonic in Brahms. In: *19th Century Music* . v.XVIII, n.1, p.10-23, 1994.

SENISE, A. Que há de extraordinário. In: *Viva a música,* v.I, p. 43, 1996.

SILVA, P. Os estudos de contraponto e fuga de Carlos Gomes. In: *Revista brasileira de música.* Rio de Janeiro. v.3, fasc.2, p.168-176, 1936.

TINTORI, G. Gomes a Milano. In: VETRO, G. N. et. al. *Antonio Carlos Gomes.* Milão: Nuove edizioni, 1977. p.23-31.

TOVEY, D. F. *Essays in musical analysis.* London: Oxford University Press, 1948. v.4,176p.

VETRO, G.N. et. al. *Antonio Carlos Gomes.* Milão: Nuove edizioni, 1977. 285p.

316 MARCOS PUPO NOGUEIRA

VETRO, G.N. *Antonio Carlos Gomes:* Il guarany. Parma: Collezione Historica di Malacoda, 1996. 155p.

VOLPE, M. A. Compositores românticos brasileiros: estudos na Europa. In: *Revista brasileira de música,*. Rio de Janeiro. v.21, p.51-76. 1994/95.

WAGNER, R. *L'Ouverture.* Roma: Musica, 1912. 20p.

WELLESZ, E., STERNFELD, F. The age of enlightenment :1745-1790. In: WELLESZ, E e STERNFELD, F. *New Oxford history of music.* Londres: Oxford University Press, 1973. 724p.

WISNIK, J. M. *O coro dos contrários – a música em torno da semana de 22.* São Paulo: Duas Cidades. 1977. 188p.

ENCICLOPÉDIAS E OBRAS DE REFERÊNCIA

APEL, W. *Harvard dictionary of music.* Cambridge: Harvard University Press, 1974.

BATISTA FILHO, Z. *A ópera.* Rio de Janeiro: Nova Fronteira, 1987.

DAVISON, A. T.& APEL, W. *Historical anthology of music.* Cambridge: Harvard University Press, 1973. v.1, 258p. e v.2, 303p.

BLOM, E. *Grove's dictionary of music and musicians.* Nova Iorque: St. Martin Press, 1973.v.I-IX.

HARVEY, P. *Dicionário oxford de literatura clássica grega e latina.* Rio de Janeiro: J. Zahar, 1998. 536p.

KOBBÉ, G. *Kobbé: o livro completo da ópera.* Rio de Janeiro: J. Zahar, 1997. 934p.

ROBERTSON,A. STEVENS, D. *The pelican history of music.* Londres: Penguin, 1963, 3v.

MANUSCRITOS

GOMES, C. *A noite do castelo* (partitura) orquestra. Rio de Janeiro: s.n.,1861. Fonte: Museu Carlos Gomes.

_____. *Se sa minga* (partitura) orquestra. s.l.: s.d. Fonte: Arquivo do Museu Histórico Nacional, Rio de Janeiro.

_____. *Il guarany* (partitura) orquestra. Milão: s.d. Fonte: Biblioteca Nacional, setor de Música, Rio de Janeiro

_____. *Fosca* (partitura) orquestra. Malgrate: 1872. Fonte: Biblioteca Nacional, setor de Música, Rio de Janeiro.

_____. *Salvador Rosa* (partitura) orquestra. Fonte: Biblioteca Nacional, setor de Música, Rio de Janeiro.

_____. *Maria Tudor* (partitura) orquestra. s.l., s.d. Fonte: Biblioteca Nacional- setor de Música, Rio de Janeiro.

_____. *Côndor* (partitura) orquestra. s.l., s.d. Fonte: Arquivo do Museu Histórico Nacional, Rio de Janeiro.

_____. *Colombo*. s.l., s.d. Fonte: Arquivo do Museu Histórico Nacional, Rio de Janeiro.

CÓPIAS MANUSCRITAS DE PARTITURAS

CATALANI, A. *La Wally* (partitura orquestral do prelúdio do IV Ato. Milão: Ricordi. s.d.

GOMES, C. *Suite orquestral de Lo schiavo*. António de Assis Republicano (Org.). Rio de Janeiro, 1921.

_____ *Sinfonia da ópera Il Guarany*. Fonte: Arquivo artístico da Orquestra Sinfônica Brasileira. Rio de Janeiro.

_____ *Sinfonia da Ópera Fosca* . Rio de Janeiro. Copista: A. Torrini, 1910.

_____ *Sinfonia da Ópera Fosca*. Milão: Ricordi, 1890.

PONCHIELLI, A. *La Gioconda* (partitura orquestral do prelúdio do I Ato). Milão: Ricordi. s.d.

PARTITURAS IMPRESSAS

BACH, J.C. *Sinfonia em Si bemol opus 18 n°2* (partitura) orquestra. Londres: Eulenburg, 1971. 27p.

BELLINI. V. *I Capuleti e i Montecchi* (partitura) canto e piano. Milão: Ricordi, 1919, 121p.

BEETHOVEN, L. V. *Overture Coriolano op.62*. Londres: s.n., 1971. 38p.

DONIZZETI, G. *L'Elisir d'amore*. Milão: Ricordi, 1979.

_____. *Lucia de Lammermoor*. Milão: Ricordi, s.d. 180p.

GLUCK, C. W. *Ifigenia in Aulide*. Milão: Ricordi, 1963. 62p.

GOMES, C. *Il guarany* (partitura). Milão: Ricordi. 1955.447p.

_____. *Fosca* (partitura) canto e piano. Milão: Lucca, 1873.

_____. *Fosca* (partitura) canto e piano. Milão: Ricordi.

_____. *Fosca* (partitura) canto e piano. s.l.: Ricordi, 1986 (a).

_____. *Salvator Rosa* (partitura) canto e piano. s.l.: Ricordi, 1986(b).

_____. *Maria Tudor* (partitura) canto e piano. s.l.: Ricordi, 1986(c).

_____. *Lo schiavo*. (partitura). s.l.: Ricordi, 1986(d)

_____. *Côndor*. (partitura).s.l.: Ricordi, 1986(e)

LANDI, S. *Sinfonia from San Alessio*. In: DAVISON, A. T.& APEL, W. *Historical anthology of music*. Cambridge: Harvard University Press, 1973. v.2, p.47-49.

LULLY, J. B. *Overture from Alceste*. In: DAVISON, A. T.& APEL, W. *Historical anthology of music*. Cambridge: Harvard University Press, 1973. v.2, p.82-86.

MANCINI, F. *Alessandro il Grande in Sidone, Overture, movement I*. In: ROBINSON, M. F. *Naples And Neapolitan Opera*. Oxford: Clarendon, 1972. 171-173.

MONTEVERDI, C. *L'Orfeo: favola in musica*. Áustria: Universal - MALIPIERO (Ed.): s.d. (a).171p.

MONTEVERDI, C. *L'Incoronazione di Poppea*. Áustria: Universal - MALIPIERO (Ed.): s.d. (b).182p.

MOZART, W. A. *Don Giovanni* (partitura) orquestra. Nova Iorque: Kalmus, s.d., 461p.

PUCCINI, G. *Manon Lescaut* (partitura) canto e piano. Milão:Ricordi, 1893. 263p.

ROSSINI. G. *Guglielmo Tell: ouverture* (partitura) orquestra. Milão: Ricordi, 1954. 65p.

SCARLATTI, A. *Sinfonia avanti l'opera from La Griselda*. In DAVISON, A. T.& APEL, W. *Historical anthology of music*. Cambridge: Harvard University Press, 1973. v.2, p.152-162.

VERDI, G. *Aida*. Nova Iorque: Dover, 1989. 437p.

_____ *I vespri Siciliani* (partitura) orquestra. Milão:Ricordi, 1951. 57p

_____. *La forza del destino*. Londres: Eulenburg, s.d. 46p.

_____ *Nabuco*. Milão: Ricordi, 1954. 48p.

_____ *La traviata*. Milão: Ricordi & C.s.d. 249p.

WAGNER, R. *Lohengrin*. Nova Iorque: Dover, 1982. 395p.

CORRESPONDÊNCIA ATIVA

Gomes, Carlos. A Francisco Manuel da Silva. Milão, 4 de setembro de 1864. Campinas: Museu Carlos Gomes.

Gomes, Carlos. A Theodoro Teixeira Gomes. Petrópolis: Museu Imperial, 1894. 4p.

Gomes, Carlos. A Dom Pedro II. Petrópolis: Museu Imperial.

Gomes, Carlos. A Francisco Braga. Campinas: Museu Carlos Gomes.

Silva, Francisco Manuel da. Rio de Janeiro: Arquivo do Museu Histórico Nacional. 1863. Coleção Carlos Gomes (CGcr2)1p. mss.

SOBRE O LIVRO

Formato: 14 x 21 cm
Mancha: 23,7 x 42,5 paicas
Tipologia: Horley Old Style 10,5/14
Papel: Offset 75 g/m² (miolo)
Cartão Supremo 250 g/m² (capa)
1ª edição: 2006

EQUIPE DE REALIZAÇÃO

Coordenação Geral
Marcos Keith

Impressão e Acabamento
Assahi Gráfica e Editora.